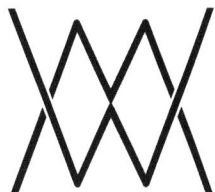

Wirkungs-Elemente

der

Musik

Inspirationen & Erkenntnisse
für
Musiker & Musikliebhaber

Samuel Schuster

Wirkungs-Elemente der Musik
Inspirationsquelle & Erkenntnissammlung

1 Auflage 17.06.2020
ISBN 9783750480827

Herstellung und Verlag:
BoD – Books on Demand, Norderstedt

Bibliografische Information der Deutschen Nationalbibliothek:
Die Deutsche Nationalbibliothek verzeichnet diese Publikation in
der Deutschen Nationalbibliografie. Detaillierte bibliografische Daten sind
im Internet über dnb.dnb.de abrufbar.

Leonberg, den 17.06.2020

Widmung

Jesus Christus

***

Vater & Mutter

Inhaltsübersicht

Teil 1
Teil 2
Teil 3
Teil 4
Teil 5
Teil 6
Teil 7
Teil 8
Teil 9
Teil 10

Inhaltsverzeichnis

Teil 1
Teil 2
Teil 3
Teil 4
Teil 5
Teil 6
Teil 7
Teil 8
Teil 9
Teil 10

Teil 1
Teil 2
Teil 3
Teil 4
Teil 5
Teil 6
Teil 7
Teil 8
Teil 9
Teil 10

INTRO

Teil 1

Intro

Teil 1 Intro

1.1 Einführung in das Buch

1.1.1 Vorwort

„Musik - Wirkung - Ästhetik"

Sie erkennen, erklären und interpretieren, davon soll dieses Buch sprechen. Es präsentiert eine neue Welt der modernen Musik. *Wirkungs-Elemente der Musik* erzählt von der Wirkung musikalischer Stil-Elemente und interpretiert deren Funktion und Bedeutung.

„Die Bedeutung von Musik liegt in ihrer Wirkung."

Die Wirkungs-Elemente eröffnen eine Perspektive auf die Musik, die diese allein an ihrer Wirkung erklärt, eine subjektive Wahrnehmung in den Fokus stellt und dabei jegliche Theorie und Systematik der Musik außer Acht lässt.

„Jeder analysiert Musik, nur nicht immer so bewusst."

Wir alle ordnen jegliche Form von Musik bestimmen Emotionen und Gefühlen zu. Diese Gedankensammlung wird Sie motivieren und inspirieren, Musik bewusster zu analysieren und zu interpretieren. Entdecken Sie feinste Stil-Elemente durch die Musikanalyse und erforschen Sie die Wirkungsmittel durch die Reflexion Ihrer Wahrnehmung.

„Dieses Buch richtet sich an Jeden, der Musik liebt."

Egal ob Musiker, Produzent oder Musikliebhaber, das Buch *Wirkungs-Elemente der Musik* ist sowohl für Laien als auch für Profis gleichermaßen bereichernd. Denn Sie werden allein durch Ihre Selbstwahrnehmung die Wirkung musikalischer Stil-Elemente aus sich heraus interpretieren und deuten.

Wenn Sie bereit sind, Musik bewusst zu analysieren, in sich hineinzuhören und sich selbst zu reflektieren, brauchen Sie für dieses Buch keine weiteren Voraussetzungen.

„Inspirationen & Erkenntnisse der Musikanalyse."

Es erwartet Sie eine faszinierende Reise der Musik-Elemente von den Ton-Elementen, zu den Stil-Elementen, über die Elemente der Stimmen und der Raumakustik bis hin zu den Beziehungs-Elementen der Musik. Dieses Buch ist eine Erkenntnissammlung und Inspirationsquelle mit über 400 Wirkungs-Elementen, über 150 Zitaten & 70 Inspirations-Fragen, über 250 Musik-Beispielen, sowie vielen Musik- und Wirkungs-Tools.

„Lesen Sie, hören Sie und entdecken Sie die Musik."

Ob Sie Musik hören, musizieren oder produzieren, lesen Sie dieses Buch und hören Sie zu. Dann werden Sie Musik und ihre Wirkungs-Elemente immer wieder neu entdecken und entschlüsseln. Ich wünsche Ihnen viel Freude, Erkenntnis und Inspiration mit dem Buch *Wirkungs-Elemente der Musik*.

Leonberg, den 17.06.2020

Samuel Schuster

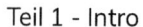

1.1.2 Geschichte des Buches

WIE ALLES
BEGANN

Die Geschichte dieses Buches ist eine lange Entwicklung, die 2012 (oder früher) mit einfachem Musikhören begann. Damals begann ich, allerlei Musik zu hören und stark darauf zu achten, welche Musik-Elemente mir persönlich gefallen und weshalb. Ich wollte meinen eigenen Musikgeschmack entwickeln und herausfinden, warum Musik eine so starke Wirkung ausübt. Also habe ich ohne große Hintergedanken angefangen, alles aufzuschreiben, was mir an einzelnen Songs auffiel, und so entstand meine erste Musikanalyse.

STICHWORT
SAMMLUNG

2014 bestand meine Sammlung der Musik-Elemente aus einer Anordnung von Stichworten, als persönliche Gedankenstütze, ohne ganzheitliche Beschreibungen oder Erklärungen. Kurze Zeit später fing ich an, mich mehr mit Themen der modernen Musik zu befassen und verstärkt die Wirkung der einzelnen Musik-Elemente zu untersuchen, in der Hoffnung, sie dadurch besser verstehen zu können.

AUSBAU

Als 2016 die stichwortartige Gedankensammlung zum direkten Verständnis nicht mehr ausreichte, fing ich an, meine Ideen auszuformulieren und zu erklären, damit man sie später auch ohne meine Erinnerungen an die Musik wieder verstehen konnte. Die Hintergründe einzelner Stil-Elemente zu entschlüsseln erfüllte mich und motivierte mich, tiefer zu analysieren. Dabei lernte ich auf neue Weise, Stil-Elemente zu entdecken und sortierte meine Kernaussagen in Ober-und Unterthemen.

BUCH
ENTWICKLUNG

Ursprünglich war meine Musikanalyse nur für mich selbst gedacht, weil sie mir guttat und viel Freude bereitete. Doch je mehr ich schrieb, desto mehr wollte ich meine Standpunkte mit anderen teilen und darüber diskutieren. Ich gewann die Hoffnung, andere könnten meine Ideen interessieren. Die Gedanken häuften sich und ich entschied mich, diese weiter auszubauen und umzuschreiben, damit sie für andere genauso nachvollziehbar erscheinen würden wie für mich. Als ich keine Musikliteratur mit ähnlicher Grundidee in Sachen Inhalt und Aufbau fand, entstand 2017 der Traum, von einem kleinen Buch meiner Musikgedanken.

Das Zusammenstellen, Ausbauen und Optimieren war von 2018 bis 2020 ein langer Prozess. Ich korrigierte und vervollständigte einzelne Gedanken, die Kerninhalte waren dagegen schon lange geschrieben. Danach fügte ich Musik-Beispiele, Inspirations-Fragen und Zitate hinzu. Zu guter Letzt erarbeitete ich Verbindungen wie Musik-und Wirkungs-Tools sowie weitere Gedanken-Verbindungen.

BUCH ERSTELLUNG

Dieses Buch ist nicht abgeschlossen. In Zukunft sehe ich großes Verbesserungspotential in der Form und dem Stil meiner Gedanken, ich werde weiter Musik analysieren und das Buch weiter ausbauen und optimieren. Genauso wie die Musik nie erlischt, genauso entstehen immer neue Wirkungs-Elemente, die uns neue Perspektiven auf die Musik eröffnen.

AUSSICHT

1.1.3 Aufbau des Buches

Die Wirkungs-Elemente wurden nach Ober- und Unterthemen der Musik sortiert in Kapitel eingeteilt. Alle Kapitel sollen eigenständig und selbsterklärend sein, sodass Sie dort einsteigen können, wo Sie möchten. Um tiefer in den Inhalt einzutauchen empfehle ich, sich an der vorgegebenen Reihenfolge zu orientieren und gleichzeitig den freien Aufbau des Buches zu nutzen. Haben Sie nur Mut, zwischen den Gedanken und Themen zu springen, um sich durch die Kombination und Verbindung einzelner Wirkungs-Elemente inspirieren zu lassen.

BAUKASTEN SYSTEM DER MUSIK ELEMENTE

Jedes Wirkungs-Element bekommt mit der Teil-, Kapitel-, Unterkapitel-und Aufzählungsnummer (z.B. 2.1.3.4-Grundelemente – Tonelemente - Lautstärke - 4tes Element) seine eigene Identität, mit der man die Kernaussage mit ähnlichen Wirkungs-Elementen vergleichen kann. Die Wirkungs-Elemente, Musik-Beispiele, Zitate und Fragen sollen eine abwechslungsreiche Form geben und inspirieren. Es gibt genug Raum für Ihre eigenen Gedanken, schreiben Sie also alles auf, was Ihnen in den Sinn kommt.

FORM DES BUCHS

FRAGEN

Die Fragen machen das Thema persönlicher und ansprechender, damit Sie sich selbst in Bezug auf die Musik (bzw. zu dem jeweiligen Thema) erkunden können. Für manche Fragen sollte Sie in passender Stimmung sein, um diese richtig aufgreifen zu können. Stellen Sie die Fragen ebenso Ihrem Umfeld und analysieren Sie andere Antworten, um auf neue Perspektiven und Inspirationen zu kommen.

MUSIK–BEISPIELE

Die Musik-Beispiele sollen meine Ideen auflockern, fremde Sichtweisen zeigen oder eigene stützen. Die Beispiele haben die Aufgabe, die Theorie in die Praxis zu führen, um sie besser nachvollziehen zu können. Wenn Sie in einem Hörbeispiel das Wirkungs-Element nicht gleich beim ersten Mal erkennen, hören Sie die Musik mehrere Male in unterschiedlichen Stimmungen und mit verschiedenen Kopfhörern bzw. Lautsprechern. Vergleichen Sie Ihre Wahrnehmung mit der Beschreibung des Buches und der Ihrer Freunde.

ZITATE

Die Zitate werden Sie inspirieren und einen kleinen Einblick auf die Sicht großer Künstler oder anderer bedeutender Menschen geben. Sie sollen meine subjektive Ausdrucksweise auflockern und meine Gedanken untermalen. Die Zitate genauso wie die Fragen wurden erst im Nachhinein hinzugefügt, sie hatten keinen Einfluss auf die Kerngedanken.

LINKS

Die Links können die Wirkungs-Elemente interaktiv nach Themen gruppieren und zur Verbindungsstelle führen. So gibt es beispielsweise Themenlinks, falls ein Wirkungs-Element neben seinem Kapitelthema mit einem weiteren Unterthema in Verbindung steht. Parallelen, Zusammenhänge, Wirkungs-Tools und viele weitere Verbindungen werden mit Links hergestellt, um Ihr Musikbild und Ihre Musik zu inspirieren und zu bereichern.

ICONS

Die Icons haben die Aufgabe, die Wirkungs-Elemente graphisch zu untermalen. So kann der geübte Leser anhand der Icon-Zusammensetzung auf den Inhalt sowie die Wirkung des Musik-Elements schließen. Die Bedeutung der einzelnen Icons finden Sie im Icon-Verzeichnis (Kapitel 10.3). Um zu Ihrem gewünschten Thema zu gelangen, blättern Sie einfach entlang der oberen Icons oder navigieren Sie über die Rand-Reiter.

1.1.4 Über den Inhalt des Buches

Dieses Buch ist eine Gedankensammlung über ausdrucksstarke Musik-Elemente. Ihnen wird wahrscheinlich auffallen, dass Sie ähnliche Erkenntnisse ebenfalls hatten. Genauso werden Ihnen manche Gedanken selbstverständlich oder überflüssig erscheinen. Wir nehmen Musik unterschiedlich wahr und darum werden wir nicht alle das Gleiche aus dem Buch ziehen.

Ich habe nur die Musik analysiert, die mich persönlich ansprach, faszinierte und bewegte, meistens moderne und populäre Unterhaltungsmusik. Die Wirkungs-Elemente sind zwar auf ältere und weniger populäre Musik übertragbar, entstammen aber nicht aus ihr. Meine Analyse bezieht sich selten auf ein Musikstück allein und kann als universell und übertragbar betrachtet werden, sofern es die Musiksituation zulässt. Den Zusammenhang der Wirkungs-Elemente untereinander sowie den Bezug eines Stil-Elements auf das Musikstück / Thema habe ich nicht untersucht, sondern lediglich einzelne Auffälligkeiten für sich, nach ihrer Wirkung und Ursache.

WELCHE MUSIK WURDE ANALYSIERT?

MODERNE & POPULÄRE MUSIK

Dieses Buch bezieht sich allein auf musikalische Stil-Elemente und lässt inhaltliche und textliche Betrachtungen außer Acht. Ich distanziere mich von allen textlichen Inhalten. Bitte verurteilen Sie die Wirkungs-Elemente der Musik nicht, wenn Sie ein Problem mit den hier vertretenen Künstlern oder ihren Texten haben. Es geht allein um die musikalische Wirkung.

ALLEIN DIE MUSIKALISCHE WIRKUNG

Nicht jedes Wirkungs-Element ist gleichermaßen effektiv, trotzdem bin ich davon überzeugt, dass jedes Wirkungs-Element den Stil und die Gesamtwirkung eines Musikstücks beeinflussen und prägen kann. Nicht in jedem Fall bewirken die Musik-Elemente die gleiche Ästhetik, trotzdem lässt sich jedes Musik-Element in eine neue moderne Musik integrieren.

JEDES ELEMENT ZÄHLT

Wenn Ihnen scheint, als wären die einzelnen Wirkungs-Elemente gar nicht von großer Bedeutung, so bewirken sie trotzdem in der Summe eines Musikstücks einen Unterschied. Die Interaktionen einzelner Wirkungs-Elemente haben letztlich einen entscheidenden Einfluss auf den Erfolg eines Songs.

DIE SUMME MACHT DEN UNTERSCHIED

FREIE ERKENNTNISSE

Nicht jedes Wirkungs-Element lässt sich in jeder Art der Musik finden, viele von ihnen sind typisch für eine bestimmte Art der Musik oder für eine festgelegte Musiksituation. Meine Gedanken zu den Musik - Elementen ergeben weniger eine feste Erklärung über die Kunstform Musik, als eine Sammlung freier, aber plausibler Hypothesen einer Musiksituation unter klaren Bedingungen, die auf praktischen Hörerlebnissen basieren.

Ich wünsche mir und Ihnen, dass dieses Buch lehrt, inspiriert und motiviert, besser hinzuhören und bewusst zu analysieren, damit wir der Musik in ihrer Bedeutung und Wirkung näherkommen.

1.1.5 Wahrheitsgehalt & Wirksamkeit des Buches

KEINE MUSIKWISSEN-SCHAFT

Dieses Buch hat nicht den Anspruch, die komplette Musik lückenlos zu entschlüsseln und exakt zu erklären. Es soll lediglich wiederholte Ideen, Muster und Techniken der Musik darstellen und deren Wirkung erklären. Es hat zugleich keinen Anspruch auf Vollständigkeit, Wissenschaftlichkeit und absolute Fehlerfreiheit. Ziel dieses Buches ist es, Musik - Elemente zu interpretieren, um daraus Zusammenhänge und Schlussfolgerungen über das Verhalten von moderner Musik herzustellen.

ALLES SUBJEKTIV

Alle Kernaussagen dieses Buches sind reine Behauptungen, sie wurden nie auf ihre Wirksamkeit sowie Zuverlässigkeit untersucht und von keinem wissenschaftlichen Experten bestätigt. Die Gedanken bestehen allein aus der subjektiven Wahrnehmung des Autors. Die Wahrnehmung ist von Hörer zu Hörer und von Musikstück zu Musikstück verschieden, was sich natürlicherweise auf die Interpretation der Musik auswirkt. Dieses Buch soll kein absolutes Lehr-oder Fachbuch sein, sondern eher ein motivierendes Arbeits - und Inspirationsbuch, aus dem Sie das für sich mitnehmen, was Sie selbst wahrnehmen und was Ihnen persönlich wichtig geworden ist.

Ich habe in der Musikanalyse nicht darauf geachtet, ob meine Gedanken zur Musik schon zuvor von jemandem bewiesen wurden. Es wäre reiner Zufall, wenn ähnliche Überzeugungen anderswo auftauchen, denn ich wollte nie kopieren oder an musikwissenschaftliche Themen anknüpfen, sondern meine eigenen Musik-Elemente analysieren.

KEINE KOPIE

Welche Gedanken für Sie zutreffend und wirksam sind, ist abhängig von Ihrer persönlichen Wahrnehmung und dem Empfinden des Hörers. Die Inhalte sind nicht auf ein musikalisches Werk allein bezogen, sondern gelten allgemein übergreifend und übertragbar. Zögern Sie daher nicht, Gedanken zu überspringen oder nur das zu lesen, was Sie wirklich interessiert.

ALLGEMEIN & ÜBERGREIFEND

Da es immer um eine Beschreibung und Erklärung von Kunst geht, gibt es kein falsch oder richtig. Ich habe zwar bis heute kein Buch mit ähnlichem Inhalt, Aufbau und Stil gefunden, dennoch bin ich überzeugt, dass an den Wirkungs-Elementen der Musik etwas Wahres dran ist. Die Inhalte sollen erklären, faszinieren und inspirieren und nicht bewertet oder gegenseitig aufgewogen werden. Lesen Sie aufmerksam und hinterfragen Sie kritisch, denn selbst wenn sich für Sie nur 10% des Inhalts als richtig und wirksam erweist, wäre das ein Erfolg.

KEIN RICHTIG ODER FALSCH

1.1.6 Musikanalyse des Buchs

INSPIRATION
AUS DER MUSIK

Die Musikanalyse in diesem Buch ist eine Untersuchung von Musik-Elementen (Motiven), die sich durch eine besondere Art und Wirkung auszeichnen. Als Inspiration dient mir die Musik selbst, ich bediene mich der Kunst der Musiker.

ANALYSE
METHODE

Ein neuer Gedanke entsteht meist durch ein neues Musik-Element (Melodie, Beat, Rhythmus etc.) einer Stimme, das mir durch die auffällige Wirkung beim Musikhören in den Sinn kommt. Danach frage ich mich, welche emotionale Wirkung es erzielt und durch welche charakteristischen Eigenschaften sich diese emotionale Wirkung in mir auslöst.

Zum Schluss gebe ich einen Erklärungsversuch, was den Hörer wie beeinflusst und wie das Element diese Wirkung erzielt. Dadurch kann ich Musik auf meine Art und Weise besser verstehen, lerne wie die Stil-Elemente eingesetzt werden und erlange ein tieferes Verhältnis zur Musik.

MUSIK IST
SPEZIELL

Die Wahrnehmung von Musik ist abhängig von vielen Faktoren, daher können ihre Inhalte nicht absolut beschrieben und erklärt werden. Eine Erklärung ist meist nur eine einseitige Betrachtung des Themas, weil sie subjektiv ist und sich ursprünglich nur auf ein Musikstück bezieht. Mit der Interpretation versuche ich, die Stil-Elemente (bzw. die Wirkung) mit logischen Zusammenhängen und Beobachtungen meiner Reaktion auf Musik zu erklären.

KEINE
MUSIKTHEORIE

Die Musiktheorie ist relevant und von unerlässlicher Bedeutung, sie spricht aber wenig über die Gefühle und Emotionen einer Musik. Statt einer objektiven, systematischen Wissenschaft steht in diesem Buch die emotionale Wirkung von Musik im Fokus. Letztlich kann ich nur den Inhalt abdecken, der sich auf meine Wahrnehmung beschränkt. So ist es unausweichlich, dass manche Themen zu kurz kommen oder ganz ausgelassen werden.

KEIN
MUSIKWISSEN

Meine unvollständige musikalische Bildung behindert meine Arbeit nicht, sondern bereichert sie meines Erachtens in gewisser Weise. Gerade weil ich keine Ahnung von der Musiktheorie habe, steht mir eine andere Sichtweise auf das Thema offen.

Womöglich würde mich eine stärkere Verankerung in Fachwissen davon abhalten, eigene Ideen und Erklärungen zu suchen, die außerhalb jedes Systems oder jeder Theorie liegen. Ich versuche, die Musik-Elemente nicht mit bekannten Theorien zu beweisen, sondern so zu erklären, wie ich sie höre und empfinde.

Anstelle von Theorie stecken in diesem Buch Emotionen und Leidenschaft, die ich Ihnen weitergeben will. Die Musikanalyse soll anregen, eine kritische, entdeckerische Haltung zur Musik zu entwickeln, um deren Wirkung zu hinterfragen und zu erforschen. Wenn Sie danach streben, werden Sie Musik auf neue Art und Weise wahrnehmen, besser verstehen und produzieren können. Sie dürfen der Musik als Ganzes näherkommen und sie auf einer tieferen Ebene erleben.

Das Schreiben dieses Buches entpuppte sich als langwierig und schwierig. Ich wollte nichts kopieren oder an die etablierte Musikwissenschaft anknüpfen, sondern von Grund auf eigene Gedanken der Musik entwickeln. Es sollte meine Musikanalyse werden und das hat seine Zeit gebraucht.

Im Grunde genommen schreibe ich über mich selbst und meinen Musikcharakter (Musikvorstellungen/Erwartungen), denn die verschiedenen Emotionen, die wir beim Hören von Musik empfinden, sind abhängig von den Gefühlen, Interpretationen und Erfahrungen des Hörers. Harmonien, Rhythmen, Melodien usw. sind an sich unabhängig voneinander, wir selbst setzen sie zusammen und verbinden sie zu etwas Größerem. Die Wirkungs-Elemente gibt es nur, weil wir sie auf emotionaler Ebene so erkennen und wahrnehmen, nicht weil sie so existieren. Letztlich geht es also mehr um uns selbst, als um die Musik.

Ich sehe diese Musikanalyse weniger als ein vollendetes Werk, sondern mehr als eine Entwicklung von Gedanken und Ideen über Musik. *Wirkungs-Element der Musik* ist ein nie endendes Werk, welches uns die Musik näher erleben und direkter verstehen lässt. Wenn Sie andere Gedanken oder neue Ideen zu einem Thema haben, würde ich mich freuen, wenn Sie mir diese zukommen lassen.

OFFENE
ERWARTUNGS-
HALTUNG

EIN ORIGINAL

SIE SIND
DIE MUSIK

MUSIK FÜR SICH
IST SELBSTLOS

IHRE BEDEUTUNG
ENTSTEHT IM BE-
TRACHTER

KONTAKT:

MUSIK
WIRKUNGS
ELEMENTE
@GMAIL.COM

1.1.7 Stil des Buchs

„Wir können die Musik nur umschreiben,

das ist Fluch und Segen zugleich.„

„Beschriebene Musik ist halt wie ein erzähltes Mittagessen. "

Franz Grillparzer

Was wäre eine Musiktheorie ohne Gefühle?

**NEU
&
ANDERS**

Dies ist kein gewöhnliches Musikbuch, es hat nicht den Anspruch, Ihnen die etablierte Theorie der Musik zu lehren. Es ist anders als die anderen, da es sich von jeglicher Musiktheorie distanziert. Ich wollte mit dem Stil des Buches die Musik in ihrer Größe, ihrer Freiheit und ihren Möglichkeiten so wenig wie möglich einschränken. Darum ist jeder Gedanke für sich eigenständig und wirksam. Gleichzeitig ist jedes Wirkungs-Element anpassungsfähig und übertragbar für neue Musiksituationen. Des Weiteren stellen die Musik-und Wirkungs-Tools relevante, wirkungsreiche Verbindungen her, ändern aber nichts an der Freiheit jeden Wirkungs-Elements.

Musik ist ein Phänomen, das sich nie ganz beschreiben oder erklären lässt. Man kann es nur erleben und erfahren. Ich glaube, dass Musik zentral von Gefühlen handelt, und es darum wichtig ist, die Theorie mit ihnen zu verbinden. Genau das habe ich mit dem Aufbau und Stil des Buchs versucht, ich wollte ansprechend schreiben und die Gefühle ausdrücken, die ich dabei empfinde.

WORTREIHEN

Weil Musik sich nur schwer beschreiben lässt, werden viele Erklärungen mit mehreren durch Schrägstriche (/) getrennten Wörtern näher umschrieben/anders dargestellt. Die Aneinanderreihungen von Begriffen / Bezeichnungen beschreiben meine Gedanken allgemeiner und gleichzeitig facettenreicher, damit sie in alle Situationen übertragen werden und wirken können. Die Wirkungs-Elemente sollen dadurch nicht allein auf die Musik passen, bei der der ursprüngliche Gedanke kam, sondern ebenso auf ähnliche Musiksituationen übertragen und eingesetzt werden können.

Da es in diesem Buch um subjektive Eindrücke und Gefühle geht, mögen manche Aussagen wenig präzise wirken. Hier sind Ihr Musikverständnis und Ihre Vorstellungskraft gefragt. Während in der Musikliteratur für gewöhnlich ein eher förmlicher, neutraler und objektiver Schreibstil gewünscht ist, habe ich mich bemüht, möglichst lebendig, authentisch und ansprechend zu schreiben, damit man die Gedanken und Emotionen wirklich nachvollziehen kann. Ich hoffe, dass Sie sich beim Lesen in meine Situation und vielleicht auch meine Stimmung hineinversetzen können.

SCHREIBSTIL

In diesem Buch wird bei der Angabe von Personenbezeichnungen nur die männliche Form verwendet. Dies erfolgt ausschließlich zur Verbesserung der Lesbarkeit. Gemeint sind stets die weibliche und die männliche Form.

MÄNNLICHE FORM

Diese Analyse entwickelt keinen echten Lesefluss, die Gedanken sind meist mit ein paar Sätzen in sich abgeschlossen. Das Buch ist kein Roman, keine Geschichte aus vielen aufeinanderfolgenden Handlungen, sondern eher eine listenartige Sammlung verschiedener Themen der Musik. Betrachten Sie die Wirkungs-Elemente mehr als eine wilde Reise, die Sie nach Ihrem Interesse durch verschiedenste Themen des Buches führt.

SPRINGEN SIE ZWISCHEN DEN ELEMENTEN

Ich möchte mich im Voraus für meinen schwierigen Schreibstil entschuldigen. Der Grundgedanke dieses Buchs lässt es nur schwer zu, eine spannende und emotionale Handlung der Musik zu erzählen, das war auch nie das primäre Ziel. Sie werden an meiner Ausdrucksweise feststellen, dass Formulierung, Rechtschreibung und Zeichensetzung nicht zu meinen Stärken gehören. Ich bin mir sicher, dass das Buch Fehler enthält. Ich hoffe, dass dieses ehrliche Geständnis Sie dazu bewegt, den einen oder anderen Fehler zu verzeihen und in Ihrer Kritik nicht zu harsch zu sein. Vielen Dank für Ihr Verständnis.

KEINE PERFEKTION

1.1.8 Umgang mit dem Buch

Wirkungs-Elemente der Musik ist mein erster Versuch, etwas über Musik und ihre Wahrnehmung zu schreiben. Man sollte berücksichtigen, dass dies ohne großes Vorwissen oder Unterstützung entstanden ist, es hat nicht den Anspruch auf Perfektion.

Ich wollte kein reines Sachbuch schaffen, sondern eine persönliche Inspirationswelt entwerfen, in der Sie sich immer wieder neu ausrichten und ausleben können. Wer dieses Buch als seine persönliche Entwicklungsmöglichkeit und Inspirationsquelle anerkennt, dem wird es eine große Bereicherung bieten. Öffnen Sie sich gegenüber der Musik sowie gegenüber sich selbst und hören Sie auf Ihre Gefühle. Ob dieses Buch Sie inspiriert und bewegt, ist abhängig von Ihrer Einstellung zu sich selbst und der Musik.

Dieses Buch ist wie ein kleines Kind, wenn Sie sich nicht in es hineinversetzen können, werden Sie zusammen keinen Spaß haben. Sie werden meine Kernaussagen nicht verstehen, solange Sie sich nicht auf die Perspektive des Buches einlassen. Bitte gehen Sie offen auf meine Gedanken ein oder hören Sie gleich auf, weiter zu lesen.

Wirkungs-Elemente der Musik wird Sie fordern, Themen aus verschiedenen Perspektiven zu betrachten. Für dieses Buch benötigen Sie viel Zeit und Eigeninitiative, denn nicht alles kann man aufs erste Mal verstehen. Wer von den Wirkungs-Elementen liest, muss sie mehrmals verinnerlichen und sich stark in die Musik vertiefen, um sie nachzuvollziehen.

Um dieses Buch zu lesen, kann es in manchen Teilen hilfreich sein, passende Musik zu hören, um die Beschreibungen nachvollziehen zu können. Sie brauchen einen freien Kopf, um sich an Ihre Musikerfahrungen zu erinnern und sich abstrakte Erklärungen in Ihrer eigenen Fantasie vorzustellen.

Alles in allem möchte ich Sie bitten, sich für meine Gedanken und neue Perspektiven zu öffnen und das Buch mit offenen Augen und Ohren zu lesen. Nun aber genug der Vorrede, es wird Zeit, in das Thema Musik einzusteigen.

1.1.8

WIE SOLLTE MAN
DAS BUCH
LESEN?

OFFENE
HALTUNG

EINSTELLUNG
ZUM
BUCH

HERAUS-
FORDERUNG

1.2 Einführung in das Thema

Diese freie Einführung soll Ihre Gedanken zur Musik führen, nicht mehr und nicht weniger. Die folgenden Zeilen werden Sie mit Ihrem Musikbild konfrontieren. Die Inspirations-Fragen und Zitate sind Denkanstöße, um sich mit den persönlichen Themen Ihrer Musikwelt zu befassen. Öffnen Sie sich für jede Frage und jedes Zitat und finden Sie heraus, wie Sie zu Musik stehen.

1.2.1 Einleitung

Musik

– Im Auto – im Supermarkt – im Film –
– in der Bar – in der Bahn – in der Werbung –
– zum Aufwachen – zum Lernen – zum Einschlafen –
– beim Sport – beim Essen – beim Tanzen –

Jeder hört und versteht sie, sie ist omnipräsent.
Sie fasziniert, bewegt und ist unheimlich ergreifend.
Sie macht glücklich, traurig, sie treibt an, entspannt und
entfacht in uns die stärksten Emotionen.

– Kunst – Kultur – Sprache der Gefühle –
– Genussmittel – Kriegsmittel – Heilmittel –
– Wirtschaft – Unterhaltung – Business –
– Emotionen – Inneres – Meisterwerk –
...

Was ist Musik?
Führen Sie die Aufzählung weiter.
Was bedeutet Musik für Sie?

1.2.2 Allgemeine Musikfragen

Ab wann ist Musik – Musik?

Warum und wodurch entstand Musik?

Wozu ist Musik gut, was soll sie bezwecken?

Was verleiht Musik ihre Ästhetik?
Was macht Musik wirksam und interessant?

Was kann Musik alles zum Ausdruck bringen?

Was kann Musik in einer Gesellschaft bewirken?

Wie kann Musik positive Auswirkungen auf
die Zukunft der Menschheit haben?

1.2.3 Zitate der Musik

„Musik ist der vollkommene Typus der Kunst:
sie verrät nie ihr letztes Geheimnis."
Oscar Wilde

„Die Musik drückt das aus,
was nicht gesagt werden kann und
worüber zu schweigen unmöglich ist."
Victor Hugo

„Musik ist die gemeinsame Sprache der Menschheit."
Henry Wadsworth Longfellow

„Musik ist die Beschreibung der Welt ohne Worte und
Begriffe. Sie ist die Philosophie der Gefühle."
Carl Ludwig Schleich

„Die Musik hat eine wunderbare Kraft, in einer
unbestimmten Art und Weise die starken Gemütserregungen
in uns wieder wach zu rufen, welche vor längst vergangenen
Zeiten gefühlt wurden."
Charles Darwin

AB WANN IST MUSIK – MUSIK?

*„Die Musik spricht nicht die Leidenschaft, die Liebe,
die Sehnsucht dieses oder jenes Individuums in dieser oder
jener Lage aus, sondern die Leidenschaft, die Liebe,
die Sehnsucht selbst."*
Richard Wagner

*„Was ist Musik? Wie definiert man sie? Musik ist eine ruhige,
mondhelle Nacht, das Rauschen von Blättern im Sommer.
Musik ist das weit entfernte Glockenläuten in der
Abenddämmerung! Musik kommt direkt vom Herzen:
Es ist Liebe! Musik ist die Schwester der Poesie und
ihre Mutter ist der Schmerz!"*
Sergei Rachmaninoff

*„Musik ist keine Täuschung, sie ist Offenbarung. Ihre
sieghafte Kraft besteht darin, dass sie eine Schönheit
offenbart, die uns in keiner anderen Sphäre zugänglich ist
und uns mit dem Leben versöhnt."*
Peter Iljitsch Tschaikowski

*„Musik ist die größte Malerin von Seelenzuständen und die
allerschlechteste für materielle Gegenstände."*
August Wilhelm Ambros

1.2.4 Inspirations-Fragen

Warum ist die Musik die stärkste und erfolgreichste
aller ästhetischen Künste?
Warum ist sie es nicht?

9.2.9.1

Kann Musik Menschen verändern?
Auf welche Art und Weise?
Machen Sie ein konkretes Beispiel!

9.2.4.3

Was macht Musik zeitlos und woran altert sie?
Worin liegt die Zeitlosigkeit von beispielsweise klassischer
Musik, welche Wirkungs - Elemente machen sie beständig?

Wenn Musik die Themen und Geschmäcker
einer Gesellschaft widerspiegelt,
wo stehen wir gerade?

9.2.11.1

1.2.5 Zitate zum Nachdenken

„ Musik ist das Geräusch, das denkt. "

Victor Hugo

„Die andern Künste erlegen dem Geist bestimmt umrissene Schöpfungen auf, die Musik ist in den ihrigen unbegrenzt. Wir müssen die Gedanken des Dichters, das Gemälde des Malers, das Bildwerk des Bildhauers hinnehmen; aber jeder von uns legt die Musik je nach seinem Schmerz oder seiner Freude aus, nach seinen Hoffnungen oder seiner Hoffnungslosigkeit. Dort, wo die andern Künste unsere Gedanken einkreisen, indem sie sie auf etwas bestimmt Umrissenes festlegen, läßt die Musik sie gerade entfesselt durch die ganze Natur schweifen, die sie die Macht hat, uns auszudrücken. "

Honoré de Balzac

9.2.3.11

„Die unaussprechliche Tiefe der Musik, so leicht zu verstehen und doch so unerklärlich, ist dem Umstand zu verdanken, dass sie alle Gefühle unseres innersten Wesens nachbildet, jedoch vollkommen ohne Wirklichkeit und fern allen Schmerzes ... Musik drückt nur die Quintessenz des Lebens und seiner Ereignisse aus, nie diese selbst. "

Arthur Schopenhauer

7.2.3.2

„In der Tonkunst ist die Phantasie, diese kunstschaffende Kraft des menschlichen Geistes, in der Weise tätig, dass sie von den Objekten, die ihr wie jeder Kunst den Stoff liefern, nicht die Gestalt, nicht den Gegenstand selbst, sondern nur den reinen Eindruck derselben auf das Gefühl zum Ausdruck bringt."

Friedrich Theodor Vischer

„Nur solche Musik wird vollen künstlerischen Genuß bieten, welche das geistige Nachfolgen, das ganz eigentlich ein Nachdenken der Phantasie genannt werden könnte, hervorruft und lohnt. Ohne geistige Tätigkeit gibt es überhaupt keinen ästhetischen Genuss."

Eduard Hanslick

„Es ist gewiss, dass keine Musik komponiert, kein Gemälde gemalt und kein Gedicht gedichtet würde, wenn nicht der Trieb, auf andere zu wirken, im Menschen läge."

Carl Maria von Weber

WEITERE
INSPIRATIONS-
FRAGEN
&
MUSIK-ZITATE
IM TEIL 9

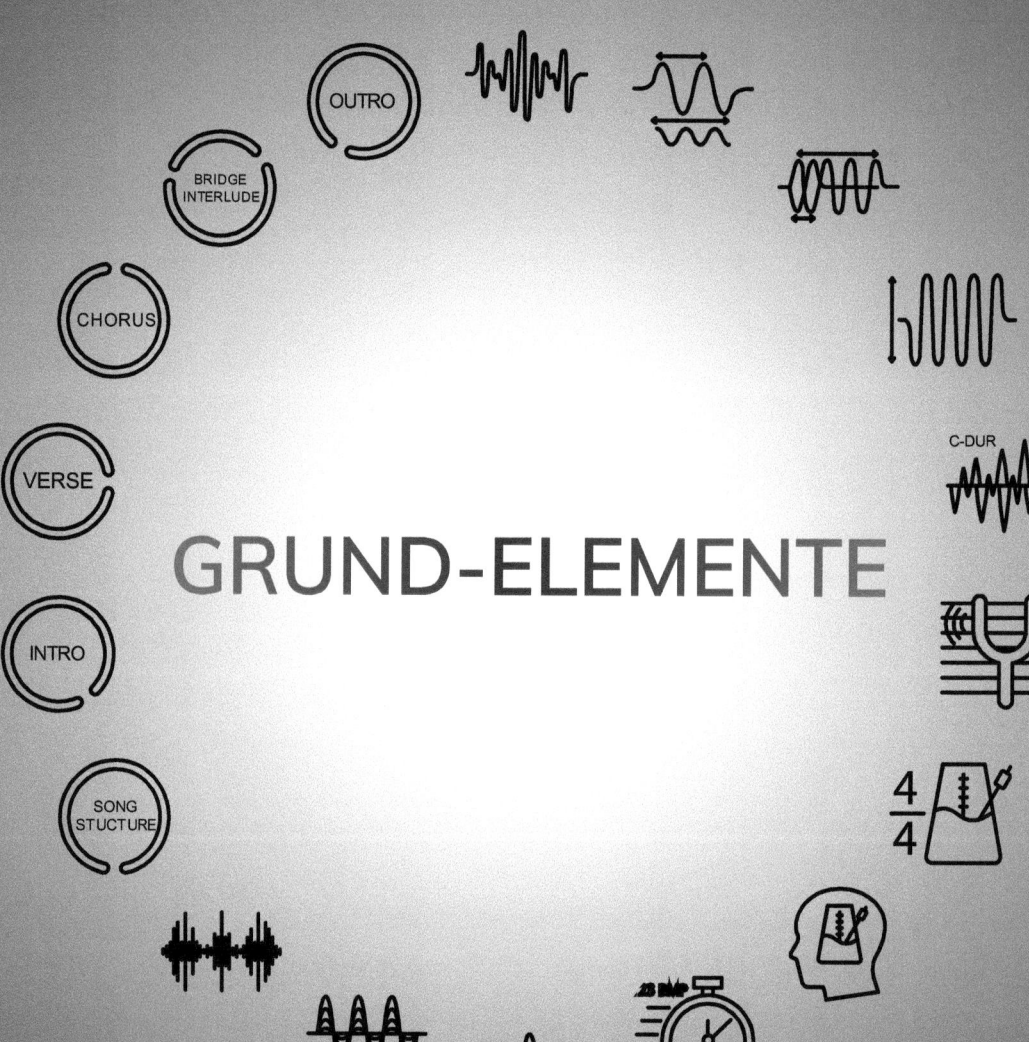

GRUND-ELEMENTE

Teil 2

Grund-Elemente der Musik

Teil 2 Grund - Elemente der Musik

2.1 Ton - Elemente

TONPARAMETER

Im folgenden Kapitel werden die einzelnen Tonparameter in Bezug auf ihre Wirkung untersucht. Ein Klangereignis besteht aus 4 Klangdimensionen, die zusammen einen Ton bilden. Die Tonhöhe, Tondauer, die Lautstärke sowie die Klangfarbe sind Parameter, die einen Ton bzw. eine Tonfolge beschreiben. Im folgenden Kapitel werden Auffälligkeiten zu den einzelnen Tonparametern auf ihre Wirkung und deren Ursache untersucht.

> *„Was das Herz bewegt, das strömt in Tönen aus;*
>
> *und was als Ton draußen erklingt,*
>
> *das beeinflusst wieder das Herz drinnen.“*
>
> *Lü Bu We*

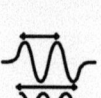

2.1.1 Tonhöhe

> *„In der Tonkunst ist die Phantasie, diese kunstschaffende*
>
> *Kraft des menschlichen Geistes, in der Weise tätig, dass sie*
>
> *von den Objekten, die ihr wie jeder Kunst den Stoff liefern,*
>
> *nicht die Gestalt, nicht den Gegenstand selbst,*
>
> *sondern nur den reinen Eindruck derselben auf*
>
> *das Gefühl zum Ausdruck bringt.“*
>
> *Friedrich Theodor Vischer*

Tonhöhe:
| 2.3.1.6 | 2.3.1.8 | 2.3.1.12 | 3.1.3.15 | 3.2.2.6 | 4.1.4.10 | 4.1.6.2
| 4.1.7.6 | 4.1.7.7 | 4.1.8.4 | 4.1.8.5 | 4.1.8.6 |
Siehe Harmonik & Tonart

2.1.1.1 In der Musik demonstrieren die tiefen Töne eher Macht, Kraft und Energie, die hohen Töne stehen tendenziell für Freude, Freiheit und emotionale Befreiung.

2.1.1.2 Helle Töne wirken im Gesamtklang meist deutlicher, präziser und klarer als tiefe Töne, welche schneller zu einem "Einheitsbrei" tendieren. Höhere Töne können daher leiser gespielt werden, da das menschliche Gehör sie als lauter wahrnimmt.

2.1.1.3 Die Tonhöhe und die Tondauer sind häufig voneinander abhängig und gruppieren sich meist automatisch zu einzelnen Sinnabschnitten. Es ist üblich, dass hohe Töne eher schnell bzw. kurz und tiefe Töne eher langsam bzw. lang gespielt werden, damit man die Musik leichter einordnen kann. Beispielsweise besteht die Bassstimme eher aus langen und die Oberstimme eher aus kurzen Tönen. Wichtig sind der Gegensatz bzw. der Kontrast, dass unterschiedliche Töne eine distanzierte Beziehung haben, was sie besonders, interessant macht. Die Veränderung der Beziehung (Trennung, gegenseitiges Näherkommen, verbunden sein, alleinstehen) erzeugt Spannungen und Gefühle.

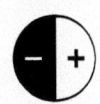

2.1.1.4 Gleiche Töne und Harmonien sorgen für Erinnerung, Vertrauen und Annahme / Gewöhnung. Häufig unterscheiden sich die Akkorde von Chorus und Verse nur in ihrer Reihenfolge. Jede Harmonie sowie jede Akkordfolge sagen etwas anderes durch ihre Stimmung und Spannung aus. Die wichtigsten Töne müssen in fast allen Stimmen und Teilen des Songs versteckt/unauffällig vorkommen, um Gemeinschaft/Harmonie zu präsentieren.

2.1.1.5 In der Tonhöhe steigende Melodien / Elemente steigern die Energie einer Musik und sinkende Tongruppen entladen sie. Aufsteigende Tonfolgen können (in unerwarteten Harmonien etc.) eine Frage eröffnen/stellen, wohingegen fallende Töne (der inneren Erwartung nach, z.B. zum Grundton) die Antwort geben.

2.1.1.6 Mehrere abwärts folgende Töne entladen die Spannung eher schrittweise, wohingegen sie sich bei einem direkten Übergang in einen tieferen, bekannten Ton eher schlagartig entlädt (zum Beispiel auf dem Hauptschlag / Drop oder dem Grundton). Je nach Spannungs - und Stimmungsverlauf sollte man sich für eine abwechslungsreiche und fließende Musik entscheiden. Finden Sie ein Musikstück, das diesen Gedanken bzw. dieses Element bestätigt?

2.1.1.7 Bei großen reinen Tonabständen von zwei Tönen oder Akkorden kann sich das Gehör manchmal schwer entscheiden, welchen es jetzt an erster und welchen an zweiter Stelle (Rollenverteilung zum Verständnis) wahrnehmen soll bzw. auf welche Klänge es sich konzentrieren soll. Die Töne sollten von der Restmelodie herausstechen, sich von den anderen Stimmen abgrenzen. Es sollten nicht zu viele sein und sie sollten möglichst gleich betont / artikuliert werden, damit sie eine größtmögliche Ähnlichkeit verbindet.

2.1.1.8 Starke Tonhöhenwechsel ohne rhythmische Unterstützung können eine starke Herausforderung für den Hörer werden und so eine Wirkung (Konsonanz/Dissonanz mit einer bestimmten Stimmung) verstärken. Es sollte für den Rezipient eine Herausforderung sein, den Tönen ohne Rhythmik zu folgen, die Harmonien sollten aber dennoch vertraut wirken. Die Phrasierung, Artikulation etc. sollte diese Wirkung verstärken und keinen Halt geben. Sie verstärken sowohl den Drang nach rhythmischer/zeitlicher Orientierung bzw. Bestätigung des inneren Taktgefühls. Gleichermaßen unterstützen sie den Drang, die harmonischen Beziehungen zwischen der Melodie und den restlichen Stimmen zu bewerten.

2.1.1.9 Große Tonsprünge (in der Tonhöhe) wirken grundsätzlich eher dramatisch und extrem, sie werden meist im Hauptteil / Chorus verwendet. Sie signalisieren Haltlosigkeit und Zerrissenheit sowie Kraft und Energie. Kleine Tonsprünge sind leichter zu singen/zu folgen und einzuordnen, sie beruhigen die Spannung und bringen Ordnung/Orientierung.

2.1.1.10 Die Wechselwirkungen von hohen und tiefen Tönen können im Verhältnis zur restlichen Musik verschiedenste Stimmungen einleiten. In einer passenden Abwechslung zwischen Obertönen (Höhen) und Untertönen (Bass), welche abwechselnd eine Dissonanz sowie Konsonanz mit der restlichen Musik / Harmonie erzeugen, können viele Emotionen vermittelt werden. Der Wechsel in Oberton-Unterton-Veränderungen durch Dissonanz und Konsonanz erzeugt eine Wandlung bzw. eine Entwicklung, die das gesamte Musikstück mit verschiedenen Stimmungen schmückt. Dieses Wirkungs-Element tritt häufig mit vielen ähnlichen Wirkungs-Elementen auf wie z.B. dem Frage-Antwort-Modell und vielen weiteren Wechselwirkungen zwischen Stimmen und Musik-Elementen.

WECHSEL-
WIRKUNG
VON TONHÖHEN
MIT DER
GESAMTMUSIK

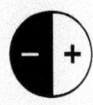

2.1.2 Tondauer

> Tondauer:
> | 2.2.2.1 | 2.2.3.5 | 2.2.3.6 | 2.3.3.11 | 3.1.6.2 | 3.1.7.2 | 3.2.2.20
> | 4.1.6.2 | 4.1.9.3 | 5.1.6.8 | Siehe Agogik & Tempo

2.1.2.1 Lang ausgehaltene Töne sowie die Stilmittel Ritardando und Fermate setzen tendenziell mehr Kraft und Energie frei als Töne, die früh aufhören bzw. kurz sind. Sie bauen Spannung auf und erzeugen eine Steigerung. Die Stil-Elemente, die aus der Tondauer oder dem Tempo entstehen, können je nach musikalischen Umgebungsbedingungen in verschiedene Richtungen wirken.

2.1.2.2 Ein Klang, der minimal zu lang für einen Ton und zu kurz für zwei gebundene (verschmolzene) Töne derselben Länge ist (abhängig vom Taktsystem und Tempo), wirkt schwer, schleppend und tiefgründig. Beispiel dafür sind die Achtel-Töne des Intros (Minute 0:03-0:18) aus dem Song *"West Coast"* von *Lana Del Rey*, welche in ihrer Tondauer variieren. Die minimale Veränderung der Tondauer wiederkehrender Töne entwickelt ihren einen eigenen Spannungsverlauf. Wären diese Töne prägnanter, hätten sie nicht mehr diesen trüben und schweren Charakter.

ZU LANGER TON

2.1.2.3 Schnelle und kurze Töne und Rhythmen, die zu früh auf dem Beat/Hauptschlag sind, beleben den eigentlichen Beat /Hauptschlag und wirken damit anregend, anstrengend und steigernd. Wenn eine musikalische Steigerung an ihren Höhepunkt gelangt und die kurzen Töne vorgezogen werden, überrascht dies den Hörer, weil er mit klaren Schlägen auf dem Beat gerechnet hat.

2.1.2.4 Töne, die ihre Geschwindigkeit und ihre Anzahl verdoppeln (beispielsweise 4 - 8 - 16 - 32tel Übergänge / Läufe) schieben, bringen den Song voran und erzeugen eine Steigerung. In vielen Steigerungen werden die Töne schlichtweg doppelt so schnell/kurz und dafür doppelt so oft (zweimal hintereinander) gespielt. Ein Beispiel dafür ist das klassische Musikstück von *Karl Jenkins - "Palladio: Allegretto".* Weitere Hörbeispiele moderner Musik finden Sie in dem Genre "Electronic Music" zahlreich.

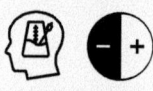

WELLENFÖRMIGE
BEWEGUNG

2.1.2.5
3.1.3.14
4.1.9.3

ZU LANGER TON

ZU KURZER TON

2.1.2.5 Eine wellenförmige Geschwindigkeitsbewegung (abwechselnd beschleunigen und verzögern) von Sechzehntel - Tönen (sowie Achtel und Zweiunddreißigstel) gefolgt von sauberen Tonabständen (gleichförmige Geschwindigkeit), bewirkt einen verstärkten Kontrast verschiedener Klangcharaktere und kann so eine Wandlung in der Stimmung erzeugen. Das wogende Tempo würde zum Beispiel zu einer Richtung Auflösung strebenden Disharmonie passen und das regelmäßige Tempo / Taktgefühl würde im direkten Anschluss den Effekt (die Gefühle) der Auflösung verstärken.

2.1.2.6 Ein Ton, der unregelmäßig ist und nicht frei ausklingen kann, wirkt abnormal, außergewöhnlich und extrem. Kurze aufeinander folgende, gleichlange Töne, welche weitaus länger dauern als die Pausen zwischen den Tönen, wirken eher gepresst, penetrant, steigernd oder bedrückend. Diese zu lang gewordenen Töne haben eine hinterherhinkende Wirkung. Man meint, das Tempo müsste langsamer sein, um die zu kurzen Zwischenpausen länger und damit gleichwertig mit den zu langen Tönen spielen zu können. Im Gegensatz dazu wirken zu kurze Töne und zu lange Zwischenpausen eher zu schnell und treibend, weil die kurze Tondauer nur bei größeren Geschwindigkeiten so kurz wäre. Ein Beispiel dafür wären die Anfangstöne im Intro des Songs *"Alarm"* von *Anne-Marie*, welche abrupt und abgehackt klingen.

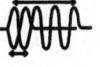

2.1.2.7 Schnelle und (zu) kurze Töne treiben Stimmungen stärker ins Extrem als langsame Töne. Je kürzer und prägnanter (konzentrierter) die Klänge, desto stärker und energischer wirken sie. Wenn diese zusätzlich rhythmisch sowie harmonisch schwer zu verstehen bzw. einzuordnen sind, steigert dies die Energie, Spannung und Emotionen weiter. Diesen Effekt findet man häufig auf rhythmisch unbetonten Schlägen, punktierten Tönen, vorgezogenen Tönen, wie zum Beispiel dem Off-Beat oder Triolen.

2.1.2.1

2.1.2.8 Jeder Ton hat eine natürliche Klanglänge, die seinem Tempo und seinem Notenwert entspricht. Töne, deren Tondauer nicht im Verhältnis zu der Zwischenpause zweier Töne stehen, wirken besonders geladen und schwungvoll. Hören Sie die Anfangsstimme in dem Song *"We Are Your Friends"* von *Simian*, die fast durchgehend Achtel auf demselben Ton spielt, welche gepresst, penetrant und geladen wirken. Die Ursache für dieses Gefühl ist die leichte Schwingung gegen Ende der Töne, aber besonders die Tondauer, die im Verhältnis zur Zwischenpause (bis zum nächsten Ton) zu lang gerät. Die Töne sind minimal länger als der Takt bzw. das Tempo es ursprünglich zulässt, dafür müssen die Pausen zwischen den einzelnen Tönen kürzer werden, was eine gepresste und angespannte Stimmung bewirkt. Genauso wie es zu lange Töne gibt, so gibt es auch zu kurze Töne. In *"Alarm"* von *Anne - Marie* ist im Intro der natürliche Ausklang der Töne (wie wir ihn uns tatsächlich vorstellen/erwarten) zu kurz. Jeder Rezipient hat aufgrund seiner Hörerfahrungen eine innere Vorstellung wie ein Ton, Klang oder Geräusch auf natürliche Weise (aufgrund des Instrumentencharakters wie z.B. der Ausschwingdauer, des Resonanzkörpers, des Raumklangs u. a.) ausklingen muss. Wenn diese Vorstellungen bzw. Erwartungen in der tatsächlichen Musik nicht eintreffen oder verletzt werden, reagiert man darauf je nach Stärke interessiert/positiv, erregt/angespannt oder sogar enttäuscht.

TONDAUER
ZU LANG

2.1.3 Lautstärke

> **Lautstärke:**
> | 2.4.2.10 | 2.4.3.10 | 3.1.2.6 | 3.2.3.4 | 4.1.1.12 | 5.1.2.3 | 5.1.6.1
> | 5.1.7.1 | 5.1.7.3 | 5.1.7.5 | 5.1.7.8 | 5.1.7.9 | Siehe Betonung

2.1.3.1 Die Empfindung der Lautstärke ist frequenzabhängig, so wirken die hohen Töne bei gleicher Lautstärke anders als die Basstöne. Bei hoher Lautstärke betont das Gehör die Höhen und Tiefen, wohingegen man bei geringer Gesamtlautstärke mehr die Mitten und Höhen der Töne wahrnimmt. Das hat wahrscheinlich einen evolutionären Grund, da sich Gefahren wie z.B. ein Rascheln und andere Bewegung der Natur eher im höheren Frequenzbereich abspielen.

DYNAMIK–
MÖGLICHKEITEN

2.1.3.2 Große Lautstärkeänderungen wirken schwungvoll und dramatisch, sind aber anstrengend und schwierig zu hören bzw. einzuordnen. Eine Steigerung oder Minderung der Musiklautstärke ist entweder durch eine gesamte Lautstärkenänderung aller Stimmen möglich oder durch einzelne Stimmen, welche allein lauter oder leiser werden. Eine Lautstärkeänderung (Dynamik) kann genauso durch das Verlassen /Dazukommen von einzelnen Stimmen ermöglicht werden.

2.1.3.3 Bei starken Lautstärkewechseln einzelner Stimmen hängt sich das innere Ohr an die stabileren Stimmen, was die Aufmerksamkeit und die Rollenverteilung einzelner Stimmen beeinflussen kann. Extreme Lautstärkenwechsel einzelner Stimmen können gezielt den Fokus/die Betonung auf andere Stimmen setzen und so einen anderen Beat/Rhythmus verstärken. In dem Song *"For You"* von *Liam Payne und Rita Ora* finden Sie im Hauptteil (ab Minute 1:09) einen Synthie-Klangteppich mit starken Lautstärkewechseln, welche die Energie steigern. Sie erschweren es dem Hörer, sich auf das Wesentliche, den Gesang und das Schlagzeug zu konzentrieren. Diese Erschwernis wirkt wie eine Herausforderung, die wesentlichen Stimmen herauszufiltern.

2.1.3.4 Jedes Instrument hat seine eigene natürliche Dynamik, beispielsweise beginnt der Schlag einer Triangel am lautesten Punkt und wird immer leiser. Ein gestrichener Cello-Ton kann hingegen lauter werden und ist in der Lage, eine freie Dynamik innerhalb eines Tones zu entwickeln. Unnatürlich wirken Stimmen und Instrumente mit einer realitätsfernen Klangdynamik, wie z.B. ein Klavierton, der lauter wird oder innerhalb eines Schlags/Tons eine Achtel-Betonung zeigt. In dem Song *"everything i wanted"* von *Billie Eilish* gibt es im Intro ein Klavier mit einer unnatürlichen Klangdynamik der langen Töne.

UNNATÜRLICHE
DYNAMIK

2.1.4 Klangfarbe

> **Klangfarbe:**
>
> -
> **Siehe Stimmen-Charakter, Raumakustik**

2.4.3.21
5.1

...

2.1.4.1 Jede Entwicklung eines Tones, die in ihrer Energie/Intensität nicht ihrer Erzeugung/ihrem Ursprung entspricht (z.B. ein lauer werdender Paukenschlag), wirkt künstlich und außergewöhnlich. Wenn ein Raumklang den Ton unnatürlich verändert, steigert das die Aufmerksamkeit des Hörers, da er diese Form nicht kennt.

SIEHE
UNREALISTISCHE
RAUMAKUSTIK

2.1.4.2 Jede Klangcharakteristik erzeugt ihre eigenen Gefühle und Stimmungen. Frei schwingende, ausklingende Töne wirken tendenziell natürlich und unbeeinflusst, dagegen wirken abgehackte, gepresste Klänge eher künstlich und erzwungen.

2.1.4.3 Die Dauer (sowie die Erzeugungsenergie), bis der gewünschte Ton seinen Höhepunkt erreicht und frei klingt, gibt unter anderem die Intensität der Emotionen sowie das Energielevel der Stimme wieder. Je mehr Energie man für die Erzeugung eines Tones/Klanges braucht, desto kräftiger/mächtiger/epischer klingt die Musik.

ERZEUGUNGS-
ENERGIE
EINES TONS

Die Entstehungsenergie eines Tones setzt sich aus Anspielungs-dauer, Tonverlauf, Schwingungsfreiheit, Klangraum zusammen. Die Erzeugungslänge kann den Wert bzw. die Stellung des Tons verändern. Zum Beispiel kann ein betonter Hauptton/Entladungston durch einen stotternden bzw. unterbrochenen Tonverlauf die Stellung und Emotionalität des Tons erhöhen wie z.B. bei dem Entladungston (Minute 1:03 ...) in *"Anywhere"* von *Rita Ora.*

2.1.4.4   Im Gesang (sowie in anderen Stimmen) hat man eine natürliche Vorstellung bzw. Erwartung (aus Erfahrung) für den Ausklang eines Tones. Die Zeit bzw. die Dynamik bis zum vollständigen Aussterben des Tones (abgesehen von Raumklang und Hall) vermittelt unter anderem, wie schwungvoll und geladen ein Klang ist. Wenn man einen unbedeutenden Ton mit wenig Spannung und Energie verbessern will, dann lässt man das Ausklingen länger und dramatischer wirken. Wenn der "Sterbeprozess" des Tons länger und intensiver wirkt, werden Eigenschaften wie Kraft, Macht und Energie auf den Ton projiziert/übertragen, weil der Kampf des Tons (gegen sein Erlöschen) größer wird. Dies kann man zusätzlich mit dem Raumklang beeinflussen.

2.1.4.5   Natürliche Klänge bestehen selten aus einem Ton allein, sie sind normalerweise eine Mischung mit Obertönen und Nebengeräuschen.

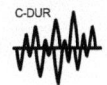

2.2 Struktur - Elemente

Die Tonart, Taktart und das Tempo sind die Grundlagen jeder Musik. Sie bilden das Grundgerüst, zwischen dessen Eckpfeiler sich alle weiteren Musik - Elemente bewegen. Die folgenden Struktur - Elemente zeigen Charaktermerkmale sowie Wirkungs - Elemente der Basis eines Musikstücks. Viele ähnliche Elemente befinden sich den Stilelementen (Kapitel 3), und werden daher hier nur in Listen aufgeführt.

2.2.1 Tonart

> Tonart: 2.4.2.11 | 3.1.4.2 | 3.2.3.2 |
>
> Tonartwechsel: (= Rückung) 2.2.1.1 | 2.4.3.19 | 3.2.2.8 |
> Siehe Harmonik & Stil-Elemente-Harmonik

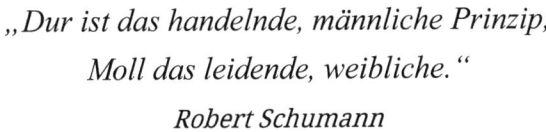

„Dur ist das handelnde, männliche Prinzip,

Moll das leidende, weibliche."

Robert Schumann

„Sind die Molltonarten nicht die Weiber der Musik?"

Franz Grillparzer

2.2.1.1 Ein Tonartwechsel (= Rückung) kann die Grundstimmung verändern, denn wir verbinden mit jeder Tonart gewisse Emotionen. Eine Bewegung nach oben kann zum Beispiel das Energielevel steigern, indem man von einer weniger spannungsgeladenen Tonart in eine aggressivere, lebendigere Tonart wechselt. Weitere Beispiele für einen Tonartwechsel wären in dem Musikstück *"Let It Go"* (Minute 3:03) von *Idina Menzel* aus dem Film *"Frozen"*, *"Born To Be Somebody"* von *Justin Bieber* (in Minute 2:14), sowie in *"Try"* von *ÄTNA* (in Minute 2:35 und 3:03) und *"Down"* von *Andrew Applepie* (Minute 2:36).

*TONART-
WECHSEL*

*"HOW FAR I'LL
GO" VON ALESSIA
CARA*

2.2.1.2 Melodien, die sich über ihre ursprüngliche Tonfolge hinwegsetzen und eigene Variationen einleiten können befreiend wirken und als eine emotionale Steigerung empfunden werden. Beispielsweise kann man zur Abwechslung mit einer anderen Tonhöhe in den Strophen gehen und ihn über den Grundaufbau hinweg neu interpretieren bzw. umspielen, sodass man über der Tonart spielt und damit den Hörer erschüttert. Fällt ihnen ein bekanntes Musikstück ein, das diesen Gedanken bzw. dieses Element beinhaltet?

ÜBERGANG

2.2.1.3 Ein Übergang von einem Songteil in den anderen führt oftmals erst von der Musik weg in die Orientierungslosigkeit ohne Kontrolle (Klangbrei) und führt dann wieder in einer verschwommenen Tonleiter nach oben zur gewünschten Melodie/Tonart.

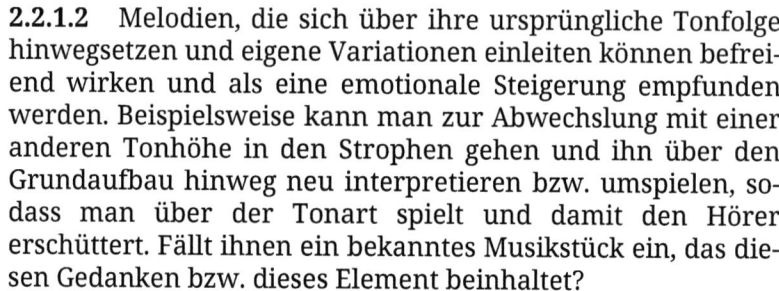

2.2.2 Taktart

„Im Takt besteht gleichsam die Seele und das Leben aller

Musik. "

Heinrich Schütz

Taktgefühl:
2.1.1.8 | 2.1.2.3 | 2.1.2.5 | 2.2.3.3 | 2.3.1.11 | 2.3.3.7 | 2.4.2.3 |
2.4.2.8 | 3.1.2.1 | 3.1.3.1 | 3.1.3.2 | 3.1.3.3 | 3.1.3.8 | 3.1.3.9 |
3.1.3.18 | 3.1.3.21 | 3.1.4.5 | 3.1.5.7 | 3.1.5.9 | 3.1.7.8 | 3.1.7.9 |
3.1.7.15 | 3.2.2.1 | 3.2.2.4 | 4.1.8.1 | 6.1.3.2 |
Siehe Rhythmischer Halt

2.2.2.1 Der Taktschlag wird neben dem Tempo auch von der Länge des Schlages charakterisiert. Die Länge von Taktschlägen im Verhältnis zum Tempo bzw. im Vergleich zu den Pausen zwischen den Taktschlägen beeinflusst die Stimmung / Spannung eines Taktschlags. Die Taktschlaglänge wird neben dem Tempo auch von der Anzahl der Taktschläge pro Takt (Viertel, Achtel, Sechzehntel, Triolen usw.) beeinflusst. Bei einem höheren Tempo sowie bei einer höheren Anzahl an Taktschlägen pro Takt, senkt sich erwartungsgemäß die Klanglänge der einzelnen Taktschläge. Wenn sich die Taktschlaglänge nicht mitändert, werden die Pausen zwischen den Schlägen kürzer was eine innere Spannung und Druck im Hörer auslösen kann. Dies gilt nicht nur für Taktschläge, sondern für jegliche Tonschläge sowie Rhythmen und Beats. Wenn Sie Viertel und Sechzehntel beobachten, wird Ihnen auffallen, dass die Sechzehntel - Taktschläge kürzer sind als die Viertel - Schlaglänge. Anfangs langsame Taktschläge und darauf kurze Taktschläge erwecken den Anschein, dass die moderne Musik schneller wird aufgrund der veränderten Anschlaglänge obwohl das Tempo gleich bleibt.

2.2.2.2 Musik sollte im Großen wie im Kleinen in sich schlüssig wirken, sowohl in den Songparts als auch in dem 4 - Takt - Kreislauf. In dem Musikstück *"Born To Die"* von *Lana Del Rey* ist jeder Takt in sich schlüssig und trotzdem gibt es eine Musikbewegung über einen Takt hinaus zu einem großen Kreislauf. Der 4 - Taktkreislauf wird meist zweimal gespielt, bis ein neuer Abschnitt beginnt.

2.2.2.3 Im Pop sorgt eine Sechstakteinteilung für Unruhe und Stress, da die 4er - bzw. 8er - Teilung geordneter, leichter und gewohnter zu hören ist. Noch extremer sind ungerade Anzahlen an Takteinheiten (ebenso in einer Stimme / Melodie möglich), weil diese in unserem Kopf keine Symmetrie aufweisen und dadurch unvollendet und verwirrend wirken. Als Zwischenpart lassen sich solche Wirkungs - Elemente abwechslungsreich einbauen. Weitere fremdartige Taktsysteme wären periodisch wechselnde Taktarten (z.B. zwei Takte 3/4 Takt und dann drei Takte 6/8 Takt usw.)

KONTRAST
DER
SCHLAGLÄNGEN

2.1.2.8
2.2.3.5

GRUNDSYSTEM

GRUNDSYSTEM

2.2.2

STIMMENEINSATZ
MIT AUFTAKT

2.2.2.4   Eine Steigerung ist durch einen Auftakt möglich, der zum Hauptschlag hin spielt. Oftmals spielen Extrastimmen, die im Hauptteil dazukommen, einen Auftakt, um den Hauptteil zu steigern. Oder sie spielen vor dem Hauptteil (z.B. als Bridge), um in den Hauptteil (Chorus) einzuleiten sowie das Energielevel zu erhöhen.

2.2.3 Tempo

„Das Notwendigste und das Härteste und die Hauptsache in
der Musik ist das Tempo."

Wolfgang Amadeus Mozart

Tempo:
| 3.1.3.18 | 3.1.7.5 | 3.2.2.1 | 4.1.8.1 | 4.1.8.8 | 9.2.11.5

Tempowechsel:
| 2.4.4.2 | 3.1.2.3 | 3.2.2.1 |
Siehe Agogik & Tondauer

2.2.3.1 Jedes Tempo hat seine eigene Wirkung und jedes Genre bedient sich unterschiedlich daran. Musik, die den Herzschlag ergreifen soll, bewegt sich in dem Genre Electronic Music genau in einem festen Tempo-Bereich. Genauso ist es mit anderen Genres. Recherchieren sie selbst die Wirkung verschiedener Tempi in Bezug zu ihren Genres.

2.2.3.2 Jede Musik hat einen Tempobereich, in dem sie leicht zu verstehen ist, aber dennoch ansprechend wirkt und Energie sowie Gefühle vermitteln kann. Die Tempobestimmung ist meist ein Kompromiss zwischen der maximalen Geschwindigkeit, die Stimmungs - bzw. Gefühlswechsel ausdrückt (hohes Tempo), und dem Verständnis (Wahrnehmung), damit der Hörer die vielen Stimmungswechsel erfassen und verarbeiten kann. In der modernen Musik wirkt ein schnelleres Tempo meist energischer und interessanter. Es bringt aber nichts, wenn es so schnell ist, dass man es nicht mehr vollkommen aufnehmen kann, denn dann gehen die eigentlichen Gefühle verloren.

TEMPOBEREICH
EINER MUSIK

2.2.3.3 Je langsamer das Tempo ist, desto weniger Anhaltspunkte kann man über den Takt und den Rhythmus hören. Das bedeutet umgekehrt, dass (meistens) mehrere Schläge (vorausgesetzt, sie sind taktbetont) dem Hörer mehr Sicherheit (in der Zeiteinteilung der Musik) bzw. mehr Taktgefühl geben.

2.2.3.4 Menschen, die gemeinsam aktiv an der Musik beteiligt sind, weil sie zum Beispiel mitsingen, dazu klatschen oder tanzen, haben es einfacher, als Gruppe das Tempo zu senken als es zu steigern. Das gilt besonders mitten in der Musik (die dabei inhaltlich unverändert bleibt) einer Gruppe. Wir können einem Ritardando (langsamer werdend) besser folgen als einem Accelerando (schneller werdend), weil wir in ein langsameres Tempo besser einsteigen (Ansprechbarkeit, losgelassene Vertiefung) können. Es benötigt weniger Energie, einer langsameren und ruhigeren Musik zu folgen, als einer Musik mit einem höheren Energieniveau.

2.2.2.1

2.2.3.5 Die Schläge variieren je nach Tempo in ihrer Schlaglänge. Wenn man zum Beispiel Achtel mit 80 BPM zählt, ist die Länge der Achtelschläge üblicherweise länger als die Viertelschlaglänge mit 160 Beats per Minute. Die Schlaglänge beeinflusst das Tempogefühl.

GEFÜHLTER
TEMPOWECHSEL

TEMPO–
RHYTHMUS-
WECHSELWIR-
KUNG

ROLLENWECHSEL

2.2.3.6 Ein langsames Tempo beschleunigt sich mit Sechzehntel - Schlägen stetig, bis es das Doppelte des ursprünglichen Tempos erreicht hat. Die ursprünglichen Sechzehntel-Schläge des ersten, langsamen Tempos, werden nun zu den Achtel - Schlägen des neuen schnellen Tempos. Im Grunde hat die Musik am Anfang und am Ende dasselbe Tempo mit einem Accelerando dazwischen und einer neuen Betonung (Achtel-Sechzehntel - Betonung). Im Sechzehntel - Achtel - Übergang würde man die Tondauer der ursprünglichen Sechzehntel als zu schnell/kurz empfinden und im neuen Tempo könnte man meinen, die Achtel als zu langsam empfinden bis sie ich vollständiges Tempo erreicht haben. Dieselbe Tempovariation funktioniert ebenso umgekehrt mit einem Ritardando und einer gefühlten Temposenkung zum Beispiel von Achtel auf Sechzehntel. Dieses Stil-Element hat die Wirkung, den Hörer aus seinem Grundpuls bzw. Rhythmus zu reißen, um direkt darauf das halbe/doppelte Tempo so zu spielen, als hätten die beiden Tempi dieselbe Geschwindigkeit. Noch stärker wird diese Wirkung, wenn Achtel und Sechzehntel verschiedene Klangeigenschaften (Charaktere) haben, sodass man sie anfangs klar voneinander unterscheiden kann, bis der Rollenwechsel stattfindet. Es ist möglich, dieses Wirkungs-Element nur an einer Stimme durchzuführen, während die anderen Stimmen normal weiterspielen, dies kann aber leicht zu Verwirrungen führen.

2.3 Themen-Elemente

Die Themen-Elemente bilden starke Charaktermerkmale eines Musikstücks. Sie bestimmen neben den Struktur-Elementen die Art bzw. den Stil der Musik maßgeblich. Die Melodik, Harmonik sowie die Rhythmik sind Bereiche, die viel Spielraum für Stilmittel bieten. Sie haben eine enge Verbindung zu den Stilelementen (Kapitel 3), sodass Sie durch die vielen Parallelen immer wieder zwischen den beiden Kapiteln springen.

2.3.1 Melodik

Die Melodik beschreibt die Bewegungsrichtung der Melodie. Ein Beispiel wäre die Auf-oder Abwärtsbewegung, in Wellen, Kreisen, Schritten oder Sprüngen. In einer Melodie ist der Stimmungs- bzw. Spannungsfluss entscheidend.

„Die einzige Form der Musik ist die Melodie. Ohne Melodie ist die Musik gar nicht denkbar."

Richard Wagner

„Die Melodie, selbst wenn sie einstimmig vorgetragen wird, vereinigt alle Elemente der Tonkunst; denn sie trägt neben rhythmischer Bewegung auch schon ihren Harmoniegehalt in sich."

August Wilhelm Ambros

„Erfindet eine schöne Melodie, und eure Musik, welcher Art sie auch sei, wird schön sein und gefallen."

Joseph Haydn

HOOK

GEWÖHNUNGS-
EFFEKT
–
MELODIE

2.3.1

Melodik:
| 2.4.3.21 | 3.1.2.6 | 3.2.2.6 | 4.1.5.17 | 4.1.6.1 | 4.1.7.2 | 4.1.8.2
| 9.2.2.9 | 9.2.5.6 | 9.2.5.7 | Siehe Harmonik

Hook-Line:
| 2.3.1.6 | 2.3.1.8 | 2.3.1.9 | 2.3.1.10 | 2.3.3.5 | 2.4.2.8 | 2.4.5.2 |
4.1.2.6 | 4.1.2.7 | 4.1.9.6 | 2.4.2.7 |

2.3.1.1 Die Melodie wird von der Harmonie getragen, meistens von den Obertönen der Harmonie. Sie ist eine Wechselwirkung verschiedener Formen von Dissonanz und Harmonie. Verschiedene Tonhöhen und Änderungen innerhalb der Melodie sowie die gelungene Abwechslung, machen eine Wiederholung von Melodien interessant und spannend. Eine Melodie führt meist erst weg vom Grundton (Grundakkord) und geht dann wieder schrittweise zum Thema (Grundton) zurück. Wiederholungen von Tönen, Rhythmen und Harmonien vereinen einzelne Melodie-Elemente zu Tongruppen, aus denen in fließender Verbindung die Melodie entsteht.

2.3.1.2 Herausstechende Melodietöne liegen gerne zwischen den Akkordtönen, um sich von den Nebenstimmen abzuheben und um einen markanten bzw. dominanten Charakter zu bekommen. Dreiklänge in Dur werden häufig verwendet, da sie besonders dominant und aufstrebend sind. Die Melodie ist eine Mischung aus Akkorden und Tönen zwischen Vertrautem und Unbekanntem.

2.3.1.3 Eine Melodie sollte simpel und schlicht sein, ansprechend wird sie durch ausreichend Freiraum/Veränderlichkeit, damit die Melodie viele Wandlungen und Ausgänge mit großem Interpretationsspielraum abwechslungsreich anbieten kann. Auffallende Melodien sind meist Tonfolgen, die jeder kennt oder die bekanntem ähnlich sind. Normalerweise reichen kleine Abänderungen einer bekannten Melodie, zum Beispiel einzelne markante Töne, die Tonart oder die Betonung, um etwas zu schaffen, das neu und zugleich vertraut wirkt.

2.3.1.4 Eine Melodie benötigt Abwechslung zwischen...

... sprungartiger und stufenartiger Tonführung (Tonfolgen).

... spannungsarmen und spannungsreichen Stimmungen bzw. Zuständen.

... unterstützenden Rhythmen sowie gegen den Grundbeat wirkenden Rhythmen (durch Punktierte, Gegenbetonungen, Triolen etc.).

... Seitenbewegung, Gegenbewegung und Parallelbewegung der Stimmung/Spannung.

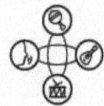

2.3.1.5 Melodieuntergruppen und Stimmen mit ihren jeweiligen Rhythmen, Harmonien und Tonfolgen sollten denselben Zweck bzw. dieselbe Bedeutung anstreben, um sie als eines zu verstehen und zu deuten. Die unterschiedliche Tonbindung, Harmoniestellung und das Rhythmusverhältnis zu den Grundtönen (Akkorde, Grundbeat) sowie unterhalb der einzelnen Stimmen ist entscheidend für Stimmung und Spannung.

2.3.1.6 Verschiedene Stimmungscharaktere einzelner Töne, die keinerlei Verbindung miteinander aufweisen, kann man mit der Tonhöhe und der Tondauer innerhalb einer Melodie zusammenhalten. Egal wie fremd die verschiedenen Töne in ihrer Art klingen, sie können allein durch einen abgerundeten (unseren Erwartungen entsprechenden) Stimmungs - / Spannungsverlauf in der Gesamtmusik verbunden werden. Wenn beispielsweise eine Stimme eine melodische Frage stellt, so kann diese durch einen auflösenden Ton einer anderen Stimme beantwortet werden, selbst wenn beide Stimmen charakteristisch absolut verschieden sind. Da unser Gehirn Zusammenhänge zwischen den einzelnen Tönen sucht, um eine sinnergebende Melodie zu finden, die unsere Erwartungen erfüllt, bleiben selbst gegensätzliche Stimmencharaktere im Kopf (innere Vorstellung/Wahrnehmung) zusammen und verstärken unseren Fokus auf die Melodie.

HOOK

CHORUS

STEIGERUNG
DURCH
ANKÜNDIGUNG

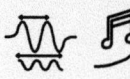

MELODIE–
TONÄNDERUNG

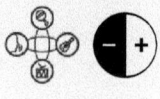

HOOK

WECHSELWIR-
KUNG
VON MELODIEN

HOOK

2.3.1.7 Die Chorus-Stimmen, die Hook-Melodie und das Entladungs-Element (in einer abgeschwächten Form) werden oftmals angespielt, vorgetäuscht (nicht zu Ende gespielt, sondern vor der Entladung abgebrochen), was eine emotionale Steigerung bewirkt. Dieselbe Wirkung kann man genauso hervorrufen, wenn man die Rhythmen, die einzelnen Töne, die Akkorde etc. in einer anderen Reihenfolge verwendet oder sie leicht verändert. Oftmals wird die Hook-Melodie vor dem Hauptteil durch Melodie, Rhythmus oder Akkorde in den spannungsarmen Nebenstimmen angekündigt.

2.3.1.8 Eine Stimme kann ihre Spannung bzw. ihr Energielevel steigern, indem sie Teile ihrer Melodie nicht mehr in Originaltonfolge, sondern auf einer dissonanten Tonhöhe spielt und dabei die Töne, den Rhythmus und die Betonung beibehält. Diese Tonhöhenänderung zeigt, dass die Stimme aus ihrem Grundsystem (Melodie/Harmonie) ausbricht, um mehr Gefühle freizusetzen. Ein ausdrucksstarkes Beispiel ist die Wiederholung des Chorus aus *"Another Love"* von *Tom Odell.*

2.3.1.9 Musik kann aus mehreren Hook-Melodien bestehen, von denen manche gleichmäßig sowie durchgehend sind und andere ungleichmäßig und nur teilweise gespielt werden. Wenn zwei unterschiedliche Hook-Melodien erst hintereinander und dann zusammen miteinander spielen (z.B. akustische Hook mit Gesangs-Hook), erzeugt dies eine Konfrontation mit stärkerem Kontrast (Ausdruck von Harmonie und Dissonanz).

2.3.1.10 Je häufiger eine Melodie in unterschiedlichen Bedingungen (Stimmencharakter, Raumklangcharakter) gespielt wird, desto leichter prägt sie sich ein und wird wiedererkannt. Eine Melodie wirkt umso interessanter, wenn sie von verschiedenen Stimmen (Stimmencharakteristiken) gespielt wird und durch mehrere Raumklänge wandert. Die Abwechslung und Kombinationen haben einen großen Einfluss auf die Aufnahme und Wahrnehmung der Melodie. Hören Sie als Beispiel die Hook-Melodie des Songs *"No Regrets"* von *Lecrae feat. Suzy Rock.*

2.3.1.11 Melodien, die das Taktgefühl stören, können positive Auswirkungen auf den Gesamtsong haben. Im Song *"Adventure Of A Lifetime"* von *Coldplay* hat man im Intro Schwierigkeiten, die Hook-Melodie zeitlich einzuordnen bzw. ein Taktgefühl (und Tempogefühl) zu entwickeln. Die in der Tonhöhe absteigende Melodie macht den Eindruck, nicht in das 4/4 Taktsystem zu passen, in dem jeweils 4 Takte/4 Grundakkorde einen inneren geschlossenen Kreis bilden. Dies liegt unter anderem daran, dass diese Melodie nicht auf dem ersten Schlag des Taktsystems beginnt, sondern einen davor. Zusätzlich wird die Melodie durch einen künstlichen Hintergrundgesang im Intro erschwert, die eine Achtel nach dem eigentlichen Taktanfang beginnt. Der Sinn und Zweck dieser Verwirrung / Überraschung ist wahrscheinlich, Aufmerksamkeit zu gewinnen und die Musik weniger berechenbar zu machen.

2.4.2.8

2.3.1.12 Tendenziell werden alle in ihrer Tonhöhe fallenden Melodien / Harmonien mit der Zeit leiser und ruhiger und bauen Spannung ab, wohingegen steigende Elemente eher lauter, emotionaler und betonter werden. Diese Erwartungen können ebenso aufgebaut werden, um enttäuscht bzw. überrascht zu werden wie bei den Stil - Elementen.

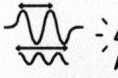

ENTTÄUSCHUNG VON ERWARTUNGEN IN EINER MELODIE

2.3.1.13 Sobald zwei Stimmen sich an einem Punkt überlappen, also dieselbe Melodie (Rhythmus, Harmonie, Betonung etc.) spielen, bringt dies Veränderung in die Beziehung der beiden Stimmen. Je nachdem, ob die beiden Stimmen gemeinsam spielen/harmonieren, oder sich solange gegenseitig bekämpfen, bis sich eine Stimme durchsetzt oder in den Vordergrund stellt und die anderen Stimmen verdrängt. Auf diese Art und Weise können Stimmen aus der Musik verschwinden, umgekehrt können neue entstehen.

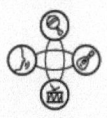

2.3.1.14 Ein dominantes Musik-Thema/Element, das entgegen der restlichen Musik/Melodie/Rhythmus etc. spielt, darf nicht zu lange in die gegensätzliche Richtung (Gegenwirkung) wandern, da ansonsten der Zuhörer irgendwann nicht mehr weiß, auf welche Musik/Melodie/Rhythmus etc. er sich (Fokus/Aufmerksamkeit) konzentrieren soll. Egal wie stark oder wie lange die "Gegenstimme" spielt, sie sollte immer eine große Rolle/ starke Stellung haben, damit die Abwendungsbewegung ausreichend wirkt und nicht verwirrt.

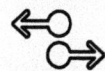

2.3.1.15 Eine Melodie kann durch Agogik (Tempovariationen) komplexer und interessanter gemacht werden, indem man Betonungen erzeugt, die gegen die Erwartungen des Hörers laufen. Die Melodie des Instrumentalteils (Minute 1:42 und 3:15) in *"Stolen Dance"* von *Milky Chance* besteht aus einzelnen kreisförmigen Elementen, die gleich in der Agogik (sie gehen jeweils 2 Viertel) sind. Während der Anfang (die 1 und die 3 der Melodie) zu lang und stark betont wird, ist das Ende (2 und 4 im Takt) des Elements eher zu schnell, unbetont und gefühlt hinterherhinkend. Diese minimale Veränderung lässt die Melodie interessanter, komplexer und anspruchsvoller wirken.

2.3.2 Harmonik

Die Harmonielehre kommt in diesem Buch sicherlich zu kurz. Das liegt unter anderem daran, dass mir dafür das nötige Theoriewissen fehlt, um Musik diesbezüglich zu analysieren, geschweige denn sie daran zu erklären. Zur Harmonik gibt es so viele Bücher wie zu keinem anderen Thema der Musik, bedienen Sie sich daran.

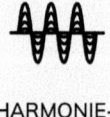

HARMONIE-
WECHSEL

„Dissonanzen geben der Musik den schönsten Reiz, wie

Schmerzen im Leben."

Robert Schumann

"Ich halte die Musik für den Kern der Welt, zu welchem die

Harmonie sich verhält, wie zum Braten die Sauce."

Arthur Schopenhauer

> Harmonik:
> | 2.3.1.10 | 2.4.2.6 | 2.4.2.9 | 2.4.3.19 | 2.4.3.20 | 2.4.5.5 |
> 3.1.7.16 | 3.2.3.5 | 4.1.1.11 | 4.1.4.17 | 6.1.3.4 |
> Siehe Tonart & Stil-Elemente-Harmonik
>
> Harmoniewechsel:
> | 2.4.2.1 | 3.1.5.8 | 4.1.7.10 | 4.2.2.1 |
> Siehe Tonartwechsel (= Rückung)

2.3.2.1 Eine gegenseitige Wechselwirkung der Töne und Klänge löst Gefühle aus, da nur durch einen Vergleich der Töne ein Verhältnis (Relation) entsteht, welches letztlich unsere Stimmung beeinflusst.

2.3.2.2 Das Tongeschlecht bestimmt den Charakter von Akkorden, Tonleitern etc. So wirkt ein Durdreiklang aufstrebend und fröhlich, wohingegen ein Molldreiklang eine eher absterbende und traurige Wirkung erzielt.

2.3.2.3 Tonfolgen/Harmonien, die die Erwartungen des Hörers besonders stark erfüllen, können viel leiser gespielt werden und bekommen trotzdem ihre Aufmerksamkeit. Denn dies bewirkt, dass sich die Tonfolge/Harmonie in seiner Musikvorstellung stärker entfaltet, was Gefühle der Zufriedenheit, Freiheit und Entspannung freisetzt, weil man Musik ganz persönlich entfaltet/vollendet.

2.3.2.4 Hintereinander folgende Akkorde werden vom Hörer innerlich ins Verhältnis gesetzt, auch wenn diese nie gemeinsam bzw. gleichzeitig spielen. Die Wirkung der Akkordfolgen wird in einem gewissen Rahmen umso stärker, je schneller bzw. häufiger die Akkorde sich ändern. Es macht einen Unterschied, von welcher emotionalen Grundhaltung / Stimmung (alter Akkord) man auf den neuen Akkord trifft. Man betrachtet immer die neue Stimmung (neuer Akkord) abhängig von der alten/in Relation zur alten Harmonie. Darum wirken 4 Akkorde in unterschiedlicher Reihenfolge jedes Mal anders, obwohl es immer dieselben sind. So kann ein Schwebeton den harmonischen Bezugspunkt des Hörers zusätzlich beeinflussen.

SCHWEBETON

2.4.3.11
6.1.3.4

2.3.2.5 Musik kann spannungsgeladen, überraschend, überleitend wirken, wenn unerwartete Harmonien, Akkorde, Rhythmen, Melodien gespielt werden, die wie eine Frage aufgegriffen werden.

2.3.2.6 Bei langen gleichbleibenden Harmonien und Tönen werden zur Abwechslung oft kurze, hohe Töne eingebaut.

2.3.2.7 Übermäßige Dreiklänge lösen sich oft nach oben hin (um einen Halbton) auf und Verminderte eher nach unten, denn das entspricht der üblichen Musikerwartung.

2.3.2.8 In der Dominante (zum Grundton hinführende Harmonie) sollte nicht viel Aktion sein, da sie schon für sich eine große Wirkung hat und diese sonst verloren gehen würde.

2.3.2.9 Intervalle:
- Eine Quarte sorgt mit Signalfarben für Aufmerksamkeit.
- Der Tritonus ist neben der Sekunde am meisten mit Spannung geladen. Die Septime sorgt ebenso für Spannung.
- Die kleine Sexte ist in ihren Eigenschaften und Gefühlen melancholisch mit Trauer und Sehnsucht verbunden.

2.3.3 Rhythmik

„Rhythmus allein kann schon als Musik erscheinen.“
Prof. Dr. Theodor Billroth

„Der Rhythmus entsteht aus dem Schnellen und Langsamen,
indem diese, vorher auseinanderstrebend, weiterhin in
Einklang gebracht werden. Zum Einklang aber verhilft all
dem, wie dort die Heilkunst, hier die Musik, indem sie
gegenseitige Liebe und Eintracht einpflanzt, und so ist denn
die Musik die Kenntnis von den Liebesregungen im Gebiete
der Harmonie und des Rhythmus.“
Das Gastmahl 12. (Eryximachos) von Platon

> **Rhythmik:**
> | 2.1.1.8 | 2.1.2.3 | 2.1.2.8 | 2.4.3.17 | 3.1.3.16 | 3.1.5.7 | 3.1.5.10
> | 3.1.7.18 | 3.2.2.1 | 3.2.2.5 | 4.1.5.2 | 4.1.8.6 | 5.1.6.19 | 6.1.3.1
> | 6.1.3.3 | Siehe Stil-Element-Rhythmik & Agogik

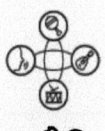

2.3.3.1 Der Rhythmus ist das Produkt verschiedener Noten-
längen und Pausen. Er entwickelt sich meist aus mehreren
Stimmen, die sich gegenseitig ergänzen, damit er eine abwechslungsreiche und ausgeglichene Form bzw. Charakter
bekommt. So bekommt der Rhythmus verschiedene Stimmencharaktere, die sich gegenseitig ergänzen und in Abwechslung
eine interessante Vielfalt schaffen. Meist wird er von Schlagwerk und Grundbeat dominiert und ändert sich über das
gesamte Werk kaum.

**AUFBAU –
RHYTHMUS**

2.3.3

2.3.3.2 Zu jedem Rhythmus gibt es einen ähnlichen Rhythmus mit einem geringeren Energielevel, der gleich aufgebaut ist, aber durch den Ausbau von rhythmischen Zusatz-Elementen schwächer wirkt bzw. passiver und leichter klingt. Den schwächeren Rhythmus können Sie in Steigerungen, Übergängen, im Intro / Outro und zwischendrin als Abwechslung nutzen.

2.3.3.3 Der Rhythmus sollte eine möglichst gleichbleibende und auffallende Betonung haben, um ihn vertraut zu machen, einprägen zu können, ihn attraktiv zu halten und um einen Wiedererkennungswert zu schaffen.

2.3.3.4 Wichtig neben den bewegenden Rhythmen und Beats sind gleichmäßige Elemente für die Bewegung / den Tanz zur Musik. Falls dies nicht vorhanden ist, sollte eine gleichmäßige, durchgehende Betonung auf dem Beat bzw. Rhythmus für ausreichend Halt und Orientierung sorgen.

HOOK

2.3.3.5 Eine Hook-Melodie enthält sowohl starke, auf den Grundschlag fokussierte Rhythmen (komplementär), als auch lebendigere Rhythmen, die sich durch Elemente wie Punktierte, Triolen und Off-Beats auszeichnen. Normalerweise wirkt ein Beat erst pulsierend, wenn beide Teile zusammenspielen, da sie allein eher verloren wirken oder gegen die Musik ankämpfen.

HOOK

2.3.3.6 Viele moderne Songs haben einen Grundrhythmus, über dem einzelne Extrastimmen stehen, die eine rhythmisch außergewöhnliche Eigenheit aufweisen und über den Grundrhythmus hinauszuspielen. Diese Extra-Rhythmen sind meist kurz, gehen durch fast alle wichtigen Teile und werden stark durch Punktierungen, einen Verzug und ihren Anfang (bzw. ihre Gesamtlänge) markant gemacht und angeregt. Hören Sie passend dazu die Strophe des Songs *"Fire"* von *Louis The Child und Evalyn* das Schlagwerk im Vordergrund (nicht die Bass-/ Snare-Drum im Hintergrund) oder analysieren Sie *"Waves"* von *Perttu feat. Alexandra.*

2.3.3.7 Um Spannung im Rhythmus zu erzeugen, können bestimmte Beats (auf gleichbleibendem Takt) schneller / kürzer (positive Steigerung), langsamer / länger (negative Steigerung) oder selten genauso schnell (Höhepunkt) sein als der Grundrhythmus (Tempo, Taktgefühl).

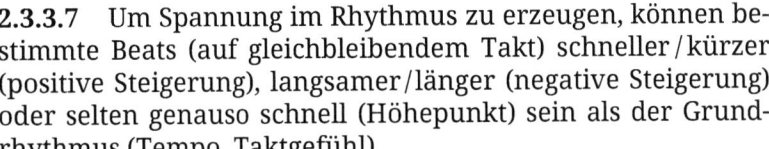

RHYTHMUS-
EINSTIEG

2.3.3.8 Neue Rhythmen kommen selten allein zur Gesamtmusik dazu. Sie werden oft über neue Stimmen eingeführt, jedoch kann ein Rhythmusausstieg ohne einen Stimmenausstieg genauso eintreten.

2.3.3.9 Schläge bzw. Rhythmen mit einer besonderen Charakteristik müssen nicht unbedingt mit einer Einführung neuer Töne (und ihrer Agogik, Phrasierung, Dynamik etc.) eingeleitet werden. Sie können genauso durch den Verzicht von Tönen auf markanten, unbetonten Schlägen, eine besonders signifikante, rhythmische Charakteristik erzielen.

2.3.3.10 Eine Steigerung wirkt intensiver, wenn sie direkt nach einem Rückgang folgt, um stärkere Extrema auszuspielen (Kontrast). Wenn sich das Thema oder eine Melodie bei der Wiederholung verändert und steigert, indem zum Beispiel schnelle / kurze Schläge neben dem Taktschlag dazukommen, entsteht nach der Entladung meist eine Pause / Rückgang, in der sich die (zuletzt entladene) Spannung / Energie wieder langsam aufbauen kann. Fällt ihnen ein bekanntes Musikstück ein, das diesen Gedanken bzw. dieses Element beinhaltet?

2.3.3.11 Ein besonderer, oft verwendeter Beat ist die Abwechslung von einer Viertel und zwei Achteln wie z.B. in *"Happy"* von *Pharrell Williams*. Der Rhythmus funktioniert bei Halben, genauso wie bei Viertel oder Achtelschlägen wie zum Beispiel in *"Crabbuckit"* von *K – OS*.

2.4 Aufbau - Elemente

Ein klarer Musik-Aufbau (z.B. Intro-Verse -Bridge-Chorus-...-Outro) erzeugt positive Gefühle. Die logische Musikstruktur bestätigt das innere Musikverständnis und erfüllt die Erwartungen an das, was als Nächstes kommt. Das Eintreffen von Erwartungen belohnt unser Gehirn dann mit Glücksgefühlen. Die Aufbau-Elemente spielen eine große Rolle in Halt & Orientierung des Rezipienten.

2.4.1 Allgemeine Aufbau–Elemente

> **Grundsystem:**
> 2.2.2.2 | 2.3.1.10 | 2.4.3.1 | 3.1.4.3 | 3.1.4.5 | 3.2.2.15 | 4.1.1.9 |

2.4.1.1 Die einzelnen Teile eines Songs (Verse, Bridge, Chorus) sollten hörbar getrennt sein, um die Struktur (die sich der Rezipient aufbaut durch innere Musik) nicht zu vermischen und den Hörer nicht unnötig zu verwirren. Die Trennung erfolgt durch abgeänderte Rhythmen, Akkordfolgen und Harmonien sowie weitere Parameter, sodass unterschiedliche Spannungs-und Emotionszustände entstehen. Gemeinsamkeiten und fließende Übergänge sind unerlässlich, damit der Hörer der Musik folgen kann.

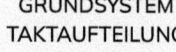

GRUNDSYSTEM
TAKTAUFTEILUNG

2.4.1.2 Die Einteilung, wie viele Takte (Zeiteinheit) ein Songbestandteil hat, sollte im ganzen Musikstück nicht verändert werden. Denn das würde die innere Struktur/Symmetrie und die Musikvorstellung/-erwartung des Hörers (innere Musik) enttäuschen. Es sei denn, man will bewusst/mit Absicht aus der Form ausbrechen. Man kann ebenso eine Einteilungsänderung simulieren, dies ist aber nur bedingt wirksam und funktioniert nicht jedes Mal. In einer Steigerung kann man beispielsweise mit dem letzten Takt vor der Wiederholung den ersten Takt wiederholen, sodass letzter und erster Takt denselben Inhalt haben. Der Rezipient erwartet schon beim letzten Takt die Einleitung des neuen Teils und wird darauf mit zwei identischen Takten überrascht. Hier lässt sich viel variieren.

Ein weiterer Ausbruch aus dem Grundsystem ist ein Zusatztakt nach einer abgeschlossenen Akkordfolge, um in den nächsten Teil überzuleiten. Genau das findet in dem Song *"The Ocean"* von *Mike Perry feat. SHY Martin* zwischen Intro und Verse (Minute 0:10 – 0:14) durch den Zusatztakt (mit Auftakt zum Verse) statt.

2.4.1.3   In vielen modernen Songs wird erst der Hauptteil angedeutet und dann mit der Einleitung in den Verse eingeleitet. Diese Art, ein Musikstück zu beginnen, wird überwiegend verwendet, um den Hörer von Beginn an zu fesseln, damit er sich im eigentlichen Hauptteil an die Anfangsszene (Hauptteilszene) erinnert. Im richtigen Hauptteil werden viele Fragen beantwortet, die zu Beginn entstehen und nun durch einen anderen Blickwinkel den großen Hauptteil schaffen. Zusätzlich prägt sich dadurch der meist wichtige Teil besser ein und der Rezipient erinnert sich später eher daran.

GEWÖHNUNGS-
EFFEKT

> **Strophe–Verse:**
> | 2.1.3.4 | 2.4.3.10 | 2.4.3.12 | 3.2.2.18 | 4.1.4.11 | 4.1.5.3 |
> 4.2.4.2 | 4.1.7.3 | 5.1.5.14 | 5.1.5.16 | 5.1.8.8 | 5.1.6.3 |

2.4.2 Einleitung–Intro

Das Idealintro macht die Hook – Melodie (Charakter, Rhythmus, Drop - Entwicklung und Entladung) so vertraut wie nötig und zugleich so unentdeckt wie möglich, sodass es so überraschend wirkt und gleichzeitig so viele unbewusste Erwartungen wie möglich erfüllt werden. Es kann genauso mit Erwartungen gespielt werden, die schon vor der Musik da waren und in der Musik / Intro nicht vorkommen.

HOOK

> **Einleitung–Intro:**
> | 2.4.5.1 | 3.1.5.7 | 4.2.4.1 | 5.1.6.2 | 5.1.7.4 | 7.2.5.4 |

AUFGABEN DER EINLEITUNG

2.4.2

2.4.2.1 Die Einleitung ist essenziel wichtig für das restliche Musikstück, auch wenn sie meist einfach und weniger energiegeladen ist. Sie ist sozusagen die Basis, worauf alle kommenden Stimmungen und Gefühle aufbauen, sie sorgt für den ersten Eindruck und sorgt für ein besseres Verständnis bei schwierigeren Teilen, da man komplizierte Passagen besser versteht, wenn man vorher ihre Grundstruktur verinnerlicht hat. Wer den Anfang nicht gehört hat, versteht den Hauptteil nur schwer oder kann nicht alle Gefühle frei entfalten, da die Musik zu ungewohnt, fremd und überladen wirkt. Es fehlt der Bezug. Die Einleitung stellt die Hauptthemen vor, um Spannung im Hauptteil zu erzeugen und Interesse zu wecken.

2.4.2.2 Einleitungstipps:
- Der erste Ton eines Stückes, eines Elements oder einer Melodie sollte möglichst klar zu erkennen sein.
- Ein Musikstück sollte mit der einfachsten, verständlichsten Version ihrer Elemente in das Thema einsteigen, damit der Hörer es ideal nachvollziehen kann.
- Der Grundbeat sollte erst natürlich, realitätsnah und über echte Instrumente gespielt werden, bevor man ihn künstlich, unrealistisch und fremdartig optimiert.

RHYTHMISCHER HALT

2.4.2.8

2.4.2.3 Rhythmische Desorientierung zu Beginn erhöht das Energielevel und die Spannung. Ein abgeschnittener bzw. fehlender Anfang oder eine Einleitung mit herausgeschnittener, übergangsloser Musik verwirrt, bis erkannt wird, wo der Hauptschlag beginnt. Auf den fehlenden Taktanfang reagiert der Rezipient gewöhnlich mit starker Aufmerksamkeit und Spannung. Diese Wirkung kann man mit schnellen schwierigen Rhythmen zusätzlich verstärken. Ein interessantes Beispiel ist der Song *"Warum soll sich das ändern"* von *LOT*, dessen Takt anfangs schwer herauszuhören ist. Wenn es bis auf wenige kurze Schläge keine starken bzw. rhythmischen Stimmen gibt, die das Taktgefühl vermitteln, trägt unser Gehirn diese Schläge weiter im Kopf (innere Vorstellung/Wahrnehmung), damit wir die anderen Stimmen bzw. die Gesamtmusik zeitlich weiterhin einordnen können.

2.4.2.4   Nicht jede Einleitung ist einfach genug, um den Rezi-pienten ausreichend Zugang zu schaffen. Manche Intros wären zu überraschend und überfordernd, sodass der Hörer der Int-romelodie nicht von Beginn an folgen könnte. Daher werden vor dem eigentlichen Intro Raumklänge und andere Geräusche eingeführt, welche den eigentlichen Start der Musik andeuten. So kann der Hörer den Ankündigungen des Intros folgen und sich mit seiner Aufmerksamkeit unbewusst auf das Intro ein-stellen. Gleichzeitig lässt sich mit der Intro-Ankündigung ein Raumklang, eine Tonart, ein Rhythmus sowie eine Grundstim-mung erzeugen, wodurch eine komplementäre Ankündigung oder als konträrer Kontrast erzeugt werden kann. Hören Sie z.B. den Anfang (Minute 0:00-0:05) des Songs *"Cold"* von *Ma-roon 5 feat. Future* oder den Start (Minute 0:00-0:04) des Songs *"If I Can´t Have You"* von *Shawn Mendes* sowie den Anfang (Minute 0:00 – 0:08) des Songs *"Let It Go"* von *James Bay*. Wie würden diese Musikstücke klingen, wenn die ersten fehlen und die Musik direkt mit der Melodie starten würde.

**INTRO
ANKÜNDIGUNG**

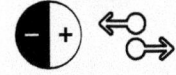

2.4.2.5   Um extreme Musik (z.B. Hard-Rock, Straßenrap) zu verstärken, werden gerne Stimmen oder Zwischenspiele in ei-nem genau gegengesetzten Stil (z.B. harmonische friedliche Musik) eingebaut, um den Kontrast zu verstärken und die Ext-reme hervorzuheben. Hören Sie zum Beispiel das Zwischenspiel (Minute 5:31-5:41) von *"No more Parties in LA"* von *Kanye West*. Genauso kann man ein Intro auf einem gerin-geren Energielevel (langsamer, leiser, weniger Stimmen, weniger Betonung etc.) spielen, damit der Hauptteil stärker und extremer wirkt. Hören Sie sich z.B. *"Telephone"* von *Lady Gaga und Beyoncé* oder *"X Gon' Give It To Ya"* von *DMX* an.

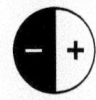

2.4.2.6   Die Harmonie steigt im Intro häufig getrennt von Beat bzw. Rhythmus ein, um die Musik schrittweise aufzubauen. Dies erzeugt eine stufenweise Steigerung, zeigt eine klare Rol-lenverteilung der Haupt- und Nebenstimmen, weil diese je nach Anordnung Reihenfolge Stimmencharakter, Raumklang etc. unterschiedlich vorgestellt und wahrgenommen werden. Außerdem hilft ein niedriges Energielevel dem Hörer, sich nicht von Beginn an überfordert zu fühlen.

STUFEN-INTRO

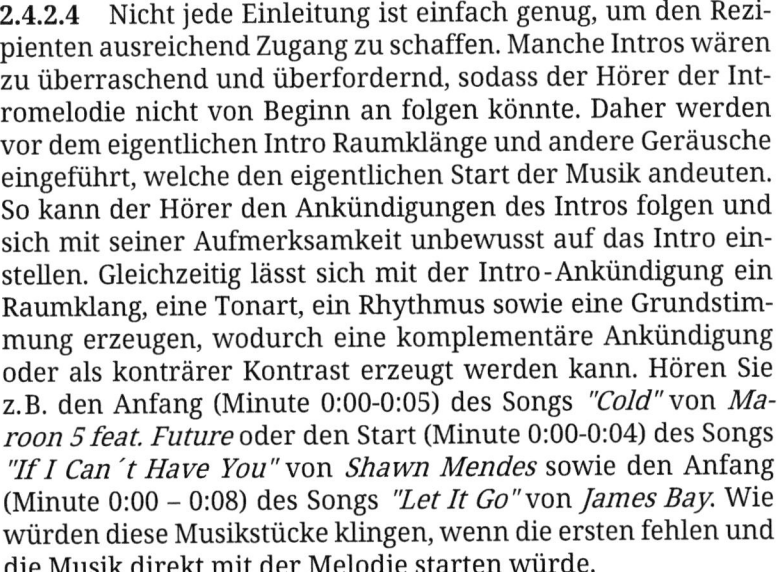

Zum Beispiel kommt die Harmonie zuerst in *"Scars To Your Beautiful"* von *Alessia Cara* oder es startet der Beat in *"Pray For Me"* von *The Weeknd und Kendrick Lamar* oder der Rhythmus /das Schlagzeug bringt die Grundstimmung in *"Billie Jean"* von *Michael Jackson*.

TURBULENZEN

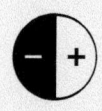

2.4.2.7 Künstlich angeregte Turbulenzen bzw. Spannungen im Intro erhöhen die Aufmerksamkeit des Hörers. So erzeugt beispielsweise der Auftakt (erste Klänge der Streicher) im Intro *"Born To Die"* von *Lana Del Rey* schnell große Aufregung/Spannung und erhält dadurch alle Aufmerksamkeit, weil ihre Gefühlslage bzw. innere Energie größer ist, als die emotionale Ansprechbarkeit jedes einzelnen Rezipienten. Die Aufmerksamkeit ist notwendig, um nun den Hörer langsam Stück für Stück auf die emotionale Grundbasis zu bringen, um darauf mit dem eigentlichen Beat einzusteigen. Wäre der Anfangsteil der Streicher nicht da, wäre der Grundbeat und seine Stimmung für viele Hörer nicht so ansprechend und nicht erlebnisreich genug. Man holt den Hörer aus seiner tieferen emotionalen Lage ab und führt ihn in die (tiefere) emotionale Grundhaltung des Stücks, bevor der Hauptteil der Musik überhaupt angefangen hat. Genauso hat der Song *"Holy"* von *Kim Walker - Smith* ein starkes, extremes Intro, um darauf langsam in die tiefgründige beruhigende Grundstimmung überzugehen. Üblicherweise wird dieses Wirkungs-Element zu Beginn einer ruhigen Musik oder eines Intros mit niedrigem Energielevel verwendet, um die Einleitung ansprechender zu gestalten, damit man sich wirklich auf eine ruhige ausgeglichene Stimmung einlassen kann. Hören Sie das Intro in *"Skyfall"* von *Adele*. Erkennen Sie, wie die Anfangsenergie (Intro) größer ist als die Einstiegsenergie im ersten Verse, genauso in *"Blue Velvet"* von *Lana Del Rey*. Analysieren Sie den Anfangsschrei in *"Unforgettable"* von *Robin Schulz*, genauso wie den gegensätzlichen Musikanfang in *"The Drop"* von *Lecrae*, vergleichen Sie dann die Anfänge von *"Questions"* von *Chris Brown*, *"Glow"* von *Sajan Nauriyal feat. Dominique Huffman* und *"Arrows"* von *Fences feat. Macklemore und Ryan Lewis*.

2.4.2.8 Ein Einstieg mit gegensätzlichen Rhythmen/Melodien kann Aufmerksamkeit und Spannung erzeugen, weil der Hörer die Themen erkennt, sie aber zeitlich nicht einordnen kann. Gerne sind es zwei Melodien (Hook und Gegenstimme) oder Beats/Schlagwerk, die so gegensätzlich spielen, dass man die Eins beim Einstieg der Taktschläge (inneres Taktgefühl) nur schwer heraushören kann. Der Song *"The Catalyst"* von *Linkin Park* beinhaltet einen starken Off-Beat im Intro (der unregelmäßige schwierige Bass -Drum verstärkt das), sodass dem Rezipienten die rhythmische Orientierung fehlt und er den Anfang nur schwer einschätzen kann. Ähnliches findet man in *"Night Of Your Life"* von *David Guetta feat. Jennifer Hudson*. In dem Song *"Cross Me"* von *Ed Sheeran feat. Chance the Rapper* finden Sie einen zeitlich ungewöhnlichen sowie unerwarteten Einstieg. Aufgrund eines minimal zu späten Einstiegs (eine Achtel) des zweiten Anfangsraps ("Anything She needs...") nach den ersten 10 Sekunden sowie in Minute 1:01 hat der Hörer Probleme, das Taktgefühl der vorherigen Musik mit dem neuen Gesang zu vereinen. Hören Sie sich ein weiteres Beispiel an: *"PAID MY DUES"* von *NF*. Erkennen Sie, wie der Rapper minimal zu früh bzw. vor den Viertel-Zupftönen des Orchesters zu rappen beginnt und dadurch die Zupftöne immer leicht verspätet wirken? Dies ändert sich in Minute 1:06, wo die Hintergrundmusik und der Rap rhythmisch harmonieren und bis zum Schluss in der gleichen Betonung spielen.

2.4.2.9 In *"Feels"* von *Calvin Harris* ist das Intro ernst und bedrückend, der Rezipient stellt sich auf diese Stimmung ein. Kurz darauf wird er durch den Wechsel in eine leichtere, fröhlichere Stimmung positiv überrascht. Er erlebt die positive Stimmung intensiver, da ein großer Kontrast zwischen dem ernsten Intro und positiven Hauptteil entsteht. Die ersten Akkorde sind eher eine Vorbereitung zu dem eigentlichen Musikstück, damit der Kontrast zwischen bedrückender und fröhlicher Stimmung stärker wirkt. *"Never, Never Gonna Give Ya Up"* von *Barry White* ist ähnlich aufgebaut, mit einem eher ernsten Einstieg, der sich steigert, bis ein Umbruch (Minute 0:44) eine 180-Gradwende hervorruft in eine fröhliche, genussvolle Richtung. Der Song *"Happy"* von *Pharrell Williams* ist genauso, da die ersten 4 Töne eher hart drückend und voller Spannung sind, um danach (für den Kontrast) loszulassen und mehr Entspannung für das "Happy-Feeling" zu vermitteln.

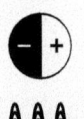

2.4.2.4

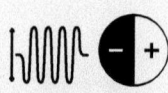

2.4.2.9

BEZIEHUNG
ZWISCHEN ZWEI
TONFOLGEN

HARMONIE-
WECHSEL

Ähnlich ist der Vorspann in *"Slave To The Rhythm"* von *Michael Jackson*, welcher eine völlig andere Stimmung besitzt, um den Anfang (aufgrund des Kontrastes) interessanter zu machen. Dieses Wirkungs-Element ist jedoch nur in eine Richtung möglich, umgekehrt wird es schwer, eine lustige Musik als Intro zu spielen, damit die traurige Musik danach besser, stärker oder extremer wirkt.

2.4.2.10 Manchmal haben Musikstücke in der ersten halben Sekunde eine höhere Lautstärke als danach, wahrscheinlich ist die Ursache dafür ein Abspielfehler. Dies hat aber trotzdem eine aufrüttelnde Wirkung, sodass der Hörer seine ganze Aufmerksamkeit der Musik schenkt und sich von Beginn an auf die Musik konzentriert. Ähnlich wie beim erhöhten Energielevel im Intro steigert dies zu Beginn die Aufmerksamkeit.

2.4.2.11 Eine Hinführung zum Intro entscheidet über die Stimmung, mit der der Hörer in die restliche Musik einsteigt. Die Hinführung kann also bewusst eingesetzt werden, um dem Intro eine gewisse Stimmung zu erzeugen. In dem Song *"rockstar"* von *Post Malone* ist der Anfang (die ersten 5 Töne) in einer "gefühlt anderen Tonlage" (Dreiklänge hintereinander) als die restliche Musik. Die erste fallende Tonleiter wandert von einem **G** – F –Dis / Es –D zum C, danach beginnt das eigentliche Intro in der Tonart in der der restliche Song weitergeführt wird beginnend mit einem **D** – D – C – Ais zum A und von dort aus in ständiger Wiederholung D – C – Ais – A. Der Wechsel von der G-Tonleiter in die eigentliche D-Tonleiter hat zur Folge, dass die restliche Musik dunkler, trüber, tiefgängiger und intensiver wirkt. Der erste und oberste Ton der fallenden Tonleiter bestimmt in gewisser Weise die Stimmung der restlichen Tonfolge. Die zweite Tonfolge hat die dunkle bedrückende Wirkung, weil der Hörer den Anfangston (D) mit der vorherigen ersten Tonfolge (und deren Tonart) vergleicht und dabei erkennt, dass dieser Ton (D) in der ersten Tonfolge in einem bedrückenden Stimmungsverhältnis steht. Der Rezipient nimmt also die Hinführung zum Intro (erste Tonfolge) als Referenz für das eigentliche Intro (zweite Tonfolge) und erhält aus dem Vergleich die dunkle Stimmung.

2.4.3 Hauptteil–Chorus & Drop

Der Hauptteil beschreibt den emotionalen Höhepunkt welcher meist auf einem Schlag (Drop) im Chorus / Refrain vorkommt.

Hauptteil–Chorus:
| 2.1.1.9 | 2.2.2.4 | 2.3.1.7 | 2.4.1.3 | 2.4.4.4 | 2.4.5.4 | 3.1.7.2 | 3.1.8.7 | 5.1.5.14 |

Hauptschlag:
2.1.1.6 | 2.1.1.6 | 2.2.2.4 | 2.4.3.1 | 2.4.3.4 | 2.4.3.6 | 2.4.3.7 | 2.4.3.8 | 2.4.3.9 | 2.4.3.16 | 2.4.3.17 | 2.4.5.4 | 3.1.2.1 | 3.1.2.3 | 3.1.2.9 | 3.1.2.10 | 3.1.2.11 | 3.1.2.13 | 3.1.3.5 | 3.1.3.11 | 3.1.4.3 | 3.1.7.20 | 3.2.2.12 | 3.2.2.13 | 3.2.2.17 | 3.2.2.20 | 4.1.4.14 | 4.1.5.6 | 4.1.5.17 | 4.2.3.5 | 5.1.6.4

2.4.3.1 Ein gewaltiger, emotionaler Hauptteil dreht sich in der modernen Musik oft harmonisch im Kreis durch Wiederholung mit nur kleinen Veränderungen. Dabei spielt der Hauptschlag meist eine wichtige Rolle. Die Grundtöne der Tonart (Akkorde) sind meistens auf den Hauptschlägen, da sie die stärkste Energie haben.

2.4.3.2 Bei einer starken Spannungsänderung vor oder nach dem Chorus ist es entscheidend, einen optimalen Übergang zwischen der maximalen Spannung und der minimalen Spannung zu finden, damit kein emotionales Loch entsteht. Wenn auf einmal zu wenig Spannung da ist, kann das Desinteresse, Aufmerksamkeitsverlust und eventuell Langeweile erzeugen, während ein zu plötzlicher starker Spannungsanstieg zu einem Reizüberfluss führen kann und übertrieben, unverständlich oder überfordernd wirkt. Der Hauptschlag/Höhepunkt mit der Entladung aller Energie und Spannung darf in einem Musikstück nicht zu oft wiederholt werden, da er sonst an Wert und Extremität verliert. Direkt nach einem Hauptschlag wird normalerweise sofort Spannung abgebaut (beispielsweise durch langsame Triolen/Punktierte), um direkt danach (mit höherer Wirkung) die Spannung erneut aufzubauen (beispielsweise schnelle/kurze Triolen/Sechstolen).

PASSENDES
SPANNUNGS
LEVEL

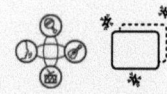

ROLLENWECHSEL

DER
HAUPTTEIL
VEREINT
ALLES

3.1.2.2

2.4.3.3 Stellen Sie sich vor: Zum Hauptteil fliehen die Hauptstimmen in den Hintergrund und Nebenstimmen drängen sich in den Vordergrund, sodass neue Stimmungen und Spannungen entstehen. Dieser Rollenwechsel der Stimmen kann wie eine Auseinandersetzung (ein Kampf) zwischen mehreren Stimmen wirken. Zum Beispiel kann eine hellere, klarere und positivere Hintergrundstimme eine dunklere, weniger energiereiche Strophenstimme in den Hintergrund drängen und damit ihre wesentlich größere Strahlkraft zum Ausdruck bringen. Dies verspürt der Hörer als eine positive Stimmungswandlung und eine emotionale Steigerung. Häufig kommen im Hauptteil zusätzlich neue Stimmen hinzu, die gerne im Intro oder in der Bridge angekündigt werden, um vertrauter und weniger überfordernd zu sein.

2.4.3.4 Musik braucht einen Punkt, an dem alle Stimmen zusammenkommen, harmonieren und sich vereinen. Meist kommen auf dem Hauptschlag/Drop (stärkster Punkt in einem Element) alle Instrumente und Stimmen zusammen und unterstützen sich gegenseitig. Alles was vorher getrennt war bzw. gegen die Hauptmusik gespielt hat, muss sich auf einem Schlag vereinen. Meistens sind es gegensätzliche Stimmen oder Frage -Antwort-Melodien. Können Sie sich diese Musiksituation gedanklich vorstellen?

2.4.3.5 Energie wird freigesetzt, wenn viele Stimmen erst durcheinander spielen, mit einer Steigerung in der Agogik, Lautstärke, Rhythmik etc., um auf dem Hauptschlag (Chorus) alles gemeinsam aufzulösen und zu entspannen, sodass jede Stimme zur vollständigen Auflösung kommt.

2.4.3.6 Wenn einzelne Stimmen nicht auf dem ersten Hauptschlag einsetzen, sondern eine früher und die andere später kommt, klingen sie abwechslungsreich und fesselnd. Es verzögert den Entladepunkt der Spannung (Hauptschlag), denn je länger die Verzögerung desto größer die Wirkung. In dem Song *"New Rules"* von *Dua Lipa* kommt der Drop erst auf der zweiten Viertel, wodurch die Spannung von der ersten Viertel zur zweiten mit der Snare-Drum verstärkt wird. Die Spannung wird also durch Enttäuschung der inneren Erwartungen verstärkt. Ein weiteres Beispiel ist *"Points of Authority"* von *Linkin Park*, wo in der Wiederholung des Chorus die Hintergrundstimmen näher in den Vordergrund rücken (Minute 2:21), während der Gesang schon längst allein mit dem Chorus (Minute 2:18) begonnen hat. In dem letzten Chorus (Minute 2:28) des Songs *"Frische Luft"* von *Wincent Weiss*, steigen alle Stimmen bis auf den Gesang später ein als in den Hauptteilen davor, was die Erwartungen überrascht und die Spannung bzw. das Energielevel steigert.

TIMING IST ALLES

2.4.3.7 Eine Hauptschlagverschiebung erhöht die Spannung und Energie, wenn sie musikalisch begleitet/unterstützt wird. In dem Song *"River"* von *Eminem feat. Ed Sheeran* erscheint der Hauptschlag im Chorus ungewöhnlicherweise auf der zweiten Viertel, obwohl im gesamten Musikstück keine Off-Beat-Betonung zu finden ist. Normalerweise kommt der Drop auf dem ersten Schlag des ersten Takts einer Taktgruppe. Daher wirkt der Verzug des Drops auf die zweite Viertel wie eine Verspätung und erzeugt zwischen der ersten Viertel und dem Drop auf der zweiten Viertel eine große Spannung. In dem Song *"Back To You"* von *Selena Gomez* wird dieses Gefühl durch die Drums verstärkt, genauso wie in *"Dusk Till Dawn"* von *ZAYN feat. Sia*, *"New Rules"* von *Dua Lipa* und in *"Best Friend"* von *Sofi Tukker, NERVO, The Knocks und Alisa Ueno*. In *"I Kill Giants"* (Intro) von *The Naked And Famous* lässt sich ebenso die Drop-Verschiebung finden. Auch in *"Golden"* von *Travie McCoy feat. Sia* wird bei Minute 3:11 statt auf dem ersten Schlag erst ein Viertel später mit allen Stimmen weitergespielt.

SPANNUNGS-
PAUSE

TIMING IST ALLES

HOOK

RAUMKLANG
WECHSEL

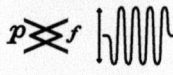

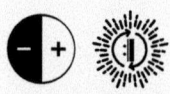

VERSE   BRIDGE INTERLUDE

2.4.3.8 Wenn die Entladung/Auflösung durch einzelne Stimmen vorhergesagt und angekündigt wird, reagiert der Hörer mit einer inneren Steigerung, weil dies seine Erwartungen bestätigt aber noch nicht erfüllt, da die eigentliche Steigerung bisher nicht eintraf. In *"More Than You Know"* von *Axwell Λ Ingrosso* wird vor dem letzten Hauptschlag (im Chorus Minute 2:35) die Drop - Melodie (Bläser) in einem energieärmeren Raumklang/Filter angedeutet, um die Entladung anzukündigen. Genauso ist es in *"Don't Need Nobody"* von *Ellie Goulding* mit der "I Don't Need Nobody"-Stimme (Bridge/Prechorus), bevor auf dem Hauptschlag alle anderen Stimmen dazukommen.

2.4.3.9 Zusätzliche Extramusik (wie z.B. Stimmen, Klänge, Sounds, Effekte, Raumklänge u. a.) auf dem Hauptschlag verstärken dessen Betonung. Oftmals verstärken zusätzliche (außergewöhnliche) Stimmen mit einprägenden Tönen oder Akkorden den Hauptschlag. Die Zusatzstimmen, die den Drop ankündigen und zum Drop hinführen, sind meist anders als die Zusatzstimmen, die den Drop auslösen, weil die einen Spannung aufbauen, steigern und die anderen diese wieder abbauen bzw. auflösen.

2.4.3.10 Der Hauptteil ist meist lauter als der Verse, um eine stärkere Wirkung zu erzielen. Die Lautstärke beeinflusst das Energielevel, welches sich wiederum auf die Freisetzung der Gefühle auswirkt. Neben der Grundlautstärke beeinflusst eine Lautstärkeänderung unsere Gefühlsbereitschaft. So erzeugt eine Erhöhung der Lautstärke zum Hauptteil eine große emotionale Befreiung, weil die Musikreize stärker (lauter) wirken.

2.4.3.11 Direkt zwischen dem Hauptteil (mit maximaler Steigerung) und seiner darauffolgenden Wiederholung erzeugt ein kurzes Zwischenspiel von meist einem Instrument (harmonisch als Gegensatz/Kontrast) Aggressivität und Druck für die darauffolgende Wiederholung. Meist besitzt das instrumentale Zwischenspiel weniger Energie/Spannung und wirkt eher gegensätzlich (friedlich, entspannt usw.), um den Kontrast zum energiereichen spannungsgeladenen Hauptteil hochzuhalten. Dies ist notwendig, damit der Hörer beim Wiedereintritt in den Hauptteil überrascht wird/erschrickt von der starken musikalischen Wendung.

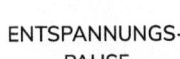
ENTSPANNUNGS-
PAUSE

2.4.3.12 Um moderne Musik bei langen angespannten Versen zu steigern, kann man direkt vor dem nächsten Chorus eine Entspannungspause bzw. einen Beruhigungsabschnitt (zum Beispiel eine Bridge) einbauen, damit der Chorus und die Überleitung in den Chorus stärker und extremer wirkt.

SPANNUNGS-
PAUSE

2.4.3.13 Vor dem Hauptteil / Hauptschlag kann ein leichter, sanfter, alleinstehender, hoher Ton kommen, welcher den Hauptschlag/Emotionsausbruch anregt und extremer wirken lässt. Es entsteht ein Kontrast, der die Spannungssituation / emotionale Erregung verstärkt und auf die Spitze treibt. Ein Beispiel wäre der Song *"Carry On"* von *Kygo und Rita Ora* mit dem sanften "Huuh" des Gesangs kurz vor dem Hauptteil (Minute 1:40).

 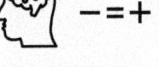

SCHWEBETON
2.3.2.4
6.1.3.4

SPANNUNGS-
PAUSE

2.4.3.14 Vor dem Hauptschlag ist gerne eine kurze Stille, um die innere Aggressivität zu steigern und die Steigerung in den Hauptteil zu verstärken. Hören Sie die Spannungspause in dem Song *"Frische Luft"* von *Wincent Weiss* (Minute 0:38 und 1:32).

2.4.3.15 Stellen Sie sich vor: Kurz vor dem Hauptschlag/Drop geht die Melodie und der Rhythmus zurück und es findet ein kurzer Stimmungsabbau statt, wobei stärkere Gefühle durch die innere Musik provoziert/herausgefordert werden. Die Betonung liegt häufig auf einer sich ändernden Harmonie (meist eine Dissonanz) und auf einem Beat, der mit dem Schlagzeug zum Drop zieht/schiebt. Auf diese Art und Weise kann durch weniger Musik mehr Spannung/Energie im Hörer entstehen, weil dies eine Vollendung im Kopf (durch die innere Vorstellung) fordert und fördert. Dies bewirkt mehr Gefühle, als die Musik selbst zum Ausdruck bringen könnte, weil der Hörer stärker in die Musik miteinbezogen wird. Es ist, als könnte der Künstler seine Gefühle nicht vollständig zum Ausdruck bringen, sondern lediglich ankündigen, dass er diese Gefühle dringlich freisetzen/entfalten möchte, damit der Rezipient sie innerlich nach seinen eigenen Vorstellungen/Werten/Phantasien bestimmen, freisetzen und erleben kann. Der Künstler vermittelt also nicht mehr als ein Gefühl der Erregung mit der Lust/Begierde, die Musik im inneren Bewusstsein/Ohr zu vollenden. Oft wird dieser Drang / innerer Antrieb mit einer musikalischen Führung zum musikalischen Ideal (Spannungsauflösung, Energiefreisetzung bzw. Potentialentladung) geweckt.

**DROP
ANKÜNDIGUNG**

**ENTTÄUSCHTE
ERWARTUNGEN**

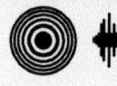 

**RHYTHMISCHE
ORIENTIERUNG**

OFF–BEAT

**TONARTWECHSEL
&
AKKORDWECHSEL**

2.4.3.16 Vor dem Drop kommt oft ein motivierender "Vorhöhepunkt", zum Beispiel ein andeutender Schrei oder Ruf oder Ton, welcher neben den anderen Stimmen nicht stark durchdringt. Dadurch wird das Ausbrechen aller Emotionen angeregt und belebt, weil sich der Hörer einen klaren Höhepunkt wünscht und nun aber die Spannung schon zuvor sich im "Vorhöhepunkt" aufzulösen droht. Die Reaktion darauf ist eine stärkere Spannungssteigerung.

2.4.3.17 Kurz vor dem Hauptschlag (welcher zur Orientierung dient) können gegen den Rhythmus/Takt wirkende Beats (wie Triolen, Gegenschläge, unkontrollierte Schläge etc.), den Hauptschlag provozieren, betonen und verstärken.

2.4.3.18 Die rhythmische Orientierung am Takt (Beat) kann sich zum Hauptschlag hin steigern. Dies erreicht man durch das Hinzufügen von rhythmischen Schlägen und durch ein Herabsetzen von unrhythmischen, unbetonten (z.B. Off–Beat, Synkopen, Triolen etc.) Schlägen.

2.4.3.19 Auf dem Hauptschlag/Hauptteil kann man die Tonart /Harmonie/Akkordfolge so ändern, dass diese eine harmonische Steigerung hervorruft und dadurch intensiver und extremer wirkt. Im Hauptteil können neue Akkorde dazu gemischt werden und die alte Reihenfolge der Akkorde (aus dem Vers) umgeändert werden. Jede für den Hörer unerwartete Veränderung steigert die Spannung bzw. das Energielevel. Ein Beispiel für dieses Wirkungs-Element findet sich in dem Song *"Try"* von *ÄTNA*.

2.4.3.20 Der Hauptschlag kann durch eine friedliche Entspannung/Auflösung zum Höhepunkt einer Akkordfolge werden, indem davor Akkorde/Harmonien verwendet werden, die sich unbedingt auflösen wollen (z.B. Akkorde mit der Septime).

2.4.3.21 Eine Melodie, die im Hauptteil für die Entladung der Energie verantwortlich ist, wird gerne vor dem Höhepunkt/Hauptschlag in einer spannungsärmeren Stimme (andere Klangfarben/-eigenschaften) angekündigt. Durch die Vorankündigung kann sich der Hörer auf die Melodik, Rhythmik und Harmonik einstellen und kann Erwartungen an den eigentlichen Hauptteil aufbauen, die ihn diesen intensiver / emotionaler erleben lassen. Im Song *"The River"* von *AURORA* wird der Melodieanfang (Minute 0:04) durch sanftes Summen des ersten Verses "Hold Your Hand ..." angekündigt und bei Minute 0:06 richtig gesungen, damit die Tonfolge schon im Voraus mit dem Hörer vertraut gemacht wird. Ein ähnliches Beispiel findet man in *"Overjoyed"* von *Bastille* mit der Vorankündigung als Summen in Minute 2:15 und dem anschließenden Gesang "I hear calling in the ..." in Minute 2:17.

ANKÜNDIGUNG
EINER
MELODIE

2.4.3.22 Der höchste Ton (einer Melodie oder des ganzen Stücks) liegt meistens auf dem Drop, damit er sich stärker einprägt und über allen weiteren Tönen schwebt. Er besitzt die stärkste innere Energie in der gesamten Tonart bzw. im Akkord. Auch in Teilen, in denen es für gewöhnlich keinen Drop/Höhepunkt gibt, wird am selben Zeitpunkt des Taktsystems eine Betonung gesetzt. Dies wird gemacht, um den Rezipienten auf den Drop vorzubereiten und um eine Überforderung (Reizüberfluss) des Hörers zu vermeiden.

2.4.3.23 Ein Dropton entsteht ebenso alleine ohne eine Hinführung oder Ausleitung, um sich möglichst vom Rest abzuheben und extrem/dramatisch zu wirken. Oft ist es ein tonleiterfremder Ton (Beziehung zu der Tonart und den anderen Stimmen), wodurch er heraussticht und intensiver wirkt.

DROPTON

2.4.4 Zwischenteil–Bridge & Interlude

> Zwischenteil–Bridge & Interlude:
> | 2.2.2.3 | 2.4.2.5 | 2.4.3.5 | 3.2.2.8 | 3.2.2.18 | 4.2.4.2 |

2.4.4.1 Ein Zwischenteil...
   ... steigert vor dem Hauptteil durch stärkere, extremere Musik.
   ... steigert vor dem Hauptteil mit "weniger Musik" und provoziert und belebt dadurch eine innere Steigerung. (Siehe Innere Musik & Grundformen, Weniger ist Mehr)
   ... entspannt/beruhigt nach dem Hauptteil, um daraufhin mit einem neuen Energielevel in den Verse einzusteigen.
   ... lenkt in eine völlig andere Musik ab, um darauf wieder in die vertraute Ursprungsmusik zurückzukommen und dadurch mit einem positiven Erinnerungseffekt (weckt Glücksgefühle) den Hauptteil zu wiederholen.
   ... hat viele weitere Aufgaben...

TEMPOWECHSEL

RITARDANDO

2.4.4.2 Oftmals ist eine Bridge als Zwischenteil vom Verse zum Chorus etwas langsamer bzw. verzögert (insgesamt ruhiger und entspannter), um zum Chorus mit mehr Energie (gefühltes Energielevel) zu steigern bzw. zu verstärken. Dies wird mit der Anzahl der Stimmen und deren Charakter verstärkt. Insgesamt wird das Musikstück nach der Bridge meist etwas lauter und schneller, denn jede Stimme füllt im Hauptteil nun ihren Teil ganz aus. In dem Song *"Lift your Voice"* von *Brilliance* existiert eine Bridge (Minute 2:00 bzw. 2:10 der Abwärtslauf) mit verändertem Rhythmus und Betonung, sodass einem die Musik in einem langsameren Tempo erscheint. Was macht diesen gefühlten Wechsel aus, wie verändert sich die Betonung?

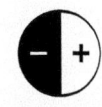

2.4.4.3 Zwischen der Bridge und dem Chorus ist meist ein kurzes Zwischenspiel mit einem niedrigeren Energielevel (durch wenig oder komplett gegensätzliche Betonung, andere Stimmen u. a.), um mehr Potential zur Steigerung zu erzielen. Ein solches Zwischenspiel wird oft verwendet, selbst wenn es nur ein Takt bzw. eine kurze Pause ist, sodass Spannung abgebaut werden kann.

2.4.4.4 In einem steigernden Zwischenteil, der zum Hauptteil hinführt, kann man bei der zweiten Hinführung zum zweiten Hauptteil den Zwischenteil / die Hinführung zweimal wiederholen. Dies erzeugt mehr Spannung, da der Hinführungsweg länger ist und die Erwartungen (dass nach einem Zwischenteil schon der Hauptteil kommt) nicht eintreffen. Die lange Hinführung muss auf einem niedrigeren Energie - / Spannungslevel anfangen, langsam steigern und auf ein höheres Energie - / Spannungslevel führen als die allererste Hinführung (mit nur einem Zwischenteil), damit sie genauso reizvoll ist.

2.4.5 Schluss–Outro

„Musik ist angenehm zu hören, doch ewig braucht sie nicht

zu währen."

Wilhelm Busch

2.4.5.1 Ein Schluss entsteht oft dadurch, dass einzelne Stimmen hintereinander leiser werden und in ihrer Betonung nachlassen, bis eine charakteristische Stimme (Hauptstimme / Hook - Melodie mit Wiedererkennungswert) den endgültigen Schluss macht. Im Intro ist dieser verlauf umgekehrt genauso möglich.

WIE
STUFENINTRO

FADE OUT

3.1.3.12
5.1.6.24

2.4.5.2 Die Melodie einer leiser werdenden Endlosschleife (Fade Out), soll einem das Gefühl geben, die Musik würde nicht aufhören, sondern immer weiter im Kreis zirkulieren. Die Melodie spielt im Kopf (innere Vorstellung/Wahrnehmung) weiter und wiederholt sich öfter/länger, als die eigentliche Musik zu hören ist. Der Hörer ahnt das Ende der Musik, will es aber nicht wahrhaben, und trägt diese in seiner Vorstellung weiter, denn er will nicht aus dem "Gefühlsrausch" der Musik in die Realität geworfen werden. Je mehr Gefühle die "Fade Out Musik" (oft die Hauptmelodie) trägt, desto weniger will der Hörer sie beenden bzw. desto stärker wirkt die innere Musik. Die "Fade Out Musik" kann genauso für einen längeren und damit schonenderen / vorsichtigeren Übergang vom "Gefühlsrausch" der Musik in die Realität ohne innere Musik sorgen. Die Musik wird meist stufenlos leiser und erzeugt ein langsames, schonendes Ende. Je nach Melodielänge, Anzahl der Wiederholungen, Anfangsenergie (Lautstärke, Betonung, Rhythmik, Harmonie etc.), Decrescendo-Intensität gestaltet sich der emotionale Übergang von der Musik unterschiedlich sanft oder hart.

AUFLÖSUNGS-
TON

2.4.5.3 Eine weitere Möglichkeit, einen Song abzuschließen, wäre ein gemeinsamer Schluss aller Stimmen auf einem markanten Auflösungston. Dieser Schluss ist zwar zutiefst vorhersehbar und spielt nach unseren inneren Erwartungen, er kann aber gerade durch die Auflösung bzw. Erfüllung unserer Erwartung befriedigend wirken. Der Schlusston findet meist auf dem Grundton des Musikstückes statt. Können Sie sich diese Musiksituation gedanklich vorstellen?

ENTTÄUSCHUNG
VON
ERWARTUNGEN

2.4.5.4 Eine weitere Möglichkeit für einen Schluss ist, dass alle Stimmen sich auf einen Hauptteil, Hauptschlag mit Spannung/Dissonanz steigern, bis kurz vor dem Hauptschlag die plötzliche Ruhe, das Ende kommt. Der Hörer wird also mit innerer Anspannung alleingelassen und muss diese für sich im Kopf (innere Vorstellung/Wahrnehmung) auflösen. Umgekehrt ist es ebenso möglich, dass reine und harmonische Stimmen alle restliche Energie gewaltig rauslassen / rauspressen. Fällt ihnen ein bekanntes Musikstück ein, das diesen Schluss beinhaltet?

2.4.5.5   In einem Schluss, dessen Schlusston zur vollen Spannungsauflösung (meist harmonisch) fehlt, muss sich der Hörer in seiner Vorstellung die Musik/den Schlusston zu Ende spielen, um den Song emotional abschließen zu können. In dem Song *"Was für ein Life"* von *LOT* wird die innere Musik zur vollständigen Auflösung herausgefordert. Dieses Wirkungs - Element bewirkt einen "emotionalen Rausschmiss" aus der Musik in die Realität (weil sich wichtige Spannungen nicht ganz auflösen) und regt die eigene Erwartung und die innere Vorstellung/Einbildung (innere Musik) an.

STIL-ELEMENTE

Teil 3

Stil-Elemente der Musik

Teil 3 Stil-Elemente der Musik

3.1 Stil-Elemente der Musik

Die Stil-Elemente sind Stilmittel der Interpretation von Musik. Sie beziehen sich auf die Ausdrucks-/Vortragsweise von Tönen, Melodien sowie einzelnen musikalischen Elementen. Die meisten Stil - Elemente können auf alle Stimmen übertragen werden.

3.1.1.1   Ein moderner Song (populäre Musik) ist gefüllt mit Stil -Elementen und dennoch eingängig/unkompliziert, denn sonst wäre der Rezipient von den Eindrücken überfordert und könnte die Musik nicht genießen.

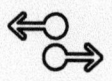

3.1.1.2   Zu fast jeder Bewegung eines Stil-Elements gibt es ein Gegenstilmittel, ein Gegen-Element bzw. eine Gegenbewegung, welche in Wechselwirkung (mit ihrem Gegenteil) besonders und intensiv wirkt.

3.1.1.3   Manche Stil-Elemente werden versteckt, umhüllt und anders verpackt, damit sie zwar wirken und einen Effekt auf die Musik bzw. den Hörer haben, aber nicht bewusst wahrgenommen / erkannt werden. Andere Stil - Elemente werden auffällig platziert, oder gespielt damit sie auffallen, überraschen und Vielfalt bringen.

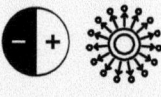

3.1.1.4   Die Stil - Elemente können in Stimmen, Songteilen, Stimmenteilen sowie in einzelnen Tönen und sogar innerhalb eines Tones unterschiedlich angewandt und in den gegenseitigen Kontrast gebracht werden. Die Spielmöglichkeiten und Variationen sind in gegenseitiger Kombination fast endlos.

3.1.2 Rhythmik

„Der Rhythmus hat etwas Zauberisches, sogar macht er uns
glauben, das Erhabene gehöre uns an.“

Johann Wolfgang von Goethe

Rhythmik:

-

Siehe Themen-Elemente-2.3.3 Rhythmik und Agogik

3.1.2.1 Rhythmische Orientierungslosigkeit (eine sogenannte Synkope) vor dem Hauptschlag betont den Hauptschlag stärker, da man während der Orientierungslosigkeit auf der Suche nach einem rhythmischen Halt ist und sich dadurch umso mehr auf den Hauptschlag freut, welcher das innere Taktgefühl bestätigt. Dadurch kann man die Hauptschlagbetonung verstärken.

3.1.2.2 Oftmals wird das Unrhythmische (Töne / Schläge gegen die Grundbetonung) schrittweise bzw. stufenartig eingeleitet, um darauf (am Höhepunkt des unstimmigen Rhythmus) schlagartig in den Grundbeat gemeinsam (stimmiger Rhythmus) auf einer Betonung (besonders betonte Stelle) zu spielen. Viel seltener geht man schrittweise vom Unrhythmischen ins Rhythmische, um darauf wieder schlagartig ins Unrhythmische zu gelangen. Das hat etwas mit dem grundlegenden, gewöhnlichen Spannungsverlauf zu tun, der ebenso in unseren inneren Erwartungen steckt.

2.4.3.4

3.1.2.3 Kurz vor dem Wiedereinstieg der Rhythmen (bzw. dem Beat/Groove) wirken schnelle Sechzehntel/Zweiunddreißigstel (ebenso Triolen, Sechstolen, Synkopen Off-Beats etc.) stark drängend zum wiedereintretenden Rhythmus (Beat), wenn davor ein rhythmusarmer (mit geringer rhythmischer Orientierung/Taktgefühl durch Betonung, Agogik oder Stimmenaustausch) spielte. Der rhythmusarme, haltlose Teil erschwert es dem Hörer, das innere Taktgefühl im richtigen Tempo zu halten. Der Hörer bekommt den Drang, rhythmisch in der Musik zu bleiben (Taktgefühl), er wird aber mit schnellen (meist schwer hörbaren, falsch-/unbetonten) Tönen konfrontiert, wodurch es ihm schwerfällt rhythmischen Halt und Orientierung zu finden (bzw. zeitliche Erwartungen zu erfüllen). Dadurch wird der Drang nach einem Takt-/Tempogefühl angeregt und herausgefordert, was die Spannung und die innere Musik (inneres Taktgefühl) belebt.

3.1.2.4 Schnellere und betontere Rhythmen, die mit mehr Energie/Spannung über dem rhythmischen Hauptthema liegen, baut unser Gehirn (innere Musik) aus und verstärkt sie, weil die höchste Energiedichte am interessantesten/emotionalsten wirkt und der Hörer die höhere Gefühlserregung anstrebt. In dem Song (POP) *"Dark Horse"* von *Katy Perry* besteht die Intromelodie aus einer ständigen Wiederholung von 4 ablaufenden Tönen (Tonleiter). Bei genauer Betrachtung fällt auf, dass über den Achteln, leise Sechzehntel derselben Tonhöhe ("freischwebend") klingen, was die Tonleiter energetischer macht.

3.1.2.5 Schläge und Rhythmen, die das Energielevel erhöhen aber zu wenig Gewichtung im Song bekommen, werden vom Hörer innerlich in den Vordergrund gestellt sofern dieser das maximale Energielevel anstrebt. Im Hauptteil / Chorus des Songs *"Iron"* von *Woodkid* gibt es auf der zweiten und vierten Viertel im Takt einen dumpfen hellen Ton (vielleicht von einem verzerrten Marimbaphon). Dazu kommt ein Rhythmus aus Stick-Schlägen ("Stöcke auf einen Holzklotz") die auf der ersten Viertel und kurz vor der zweiten Viertel ertönen. Dieser Vorschlag wirkt hinführend zu dem dumpfen hellen zweiten Viertelschlag.

Da der Vorschlag zur zweiten (betonten) Viertel das Energielevel erhöht, verstärkt der Rezipient innerlich diesen Vorschlag
(in seiner Lautstärke), weil er im Hauptteil maximale Energie
freisetzen will. Dadurch verändert er die eigentliche Musik im
Kopf bzw. in seiner Vorstellung und erzeugt eine innere Musik.

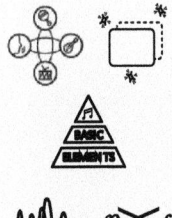

3.1.2.6 Ein Rhythmus einer Stimme sollte an einer Stelle in
den Vordergrund kommen, indem die anderen Stimmen durch
einen verschwommenen Rhythmus (Tonschlag) oder durch
weniger Schläge / Beats in den Hintergrund gehen. Da die
Hauptstimmen in den Hintergrund gehen und die Rhythmus-
stimme unverändert bleibt (oder minimal/unauffällig lauter
wird), verändert sich der Kontrast bzw. die Wechselwirkung
zwischen den Stimmen und es entsteht ein Wechsel in der Rollenverteilung. Dieses Wirkungs - Element kann sowohl im
Kleinen (innerhalb einer Melodie/in ständiger Wiederholung)
oder im Großen (als Übergang in neue Songteile oder einmali-
gen Stimmungswechsel) genutzt werden. Genauso lässt sich
diese Methode in der Melodik (Rollenwechsel der Melodien)
und Harmonik (Rollenwechsel der Akkorde und Töne) durch
Veränderung der Lautstärkeverhältnisse anwenden.

ROLLENWECHSEL

3.1.2.7 Kleinste rhythmische Elemente (z.B. im Schlagzeug o-
der in Melodien...) fangen gerne (doppelt so) schnell an und
enden (halb so) schnell. Sie bewirken kleine Gefühlsbewegun-
gen (emotionale Schwankungen) und halten die moderne
Musik lebendig und aufregend, weil sie innerhalb eines großen
Bogens für kleine Unruhen sorgen. Ein Beispiel wäre der
Klatschrhythmus (ab Minute 1:21) im Verse des Songs *"home"*
von *morgxn*.

3.1.2.8 Rhythmen, die gegen den Grundbeat schlagen oder
schnell genug und minimal versetzt (meist Richtung Grundbeat) gespielt werden, haben eine steigernde Wirkung. Dies
liegt daran, dass der Hörer die Schläge im Kopf bzw. in seiner
Vorstellung zeitlich auf den Grundbeat rückt, um den Rhythmus besser einzuordnen und damit unser Taktgefühl zu
bestätigen. Der Rezipient hört lieber Rhythmen auf dem
Grundbeat, interpretiert schnelle und gegenläufige Beats entweder gar nicht oder bildet sich ein, sie wären auf dem Beat.
Das Gefühl, dass die Schläge zum Grundbeat gehören, sie aber
immer in bisschen zu spät kommen, hat eine hetzende, stressige, sowie steigernde Wirkung.

5.1.6.7

3.1.2.9 Schläge können durch mehrere Töne bzw. Stimmen besonders betont werden, wenn diese mit einem minimalen Verzug eintreffen, was den Schlag länger stärker und betonter wirken lässt. Hören Sie dazu die Drums im Intro des Songs *"Friends"* von *Solomun* und analysieren Sie die zweite und vierte Viertel auf denen die Snaredrum/Clap minimal verzögert nach der Bass-Drum eintrifft. Gleiches funktioniert auch mit den Snare-Drumm-Schlägen in dem Song *"Take Her Place"* von *Don Diablo feat. ARIZONA* bei Minute 1:15; 2:02; 2:21 sowie 2:58. Hören Sie, wie die ersten Snare-Drumm-Schläge nicht exakt auf einem Schlag, sondern leicht verzögert eintreffen? Das Stocken/Stottern des Schlagzeugs erhöht die Energie und deutet den Höhepunkt bzw. den neuen Musikteil an.

3.1.2.10 In den meisten Fällen hat ein "Vorschlag" (es können genauso mehrere sein), kurz vor dem Hauptschlag, eine aufbauende Wirkung, während der Nachschlag, kurz nach dem Hauptschlag eine abbauende, ausprellende Wirkung (ein geringer Spannungsabbau ist nach dem Hauptschlag meist gewünscht) hat.

3.1.2.11 Ein Auf-oder Abbau bzw. ein Hin-oder Rückspiel kann neben den Melodien und Harmonien ebenso auf rhythmischer Ebene (z.B. in einem 4/4 Takt) erzeugt werden. Die Bewegung ist ein Zufrühhommen des Hauptschlags (betonend, aufbauend bzw. hinführend), gefolgt von einem kurzzeitigen Zuspätkommen (Entschleunigung) auf dem zweiten, unbetonten Schlag (abbauend bzw. rückführend). Darauf beschleunigt die Musik wieder mit kurzzeitigen zu früh kommen auf dem dritten betonten Schlag (zweiter Hauptschlag). Beim vierten unbetonten Schlag kommt dieser wieder entschleunigt zu spät, um darauf zum ersten Hauptschlag zu beschleunigen. Dieser Kreislauf ist eine Bewegung im Kleinen und bewirkt eine hin und her schwankende Gefühlslage, was das Gewohnte, Vertraute abwechslungsreich hält. Die Be-und Entschleunigung findet zwischen den Schlägen statt.

3.1.2.12 Bei einem "Off-Beat" ist das Schlagwerk/der Beat auf dem zweiten und dem vierten Schlag in einem 4/4 Takt. Normalerweise sind diese Schläge (den inneren Erwartungen nach) unbetont. Daher haben sie meist eine hinterherhinkende Wirkung. Ein Off-Beat gibt es ebenso bei Achteln, Sechzehnteln und Zweiunddreißigsteln, hören Sie z.B. *"Wicked Wonderland"* von *Martin Tungevaag*.

3.1.2.13 Im Verse und in der Bridge des Songs *"Fat Beat"* (original Mix) von *Raveboiz, JAN3K* spielt das Schlagwerk schnelle /kurze Sechzehntel (jeden Takt auf den ersten Schlag) die zum Hauptschlag hinführen. Diese verstärken den Hauptschlag und erhöhen die Aufmerksamkeit, weil wir uns im Inneren wundern, dass diese schon vor dem Hauptschlag so laut sind, als wären sie zu früh gekommen. Die Sechzehntel enden an dem Hauptschlag, da sie aber schon davor so laut waren, verstärkt unser Gehirn den Hauptschlag, um ihn von den restlichen Sechzehnteln hervorzuheben. Das bringt den Beat nochmal auf ein neues stärkeres Level.

3.1.2.14 Töne, Schläge oder Klänge welche deutlich neben dem Beat/Taktschlag/Rhythmus spielen, können (an der richtigen Stelle) eine emotionale Ausdrucksweise und damit eine mangelnde Kontrolle über die Musik vermitteln. Diese Ausdrucksweise vermittelt die emotionale Ergriffenheit des Künstlers von seiner Musik, welche sich direkt auf den Hörer überträgt. Oftmals werden diese Töne als Zwischentöne oder Hintergrundgeräusche vermittelt.

EMOTIONALITÄT
DURCH
RHYTHMISCHE
FEHLER

FEHLER SIND
SCHÖN

3.1.3 Agogik

Agogik ist alles, was sich außerhalb des Taktschlags abspielt. Denn alles was sich außerhalb unseres inneren Taktgefühls abspielt, sorgt für Reize, Spannungen und letztlich für die Emotionen und Gefühle.

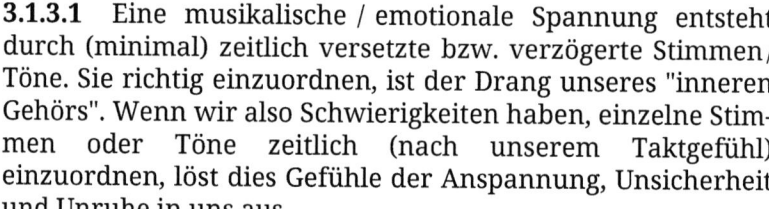

Agogik:
| 2.1.2.2 | 2.2.3.4 | 2.3.1.15 | 3.1.2.11 | 3.2.2.24 | 4.2.3.5 |
Siehe Tondauer, Tempo & Rhythmik

Verzögerung:
2.4.3.6 | 3.1.2.9 | 3.1.3.8 | 3.1.3.9 | 3.1.3.15 | 3.1.3.16 | 3.1.5.3 |
3.1.5.7 | 4.1.4.1 |

3.1.3.1 Eine musikalische / emotionale Spannung entsteht durch (minimal) zeitlich versetzte bzw. verzögerte Stimmen/Töne. Sie richtig einzuordnen, ist der Drang unseres "inneren Gehörs". Wenn wir also Schwierigkeiten haben, einzelne Stimmen oder Töne zeitlich (nach unserem Taktgefühl) einzuordnen, löst dies Gefühle der Anspannung, Unsicherheit und Unruhe in uns aus.

3.1.3.2 Ein starkes Spiel mit der Agogik zwingt den Hörer, im Kopf (innere Vorstellung) mitzuzählen und den Taktschlag zu beachten, um ein Taktgefühl zu entwickeln. Dieses Taktgefühl braucht er für den inneren Halt, um sich auf die Details oder das Neue konzentrieren zu können und um zeitliche Erwartungen (jede Erwartung ist auf einen Zeitpunkt im Musikstück ausgelegt, besonders Rhythmen, Betonungen und Spannungsbewegungen) aufzubauen.

3.1.3.3 Stimmen / Melodien, die abwechselnd zwischen / neben dem Beat und auf dem Beat spielen, wirken attraktiv und abwechslungsreich. Da unser inneres Taktgefühl (zeitliche Erwartungen/innere Musik) durch den Verzug verunsichert wird und sich ständig kritisch hinterfragen muss, ob die Stimme/Melodie noch gleich mit der restlichen Musik spielt.

3.1.3.4   Das (um einen Bruchteil) zu früh Anschlagen eines Tons, betont den Schlag des Tons stärker und gibt ihm einen höheren Stellenwert (Energielevel). Das Zufrühkommen ist eine Überraschung, mit der der Hörer nicht rechnet. Je nachdem ob die frühzeitigen Töne die Erwartungen des Hörers früher oder überhaupt nicht (weil sie nicht eintreffen) erfüllen, wird das Stil-Element mit positiven oder negativen Stimmungen verbunden.

3.1.3

3.1.3.5   Ein geringes Zufrühkommen bzw. Vorziehen (in Bezug auf den festen Taktschlag) ist musik - fördernd (Energielevel) und emotional steigernd, da es zum Hauptschlag zieht/schiebt. Je früher man kommt, desto schwächer (weniger Musik fördernd) wirkt der "Vorzug" bis man zum Vorschlag (oder sogar zum Auftakt) kommt, welcher wieder besser emotional steigernd wirkt.

3.1.3.6   Vorgezogene Töne (Punktierte, Vorschläge), welche vor dem Hauptschlag gespielt werden, beschleunigen das Tempo und machen die Stimmung emotionaler, weil es sich so anfühlt, als konnte die Stimme ihre Töne nicht mehr halten bzw. dem Rhythmus nicht mehr folgen. Dies wird meist kurz vor einer Auflösung (Stimmungsabbau, von der Dissonanz zur Harmonie) oder einer Tonleiter zum Grundton verwendet wie z.B. in dem Chorus des Songs *"Magnetised"* von *Tom Odell*.

3.1.3.7   Stellen Sie sich einen typischen Chorus (besonders in POP-Songs) vor, der auf den Schlag/im Takt gespielt oder gesungen wird und kurz vor den Hauptschlägen Teile ausschneidet oder "vorspult", dann hat dies eine beschleunigende und aufbauende Wirkung, weil man dadurch schneller und (gefühlt) stärker zum Grundbeat gezogen wird. Der Grundbeat wirkt dadurch länger, weil man ihn zu früh angefangen hat, dies ist aber nur der Fall, wenn der eigentliche Schlag noch stärker betont wird als der vorgezogene Schlag. Ein Beispiel dafür ist die Hook-Melodie des Songs *"It Ain't Me"* von *Kygo feat. Selena Gomez*, genauso in seinem Song "Remind Me to Forget", sowie in *"If It Ain't Love"* von *Jason Derulo* (siehe Introdrums/-sounds). Hören Sie sich das Intro und das Outro mit der verzerrten Stimme in "10 Feet Down" von NF und Ruelle an oder analysieren Sie das abgeschnittene Schlagwerk in *"Never Leave You"* von *Lumidee* auf dieses beschriebene Wirkungs-Element.

WEITERE BEISPIELE:

ABGESCHNIT-TENE KLÄNGE SIND DEM SONG "WOULD YOU EVER" VON SKRILLEX UND POO BEAR.

VERZERRUNGEN HAT ES IN "IT AIN'T LOVE" VON JASON DERULO SOWIE IN "REMIND ME TO FORGET" VON KYGO FEAT. MIGUEL

Das Abschneiden der Stimmen kann des Weiteren ein Abreißen der Stimme bestärken, um zu verdeutlichen, wie weit der Sänger an seine stimmlichen Grenzen geht, dass diese immer wieder zusammenfällt/abreißt.

3.1.3.8 Die Verzögerungen (Fermaten) auf langen Tönen greifen unser Taktgefühl weniger an, als die Verzögerungen auf kurzen Tönen, solange die "Orientierungsschläge" klar im Takt sind und diese unser inneres Taktgefühl bestätigen. Dies liegt daran, dass sich unser Taktgefühl generell eher an kurzen Tönen orientiert als an langen, wenn man davon absieht an welcher Stelle sie (im Takt) platziert sind (was ebenso eine große Rolle spielt). Beobachten Sie sich einmal, woran Sie sich orientieren, um ihr Taktgefühl mit der Musik zu vergleichen. Was gibt ihnen die Bestätigung, um der Musik rhythmisch und harmonisch folgen zu können? Ein zu langes Aushalten oder ein zu spätes Eintreffen von Tönen, Harmonien oder Betonungen / Akzenten, kann in kurzer und geringer Ausführung punktuelle Spannungszustände verstärken (indem die Erwartungen bzw. deren Erfüllung nach hinten verschoben werden). Durch längeres Verspäten (meist einzelne Stimmen) entstehen längere Spannungszustände bis hin zu leichter Verwirrung in der Gesamtmusik. Die darauffolgende Auflösung/Entspannung erfolgt meist durch eine leichte Harmonie, klare Rhythmik (im Takt/auf dem Schlag) und einfache Betonungen

3.1.3.9 Ein leichter Verzug bzw. ein ständiges Hinterherhinken, kann eine beruhigende Wirkung haben und sich von den anderen, rhythmischen Stimmen abheben, wie zum Beispiel in der ersten Strophe (Gesang) des Songs *"Born To Die"* gesungen von *Lana Del Rey*. Es kann genauso die innere Energie einer Melodie steigern und so von den anderen Stimmen herausstechen. Die Hauptteil-Melodie in *"Better Not"* von *Louis The Child feat. Wafia* (Drop bei Minute 1:25, 2:33...) hat einen leichten Verzug (gefühlt zu spät), mit einer leichten Off-Beat Betonung (zum verspäteten Ton), was die gefühlte Verzögerung verstärkt. Den Intro-Stimmen des Songs *"Coffe"* von *Sylvan Esso* kann man trotz den einfachen Achteln nur schwer folgen bzw. rhythmisch einordnen (Minute 0:00-0:58) da diese nicht ideal auf einem Beat sind.

OFF–BEAT

3.1.3.10 Fällt Ihnen auf, wie sich die beiden Cellos in *"Smells Like Teenspirit"* von *2CELLOS*, in den beiden Versen (zeitlich) unterschiedlich zusammen anhören, obwohl sie immer dieselben Melodien spielen? Die Solomelodie ist in der zweiten Strophe stark nach hinten gezogen, verzerrt im Vergleich zum ersten Verse. Der Verzug kämpft gegen den Rhythmus an und lässt die Melodie dadurch stärker, emotionaler und aggressiver wirken.

3.1.3.11 Eine Verzögerung kurz vor dem Hauptschlag erzeugt mehr Energie im Hauptteil, sodass größere Emotionen freigesetzt werden. In einer Version des Songs *"Historymaker"* von *Hillsong* mit dem Gesang: "Into your ARMS" entsteht genau diese Agogik. Dabei werden die Wörter: "Into your" stockend, verzögernd und hinterherhinkend (das Ausbrechen aus dem System verdeutlicht die Gefühlslage) gesungen, wodurch das Wort "ARMS" nicht ganz auf dem Hauptschlag, sondern etwas zu spät kommt. Diese Verzögerung will unser Gehirn (Musikgefühl) ausgleichen (bzw. es erkennt den Verzug und merkt, dass es nicht ins System/Taktgefühl passt) und reagiert darauf mit einer Beschleunigung (in Richtung des zweiten Schlags im Hauptteil). Die Folge von Entschleunigung (Verzerrung/Verzug) und darauffolgender Beschleunigung steigert unsere innere Anspannung bzw. das Energielevel. Wenn Sie (ähnliche) Songs immer stärker und extremer singen wollen, kann es Ihnen genauso passieren, dass Sie unbewusst verzögern und beschleunigen, um Ihre Gefühle/Emotionen (über die Musik) intensiver und stärker auszudrücken.

3.1.3.12 Eine Tonfolge welche zum Hauptschlag / Auflösung führt, deren letzter Schlag (Hauptschlag) verzerrt (Ritardando, kaum Betonung, Decrescendo) wird, hat eine steigernde Wirkung. Dies liegt daran, dass der Hörer den Anfang mit der gestiegenen Energie nicht vollständig abschließen / auflösen konnte und dadurch gezwungen ist, den restlichen Schluss im Kopf (innere Vorstellung) zu vervollständigen. Achten Sie auf die Schüsse in *"Paper Planes"* von *M.I.A.* Viele moderne und populäre Songs leben auch ohne eine Auflösung.

INNERE
VERVOLLSTÄNDI-
GUNG

5.1.6.24

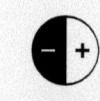

**WELLENFÖRMIGE
BEWEGUNG**
2.1.2.5
3.1.3.14
4.1.9.3

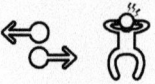

**HINTERGRUND-
STIMMEN
NEBEN DEM
BEAT / TAKT**

3.1.3.13 Auf dem einen Ohr kommt der Ton/Laut/Schrei/Vokal /Konsonant leicht verzögert bzw. versetzt an oder wird in der Betonung, der Länge oder der Tonentwicklung (Tonhöhe, Klangfarbe usw.) verändert. Diese Tonveränderung wirkt faszinierend, da die Musik aus ihrem Gleichgewicht gerüttelt wird um mehr Abwechslung, Aufmerksamkeit zu erhalten.

3.1.3.14 Das abwechselnd beschleunigen und verzögern von Sechzehntel, um darauf "saubere Grenzen" (Tontrennung) zu spielen, erzeugt einen verstärkten Kontrast verschiedener Klangcharaktere und kann so eine Wandlung in der Stimmung erzeugen.

3.1.3.15 Es gibt Stimmen, die durchgehend falsch klingen, weil sie minimal (in Tonhöhe oder Tondauer) verschoben und verzerrt wurden. Das Zuspätkommen steigert den Drang, alle Stimmen zeitlich zusammenzuhalten und stärkt die Rolle der Verzerrungsstimme, da sie neben den richtigen Stimmen hervorsticht. Die Achtel des Klangteppichs in *"Memories"* von *Joakim Karud* sind vom Intro bis zu Schluss durchgehend verzögert / gefühlt zu spät und haben dadurch eine energiereichere Wirkung.

3.1.3.16 Gegen den Rhythmus wirkende Elemente können positive Auswirkungen auf den Spannungsverlauf und die Aufmerksamkeit des Hörers haben. Im Intro des Songs *"Hall of Fame"* von *Script und will.i.am* gibt es eine "Gegenstimme" (Schlagwerk/Geräusche). Diese Stimme spielt Klänge, welche zu früh oder zu spät kommen, gegen die Streicher und das Klavier kämpfen, bis die erste Strophe beginnt und alle Stimmen wieder gemeinsam harmonieren. Die Gegenstimme erschwert es dem Hörer, sein Taktgefühl zu entwickeln bzw. eine rhythmische Orientierung zu finden und sie steigert die Spannung zum Versbeginn.

3.1.3.17 Eine Stimme, die nicht immer im Takt / Tempo ist, muss nicht zwangsläufig negativ auffallen. Der Gesang "OUOUOU" im Hintergrund des Chorus (Song *"Hall of Fame"* von *Script und will.i.am*) ist nicht im ganz im Takt, sondern im zweiten schnellen "U" minimal verspätet. Dies erhöht Spannung / Energie zwischen den einzelnen Stimmen, da sie den Eindruck geben, rhythmisch/zeitlich nicht ganz zusammenzupassen.

3.1.3.18 Schwere, hinterherhinkende/leicht verzögerte Bläser im Hintergrund wirken mächtig und episch. Man könnte meinen, die Bläser sind so stark und mächtig, dass sie sich nicht den anderen anpassen müssen und sich ohne Probleme aus dem Tempo herauslehnen können. Hören Sie z.B. *"For You"* von *Liam Payne und Rita Ora.*

3.1.3.19 Eine militärparade-ähnliche Snare-Drum wie man sie in *"Let It Go"* von *Elena Coats* findet, hat vor jeder 1 pro Taktgruppe (nach der letzten Viertel) eine Verzögerung/Ritardando in ständiger Wiederholung, um den Hauptschlag stärker zu betonen. Dieses Agogik-Stil-Element kann sowohl im Kleinen (innerhalb eines Taktes) als auch im Großen (über mehrere Takte) eingesetzt werden.

3.1.3.20 Eine Musik, die zur Auflösung (Hauptschlag) hin mit einem Ritardando entschleunigt, erzeugt eine wachsende innere Spannung, welche den Drang nach einer Auflösung verstärkt, weil der Prozess bzw. Weg zur Entladung entschleunigt / verzögert wird. Achten Sie z.B. in dem klassischen Musikstück *"Swan Lake"* von *Tchaikovsky (Act 2 Moderato)* auf die abwärtsfolgende Tonleiter zum Hauptthema/Drama. Diese Form von Ritardando wird in der modernen Musik mit der gleichen Wirkung angewandt. In der modernen Musik werden Ankündigungsstimmen kurz vor dem Drop/Hauptteil mit einem Decrescendo gespielt, damit die volle Entfaltung der Ankündigungsstimme, die darauf zur Hauptstimme transformiert, stärker provoziert, herausgefordert wird und im Kontrast (vorher/nachher) stärker wirkt.

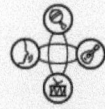

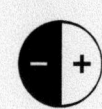

3.1.3.21 Eine Beschleunigung zu einer wichtigen Betonung / zum betonten Schlag (z.B. den Hauptschlag), funktioniert neben dem Accelerando (schneller werdend) der Hauptstimme ebenso mit einem leichten Ritardando (langsamer werdend) der restlichen Gegenstimmen und Nebenstimmen. Das Wirkungs-Element funktioniert nur, wenn diese Stimmen kurz vor der Betonung minimal langsamer werden, sodass die Gegen- und Nebenstimmen einen verzögernden Bezugspunkt (zur Hauptstimme) erzeugen, ohne dass es der Hörer bemerkt (das Taktgefühl zu verletzen). Wichtig ist, dass die Gegen- und Nebenstimmen mit den rhythmus gebenden (tempo - dominierenden) Stimmen harmonieren, um die Orientierung (vor der Betonung) aufrecht zu halten. Durch den Verzug der Stimmen wirkt die nicht verzögerte Stimme (relativ zum Rest) beschleunigt. Die Verzögerungsstimmen sollten dominant im Tempo / für das Taktgefühl sein und musikalische Orientierung geben. Dieses Wirkungs - Element liegt auf einem schmalen Grat zwischen positiver Wirkung und totaler Verwirrung.

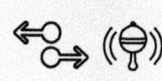

3.1.4 Harmonik

Harmonik:

-

Siehe Grund-Elemente-Harmonik & Tonart

3.1.4.1 Eine Abwechslung in der Betonung und der Reihenfolge der Akkorde / einzelnen Töne erzeugt eine Wandlung / Entwicklung und damit Abwechslung / Unterhaltung trotz gleicher, gewohnter Klänge. Zum Beispiel können Akkorde mit verschiedenen Dominanztönen (innerhalb des Akkords) ihre Rollenverteilung / Betonung / Stärke verändern. Genauso können zusätzliche Töne als Akkordzusatz oder unauffällige Obertöne verwendet werden, um die Stimmung und die Spannung zu ändern / erfrischen.

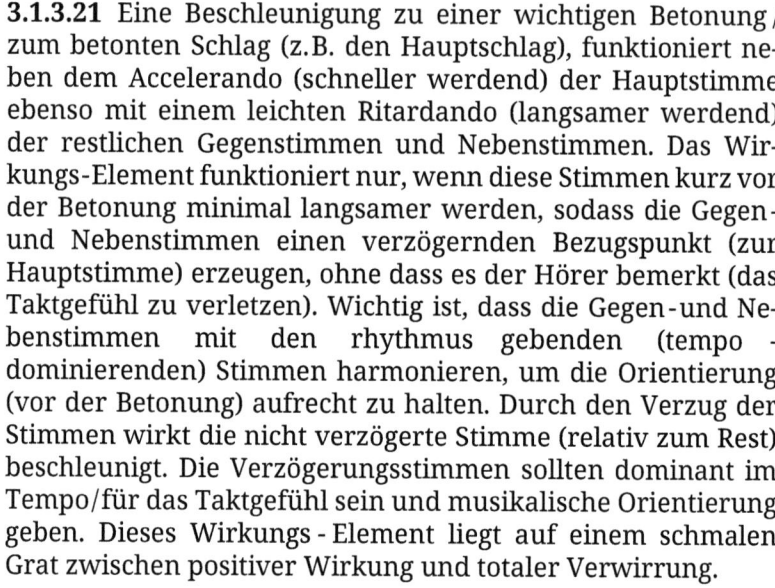

3.1.4.2 Eine harmonische Steigerung in der Wiederholung kann erzeugt werden, indem eine Stimme um eine Terz von der Grundtonart (Grundton des Hauptakkords) nach oben und die andere Stimme eine Terz nach unten wandert.

3.1.4.3 Vor einem Hauptschlag befinden sich gerne unharmonische, hohe und lang ausgehaltene Töne, welche in einer flüssig laufenden Tonfolge (eher nach unten) harmonisch aufgelöst werden. Durch eine leichte teilweise Auflösung (wenn nur ein Teil der Gesamtspannung sich auflöst) bleibt die Spannung über dem Grundsystem erhalten, was abnormal und unausgeglichen wirkt.

3.1.4.4 Die Abwechslung zwischen Harmonieren und Disharmonieren von Akkorden, erzeugt einen verstärkten Kontrast verschiedener Klangcharaktere und kann so eine Wandlung in der Stimmung erzeugen. Dieses Spiel der Harmonien kann besonders bei längeren Tönen eingesetzt werden.

3.1.4.5 Der letzte Akkord eines Elementes bzw. einer Akkordfolge, welcher länger als die anderen Akkorde ist, baut Spannung zum neuen Akkord auf, da man einen neuen Akkord (Stimmungswechsel) längst erwartet, dieser aber nicht kommt. Man hebelt das Grundsystem, die inneren zeitlichen Erwartungen des Hörers aus.

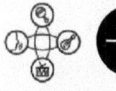

3.1.4.6 Harmonie und Dissonanz einzelner Stimmen können die Entwicklung eines Songs in einer Art Überleitung ankündigen. In *"I Was Wrong"* von *Robin Schulz Remix mit ARIZONA* erkennt man eine harmonische Ankündigung, dass der Teil / Abschnitt noch nicht endet, dass sich die Spannung nicht vollends auflöst, sondern neue Energie in die Musik gebracht wird. Beim Zurückkommen in eine Chorus - Wiederholung (letzter Höhepunkt) kündigt die Hintergrundgesangsstimme (im Echo von "I know" bei Minute 2:56) durch eine geladene Tonlage und erregte Stimmung an, dass es noch nicht vorbei ist bzw. dass nochmal ein Höhepunkt kommt. Die indirekte Ankündigung ist im Grunde ein Teil der Überleitung, damit der Rezipient der Musik besser folgen kann. Sie kann bei einer unerwarteten Wandlung/Veränderung zur Verständniserleichterung genutzt werden, sowie als gezielte Steigerung, wenn ein bevorstehender Hauptteil angekündigt wird.

ÜBERLEITUNG &
VERBINDUNG
EINZELNER
ELEMENTE

3.1.4.7 Leichte Dissonanzen zweier gleicher Stimmen wirken natürlich und können sogar eine aufbauende Wirkung erzeugen. In dem Song *"Remind Me to Forget"* von *Kygo feat. Miguel* entsteht zwischen der Bridge/Prechorus (Minute 00:23) eine leichte Dissonanz der Gesangsstimmen, welche die Spannung und Energie verstärken. Der Gesang besteht aus zwei Gesangsstimmen (man kann sie kaum als zwei Stimmen erkennen) die fast völlig identisch singen und teilweise nicht ganz gleich zusammen harmonieren, sondern minimale Tondifferenzen zeigen. Diese Differenz erzeugt eine Spannung obwohl die Stimme, wie eine Gesangsperson klingt. Genauso können Sie die steigernden Tondifferenzen der Gesangsstimmen in *"Go Solo"* von *Tom Rosenthal* analysieren.

3.1.5 Betonung

Die Betonung ist die kurzzeitige Änderung der Lautstärke, sie ist auch als Dynamik oder als Akzentuierung bekannt. Die Betonung bedeutet, wie oft und wie stark Töne betont werden und welche rhythmische Rolle/Energie diese Töne haben.

OFF–BEAT

Betonung:
2.3.1.15 | 2.3.1.14 | 2.3.3.3 | 2.3.3.4 | 3.1.3.21 | 3.1.4.1 | 4.1.5.6 | 4.1.5.8 | 4.1.5.12 | 4.1.5.13 | 4.1.5.18 | 5.1.6.8 | 5.1.6.12 | 6.1.3.1 |
Siehe Lautstärke & Melodik

Dynamik:
2.1.3.2 | 2.1.3.4 | 2.4.3.11 | 3.1.2.6 | 3.1.5.5 | 3.2.2.24 | 4.1.8.4 | 4.2.3.5 | 4.2.4.2 | 5.1.6.1 |

Off–Beat:
2.1.2.7| 2.4.2.8 | 2.4.3.18 | 3.1.2.12 | 3.1.3.9 | 3.1.5.1 | 3.1.5.2 | 3.1.5.7 | 3.1.5.8 | 3.1.5.9 | 5.1.6.18 | 5.1.6.19 | 5.1.7.4 |

ABWECHSLUNG

3.1.5.1 Das Spiel bzw. die Wechselwirkung zwischen einer Betonung und einer fehlenden/falschen Betonung (von betonten und unbetonten Zeiten), macht einzelne Stimmen aufregend. Dies liegt daran, dass man den dynamischen Verlauf der Stimme keinem System oder regelmäßigen Ablauf zuordnen kann und man dadurch immer unwissend, sogar gespannt über die Art des nächsten Tons bzw. dessen Dynamik/ Betonung ist.

3.1.5.2 Tendenziell liegen/betonen die Hook-Melodien sowohl auf dem On Beat als auch auf dem Off-Beat, das verleiht ihr einen Drive, Grove und Abwechslung. *"Hey Ma"* von *Pitbull* zeigt im Chorus die On-Off-Beat-Abwechslung des Gesangs. Der Ton nach der Betonung ist meist besonders unbetont, unauffällig (Lautstärke, Betonung, Harmonie etc.) und steigert sich zur nächsten Betonung hin.

HOOK

OFF–BEAT

3.1.5.3 Bei schnellen und kurzen Tönen (hintereinander und regelmäßig) wirken ungewöhnliche Betonungen und Verzögerungen außergewöhnlich, dramatisch und extrem. Hören Sie z.B. *"The Man With The Red Face"* von *Laurent Garnier* und überlegen Sie, ob die Betonungen (Viertel) in den Sechzehnteln der Rassel im Hintergrund direkt auf den Taktschlägen oder neben den Taktschlägen liegt, wenn man ein Metronom dazu spielen würde.

3.1.5.4 Bei einem schnellen Tempo wirken Synkopen, vorgezogene oder punktierte Töne, meist hektisch, spannungssteigernd und dynamisch, wo hingegen kurzzeitige Triolen eher fließend wirken.

3.1.5.5 "Bäuche" sind verspätete und/oder lang gezogene Betonungen, welche Emotionen verstärken und gleichzeitig eine andere Dynamik und Orientierung erzeugen (besonders bei regelmäßigen Bäuchen). Sie werden entweder in Form einer Steigerung oder als Orientierungshilfe verwendet, wie ein zusätzlicher Halt, der die Rhythmik unterstützt und unser Taktgefühl bestätigt.

SPANNUNGS-
WECHSEL
DURCH
ZUSÄTZLICHE
BETONUNGEN

3.1.5.6 Unnötige, überflüssige Betonungen können die Spannung bzw. das Energielevel abbauen und zerstören. Je mehr Betonungen es gibt, desto weniger Wirkung bekommen die, die Spannung / Energie steigern. Dies kann man sich gezielt zu Nutze machen, indem man zum Spannungsabbau beruhigende Betonungen streut, welche die geladenen Betonungen relativieren. Spannungen muss man gezielt ändern, anstatt sie durchgehend gleich zu halten oder sie an Stellen zu ändern, an denen sie kaum eine Wirkung oder sogar eine entgegengesetzte Wirkung erzielen.

GEFÜHLTE
VERZÖGERUNG
DURCH
"FALSCHE"
BETONUNG

3.1.5.7 Ein interessanter Effekt ist die Verunsicherung des Hörers im Taktgefühl, durch eine falsche Betonung, bzw. durch eine falsche Taktangabe, indem man die festen Zeiten (und ihre jeweiligen Betonungen im Taktsystem) verändert bzw. verschiebt oder durch andere Stimmen (und deren Betonung / Rhythmik) das Taktgefühl aushebelt und neu einordnet. Beispielsweise kann man den Off-Beat falsch (als On-Beat) zählen oder einen Taktschlag (oder mehrere) zu spät bzw. verzögert angeben. Im Intro kann man schon verunsichert werden, bevor das eigentliche Musikstück angefangen hat, da das menschliche Gehör zu Beginn nach einem inneren Taktgefühl sucht, welches Halt und Orientierung gibt, dies aber nicht bekommt. In dem Song *"Stolen Dance"* von *Milky Chance* schlägt im Intro eine Hi-Hat auf dem On-Beat 16 Schläge ein, bis die Gitarre vorgezogen (gefühlt etwas zu früh) einsteigt und aus dem On-Beat (Betonung auf der 1 und der 3 im 4/4 Takt) der Hi-Hat einen Off-Beat (Betonung auf der 2 und der 4 im 4/4 Takt) macht. Dieser Betonungswechsel (vom On-Beat zum Off-Beat) im Rhythmus macht das Intro einerseits verwirrend aber andererseits ereignisreich. Ähnlich ist das mit dem gleichbleibenden Hauptton des Songs *"Source"* von *Lucas und Steve* im Intro bis die Rhythmus/Takt-gebenden Stimmen dazu kommen und im Intro des Songs *"LoveGame"* von *Lady Gaga* eine Achtel vor dem Abschließen des vierten Taktes (Minute 0:10). Ein weiteres Beispiel wäre das Intro *"Highway to Hell"* von *AC/DC* in den ersten 10 Sekunden bis das Schlagzeug den wirklichen Takt vorgibt.

OFF−BEAT

INTRO

3.1.5.8 Um eine Steigerung zu bewirken, können Off-Beat-Simmen und On-Beat-Simmen gleichzeitig gespielt werden. Die gegensätzlichen Betonungen sorgen für Verwirrung beim Hörer und erhöhen so die Spannung. Hören Sie z.B. in dem Song *"Empire-Radio Edit"* von *Dimitri Vangelis und Wyman, Tom Staar* die Steigerungen (Bridges) an und analysieren Sie die Betonungen der einzelnen Stimmen. Während die schnellen/kurzen Töne den Off-Beat (2/4 Betonung) geben, sind die Harmoniewechsel der Klangteppichstimmen immer auf der Eins (On-Beat) im Takt.

3.1.5.9 Eine Off-Beat-Betonung, die schnell genug gespielt wird, verändert der Hörer im Kopf (innere Vorstellung) zu einer On-Beat-Betonung, um sie zeitlich besser einzuordnen und leichter zu verstehen. In *"merci"* von *Stromae* wird eine Klavier-Bridge (Minute: 1:25) mit Off-Beat-Betonung so schnell gespielt, dass man sie in seiner Vorstellung/Wahrnehmung zu einer On-Beat-Betonung umwandelt. Dies liegt daran, dass unser Gehör eine On-Beat-Betonung leichter verstehen und zeitlich einordnen kann (Taktgefühl und zeitliche Erwartungen). Darum neigt der Rezipient dazu, eine Off-Beat-Betonung, die aufgrund ihres Tempos ein zufriedenstellendes Taktgefühl erschwert, in eine On-Beat-Betonung zu vereinfachten. Er schiebt also die markanten, höheren, betonten Töne (Sechzehntel) innerlich etwas zurück an die On Beat Stelle (erste, dritte, fünfte und siebte Achtel). Letzlich macht man aus den Achtel-Off-Beat-Sechzehnteln (also je zweite Sechzehntel) On-Beat-Achtel. die Töne werden also nicht nur um eine Sechzehntel zum On-Beat verschoben, sondert zusätzlich zu Achtel verlängert. Da sie aber in der Realität Off-Beat Sechzehntel sind, wirken die On-Beat-Achtel im Kopf (innere Vorstellung) verglichen mit der restlichen realen Musik etwas verspätet. Genauso können auch Off-Beat-Achtel bei ausreichendem Tempo innerlich zu On-Beat-Achtel gemacht werden und so nur verschoben werden. Der Effekt ist besonders gewünscht, wenn man zeitliche Verwirrung/schlechte Musik erzeugen will, die den Hörer aus seinem Taktgefühl rütteln soll und so Interesse, erhöhte Aufmerksamkeit und Spannung weckt. Dieses Beispiel zeigt, welch starken Einfluss die innere Musik/Erwartungen auf die tatsächliche Wahrnehmung haben.

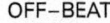

**STIMMEN-
RÜCKGANG**

3.1.5.10 Kurzzeitige Stimmenrückgänge können den Beat / Rhythmus unterstützen und andere Stimmen in den Vordergrund rücken. Im Song *"Titanium"* von *David Guetta feat. Sia* lässt sich im Hauptteil der Bass-Drum-Beat (Achtel) durch den regelmäßig wiederholenden, kurzen Stimmenrückgang der Gesamtmusik besser erkennen. Selbst wenn der Bass-Drum-Beat fehlt, hat der Stimmenrückgang dennoch eine verstärkende Wirkung für den Beat/Rhythmus.

3.1.6 Schwingungen

> Schwingung & Vibrato:
> -
> **Keine Parallelstellen vorhanden**

3.1.6.1 Schnelle Schwingungen erzeugen ein Knattern mit einem eher beengenden Gefühl, langsame Vibrationen machen die Musik dynamischer und es gleichzeitig interessanter, die Schwingung zu hören bzw. den Ton einzuordnen.

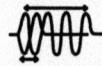

3.1.6.2 Schwingungen, die sich zu einzelnen Schlägen entwickeln, werden meist kürzer (in der Tondauer) und prägnanter, behalten aber ihr Tempo. Änderungen der Tondauer (von der durchgehenden Tonschwingung zu artikulierten Tonschlägen) und der Tonhöhe (von verschiedenen Tonhöhen zwischen dem Schwingungshoch-und tiefpunkt zu einer durchgehenden Tonhöhe), wirken eher unnatürlich und dadurch faszinierend.

3.1.6.3 Leichte "Erschütterung" wie z.B. ein langsames Vibrato, langsame Schwingungen oder langsamer werdende Impulse (sowohl zeitlich als auch in ihrer Intensität) wirken beruhigend, da durch eine Abnahme der gefühlten Geschwindigkeit und der allgemeinen Lautstärke (abhängig von Tempo, Rhythmus, Betonung, Agogik, Dynamik etc.) das Energielevel sinkt. Oftmals werden diese Schwingungen als Überleitung vom Chorus in den Verse verwendet. Genauso können sie umgekehrt (schneller und stärker) als Steigerung zum Hauptteil verwendet werden.

3.1.6.4   Geräusche von Motoren, Turbinen, Pumpen, Getrieben oder Maschinen-Geräusche eignen sich bei Überleitungen, um die Bewegungsrichtung (Steigerung/Abnahme) zu verstärken. Sie können sowohl eine positive (schneller werdend, Crescendo, betonend usw.) als auch eine negative Steigerung (drosseln, stocken, stoppen, bremsen, unregelmäßiges Ritardando, langsamer werdenden Sechzehntel) verursachen. Dabei wirken die Antriebsgeräusche wie ein zusätzlicher "Motor der Musik" welche durch ihre Drehzahländerung entweder eine beschleunigende, antreibende oder umgekehrte Wirkung erzielen. Hören Sie das Intro *"I Love It"* von *Aalok Bala* und suchen sie weitere Geräusche, die von Maschinen stammen könnten.

3.1.6.5   Das Vibrato kann den Hall/Echo aufsummieren und dadurch die Wirkung des Raumklangs verstärken.

3.1.7 Pausen

„Die Ruhe ist das schönste Element der Musik. Sie entsteht erst im Einklang der Musik."

„Die Stille zwischen den Noten ist genauso wichtig wie die Noten selbst."

Wolfgang Amadeus Mozart

Pausen:
| 3.2.3.6 | 4.1.2.2 | 4.1.4.16 | 4.1.6.3 | 4.1.7.5 | 5.1.5.11 |

Spannungspause:
| 2.4.3.7 | 2.4.3.11 | 2.4.3.13 | 2.4.3.14 | 3.1.7.12 | 3.1.7.14 | 3.1.7.19 | 4.1.5.10 |

STIMMUNGS-
WECHSEL/
CHARAKTER-
WECHSEL

3.1.7

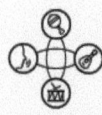

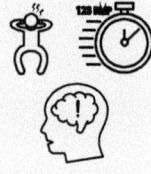

3.1.7.1   Pausen eignen sich als Mittelpunkt/Trennlinie zweier Gegensätze, wie zum Beispiel zwei verschiedene Stimmen (Oberton-/Bass-Stimmen), zwei Stimmencharaktere (Bauch-/Kopfstimme des Gesangs) oder mehrere verschiedene Stimmungen (Ausgeglichenheit / Aggressivität). Eine schöne, entspannte Musik, mit darauffolgender Stille und anschließend laute, stressige, schnelle Musik, die erschreckt und überwältigt, wirkt radikal, unkontrolliert und auffällig. Durch die Konfrontation von Gegensätzen kann ein Extrem stärker herausstechen, anregen und sich in den Vordergrund stellen.

3.1.7.2   Lange Töne vor einer Pause wirken abschließend, auflösend und verbinden verschiedene Themen/Teile/Elemente, wohingegen kurze Töne, Schläge oder Konsonanten eher Fragen stellen, die Spannung halten und das Thema offenlassen.

3.1.7.3   Nach einer "Dröhnung" (Reizüberfluss des Hörers) erzeugt von verwirrenden, störenden Musik - Elementen mit vielen Stimmen ohne Pausen, ist eine kurze Stille (Beruhigungsabschnitt) angenehm, weil sie zeigt, wie überfordernd die dröhnende Musik davor war. Genauso wie bei der Stoßpause zeigt sie dem Rezipienten, wie erregt (anstrengend, überfordernd) die Musik und ebenso er selbst ist. Oftmals wird diese Pause kurz vor einer neuen Strophe gemacht, um in den neuen Teil mit neuer Energie, niedrigem Energielevel/dicht (mehr Steigerungspotential/Steigerungskontrast) zu starten.

3.1.7.4   Bass-oder Obertonpausen (bzw. dessen Stimmen) bieten Abwechslung und betonen, andere Stimmen während dieser Pause (besonders der Gegensatz: die Obertöne/der Bass), da diese nicht mehr von den pausierenden Stimmen überdeckt oder in den Hintergrund gestellt werden. Einzelne Stimmenpausen heben andere Stimmen (ebenso Tongruppen, Melodien, Rhythmen, Harmonien etc.) in den Vordergrund (meist die mit gegensätzlichen Charakterteilen) und lenken danach die Aufmerksamkeit wieder auf sich selbst.

3.1.7.5   Ein Mangel an Pausen erzeugt schlechte Musik, beschleunigt das "gefühlte Tempo" und wirkt stressig, da man zu viele Signale (Reizüberfluss für das Gehör/Gehirn) bekommt, die man nicht mehr alle (in der vorgegebenen Zeit) verarbeiten kann.

3.1.7.6 Es ist hilfreich, eine Pause mit Raumklang und Hall bzw. mit normalen, gewohnten Geräuschen zu machen, um danach die Musik bewusster und qualitativer zu hören. Während der Pause versucht der Hörer (bewusst oder unbewusst), die Geräusche zu unterdrücken und zu filtern. Da dieser Filter beim Wiedereintritt der Musik noch in seinem Kopf steckt, denkt er nun, die Musik wäre reiner und klarer als davor, obwohl die Musik vor der Pause genauso qualitativ war und nur der unbewusste Filter ihm diese Wahrnehmung vorgaukelt. Oft wird ein schlechterer Raumklang oder ein Rauschen/Knistern (ebenso Filter und Stimmenverzerrungen) im Intro verwendet, der im Verse erlischt und so die Versmusik qualitativ hochwertiger erscheinen lässt.

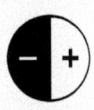

3.1.7.7 Pausen sind hilfreich um neue, andere Raumklänge zu erzeugen, zum Beispiel durch leise, einzelne Töne/Geräusche. Eine kurze Raumklangdarstellung während der Pause kann die eigentliche Raumklangwirkung nach der Pause verstärken, indem ein Kontrast der hintereinander folgenden (gegensätzlichen) Raumklänge die Raumklangwirkung nach der Pause verstärkt. Wenn zum Beispiel die Hauptstimme verhältnismäßig nah, klar, direkt und ohne einen tiefen Raum wirkt und darauf in der Pause starke Raumklänge mit großer Tiefe (Hall, Echo etc.) erzeugt werden, vermittelt die klare Hauptimme nach der Pause einen direkteren, stärkeren und klareren Eindruck. Ein Beispiel dafür wäre der Song *"Foolisch"* von *Ashanti*.

3.1.7.8 Ein zu frühes Einsetzen und verspätetes Beenden einer Pause provoziert eine größere Spannung und verursacht eine Steigerung, dadurch steigern sich ebenso die Emotionen des Hörers. Bei Unregelmäßigkeiten gegen das System (inneres Taktgefühl) sträubt sich unsere Musikvorstellung bzw. unsere inneren Erwartungen an die Musik und reagiert darauf mit einer Steigerung der Energiedichte / Spannung. In dem Song *"Everyday"* von *Logic an Marshmello* wird der eigentliche Zeitraum von Bridge (Minute 1:15) zum Chorus nicht eingehalten. Beobachten Sie, wie Sie selbst darauf reagieren.

3.1.7.9 Zu lange oder zu kurze Pausen zwingen den Hörer, mitzuzählen und allein mit dem inneren Taktgefühl zu hören. Zu lange Pausen (nicht im Taktgefühl oder nicht entsprechend den inneren Erwartungen) mit einem darauffolgend schnelleren bzw. sich steigernden Tempo, steigert die emotionale Spannung. Pausen zur rechten Zeit zu machen und diese genau einzuhalten (vielleicht sogar laut mitzählen) gefällt dem Hörer und befriedigt ihn.

3.1.7.10 Ein Hinterherhinken, Zuspätkommen oder Verzögern, zum Beispiel mittels Fermaten und der Agogik einzelner Musik-Elemente, Stimmen oder der gesamten Musik, kann durch eine Pause wieder eingeholt werden, ohne dabei hetzende, treibende oder stressige Stimmungen aufzubauen in dem die Pause kürzer wird als sie eigentlich gedacht ist. Fällt ihnen ein bekanntes Musikstück ein, das diesen Gedanken bzw. dieses Element beinhaltet?

3.1.7.11 Wiederholungen wirken überraschend und fesselnd, wenn an immer derselben Stelle unterschiedliche Pausen (Länge und Eintreffen) gemacht werden. Da Pausen zeitliche (meist der Pausenanfang) Orientierungspunkte sind, löst die Veränderung (der Länge und Stelle/Zeitpunkt) der Pausen so Spannung, Neugier und Interesse aus. Wenn man keine Pausen macht/einhält und danach mit einer markanten Veränderung der Stimmen (ohne eine nachvollziehbare Entwicklung) weiterspielt, kann sich das negativ auf die Musik und ihre Stimmung auswirken (sofern man es oft macht), da der Hörer dadurch sein Vertrauen in die Musik verlieren kann. Eine ähnliche Wirkung haben unterschiedlich lange Pausen an derselben Stelle. In dem Song *"Best Day Of My Life"* von *American Authors* ist die erste Pause vor dem Drop / Hauptteil (Minute 0:37) 4 Schläge lang, während die zweite Pause vor dem zweiten Hauptteil nur zwei Schläge andauert.

3.1.7.12 Eine überraschende, unerwartete Pause (Stockpause/ Stoßpause) während einer Steigerung bzw. kurz vor dem Hauptteil zeigt dem Hörer, wie emotional die Musik im Moment ist. Da dem Hörer in der Pause jeglicher Halt bzw. Orientierung genommen wird (weil er schlichtweg fehlt), ist er gezwungen, seine Gefühle/Emotionen ohne die Musik weiter Richtung Hauptteil/Auflösung zu entwickeln bzw. fortzusetzen. Die kurze Ruhe/Stille vor dem Höhepunkt provoziert eine innere Spannung und bewirkt eine gewünschte Steigerung. Ein interessantes Musik-Beispiel ist *"Best Day Of My Life"* von *American Authors* kurz vor dem Hauptteil (Minute 0:37). Der Hörer wird mit seinen Gefühlen (von der Musik) allein gelassen und erkennt, wie sehr die Musik ihn emotional in eine Gefühlslage reinsteigert. Letztlich erzeugt eine Stoßpause eine Emotionsmischung aus einer unerwarteten Überraschung, einer Erkenntnis über die emotionale Beeinflussung der Musik und dem Bedürfnis (innere Erwartungen), die eigenen Emotionen auch ohne die Musik freizusetzen. Dabei spielen der Zeitpunkt und die Dauer der Pause die wichtigste Rolle. In dem Song *"Better Off"* von *Handsome Ghost* ist die Spannungspause ein Viertelschlag vor dem Hauptschlag des vorletzten Chorus (Minute 2:52). Diese Pause kommt in einem emotionalen / spannungsgeladenen Moment völlig unerwartet und unpassend und verstärkt dadurch den Kontrast. Der Song *"Vibin"* von *Habstrakt* hat einen starken Rückgang vor dem Drop und eine Stoßpause nach dem Drop.

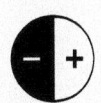

SPANNUNGS-
PAUSE

CHORUS

3.1.7.13 Ein bekannter Musikverlauf kann zwischen einzelnen Elementen sowie innerhalb der Elemente sprunghaft sein, damit der Hörer, der das Musikstück kennt, eigene Übergänge (Vervollständigung durch innere Musik) entwickelt, sodass die Musik innerlich aufgeht/Sinn macht (gefühlt geschlossener Kreislauf). Dafür sollte dem Hörer ein globaler Verlauf/eine Entwicklungsrichtung der Stimmung und der Spannung vorgegeben werden. Diese wird meist im Voraus durch ähnliche Tonfolgen, durch Wiederholungen desselben Themas mit minimalen Abänderungen der eigentlichen Musikentwicklung oder zum Zeitpunkt der Entwicklung nur auf Sparflamme angekündigt. Zum Beispiel werden in einer Steigerung zum Hauptteil oftmals dominante/führende Stimmen (wenn nicht sogar Teile Hook Melodie) ausgelassen, sodass der Hörer sie im Kopf bzw. in seiner Vorstellung vollenden kann.

MUSIKALISCHE
LÜCKEN
FÜR
INNERE MUSIK

3.1.7

Genauso bekommen Stimmen eine Verzerrung oder einen Filter (z.B. im durch Raumklangänderung), damit der Hörer sie innerlich wieder entzerren kann, sodass sie in seiner Wahrnehmung wieder wie ursprünglich den eigenen Erwartungen gemäß klingen.

SPANNUNGS-
PAUSE

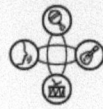

3.1.7.14 Es gibt viele Musikstücke, die innerhalb der Stimmenpausen (Pausen oder teilweiser Rückgang einzelner Stimmen) viel Spannung aufbauen, welche man zwar nicht hört, sich aber fast intuitiv im Kopf entwickelt. Diese Pausen/Rückgänge werden genutzt, um danach mit mehr Energie und Emotionalität weiterzuspielen. Man kann nach demselben Prinzip ebenso Spannung abbauen. Das Musikstück *"Ride"* von *Lana Del Rey* hat leise Hintergrundstimmen zwischen der Bridge und dem Chorus die leicht in Richtung Chorus "summen", um nicht ganz ohne Ankündigung zum Hauptteil überzuführen. Die Gesangsstimmen sind so leise und weich, dass sie den Hörer herausfordern und anregen, eine eigene Überleitung zwischen Bridge und Chorus zu schaffen oder wenigstens das Summen des Begleitgesangs im Kopf bzw. in seiner Vorstellung/Wahrnehmung zu verstärken. Man sollte mit den lückenhaften Teilen nicht übertreiben, denn wenn der Hörer die Musik nicht kennt, kann er ihr nur schwer folgen und die Teile nur schwer miteinander verbinden, da er nicht weiß, zu welcher darauffolgenden Musik die einzelnen Teile (in Spannung und Stimmung) überleiten. Der Song *"Starlight"* von *Jai Wolf, Mr Gabriel* hat bis auf die Gesangsstimme einen Takt Spannungspause vor dem Drop (Minute 2:47).

3.1.7.15 Bei langen Pausen, die als Übergang in ein neues Thema fungieren, wird die Pause gerne verkürzt, um den Hörer zu überraschen. Tendenziell fühlt sich der Rezipient während einer langen Pause nach vorne gezogen (beschleunigt im Taktgefühl) und will zu früh anfangen/weiter singen.

3.1.7.16 Bei Pausen, die mit Spannung (Dissonanzen, Gegen-Elementen, schlechter Musik usw.) eingeleitet werden, fühlt man eine innere Unruhe, obwohl äußerlich keine Klänge zu hören sind. Der Hörer wird mit seiner inneren Unausgeglichenheit von der Musik allein gelassen (und mit seiner eigenen Emotionslage konfrontiert).

Als Reaktion darauf steigert er seine innere Spannung/Energie-dichte, weil er die innere Unruhe, auf die er sehnlichst (Erwartungen) wartet, (noch) nicht mit der Musik auflösen kann, sondern bis zum Wiedereinstieg der Stimmen abwarten muss. Der Hörer kämpft letztlich mit sich selbst, weil er mit sei-nen Emotionen von der Musik allein gelassen wird und diese entgegen seiner Erwartungen für sich selbst verarbeiten (z.B. Spannung aushalten/abbauen) muss. Der Rezipient wartet auf die Musik und baut dabei Erwartungen auf, z.B., dass die Musik zurückkommt und dass sie die Spannung auflöst (wann und wie usw.). Auf der im Kopf (innerer Vorstellung / Wahrneh-mung) nicht abgeschlossenen Musik lässt sich nach der Pause mit weiteren Wirkungs-Elementen aufbauen und steigern.

3.1.7.17 Nach einer spannungsaufbauenden Pause wird meis-tens mit kurzen aufsteigenden Tönen weiter gesteigert, um auf einem langen emotionalen Ton die Spannung zu entladen.

3.1.7.18 Nach langen rhythmischen Pausen (ohne Orientie-rung) betonen und verstärken schnelle kurze Schläge den Rhythmus bzw. den Groove. Hören Sie z.B. die Bass-Drum in *"Dark Paradise"* von *Lana Del Rey* an und machen Sie sich selbst ein Bild.

3.1.7.19 Bei Pausen die Spannung erzeugen sollen, kann der Schlusston vor der Pause minimal zu lang sein und so die Span-nung zusätzlich steigern. Der Hörer ist sich dann seinem inneren Taktgefühl nicht mehr ganz sicher und zweifelt daran, wann die Pause zu Ende ist. Dies erhöht das Energielevel kurz vor dem Pausenende und kann beim Wiedereintritt der Stim-men einen leichten Überraschungseffekt haben.

SPANNUNGS-
PAUSE

3.1.7.20 Der Wiedereinstieg alter bekannter Stimmen im Hauptteil kann neue Energie bringen, wenn diese kurz davor (ein Takt reicht) pausieren. Im Moment, in dem diese Stimmen wieder einsteigen, kommt der Erinnerungseffekt und Verstär-kungseffekt, da man meint, es kommen zusätzliche Stimmen hinzu, obwohl diese schon den Großteil des Stücks da waren. Dieses Wirkungs-Element verstärkt das Energielevel und die Emotionen des Hörers. Achten Sie z.B. in *"Feel"* von *Robbie Wil-liams* vor dem dritten Chorus (Minute 2:45) auf dieses Wirkungs-Element und analysieren Sie es.

3.1.8 Wiederholungen

„Gerade die Musik leidet und fordert unter allen Künsten am meisten Wiederholung."

Johann Gottfried von Herder

Warum wiederholt sich die Musik?
Warum wird sie nicht langweilig?

Musik braucht Wiederholung, um etwas Wiederkehrendes zu schaffen, an das sich der Hörer erinnern, sowie orientieren kann. Genauso sind Wiederholungen notwendig, um zu überraschen und mit Erwartungen zu spielen. Überraschungen zu kreieren bedeutet Erwartungen aufzubauen, um sie im Anschluss zu zerstören. Überraschungen erhöhen Aufmerksamkeit und erzeugen neue Energie.

Wiederholung:
| 2.3.1.1 | 2.3.3.10 | 2.4.3.1 | 2.4.3.11 | 3.1.4.2 | 3.1.7.11 | 3.2.2.3 | 3.2.2.10 | 3.2.2.19 |

3.1.8.1   Wiederholungen, zum Beispiel in Harmonien, Rhythmen, Melodien usw. sowohl im Kleinen als im Großen, sind bedeutend, da es anstrengend ist eine Veränderung zu verarbeiten, einzuordnen oder emotional zu deuten. Der Rezipient kann sich durch eine Wiederholung entspannen, weil er weiß, was kommt, er kann dadurch die neuen Stil-Elemente/Veränderungen besser wahrnehmen (Fokus/Konzentration). Wenn der Hörer weiß, was kommt, kann er sich auf seine Erwartungen (Gefühle und Stimmungen) stützen. Dies führt zu positiven Gefühlen, wenn der Hörer in seinen Erwartungen bestätigt wird und sich so besser auf die verschiedenen Stimmungen und Gefühle einstellen kann.

3.1.8.2   Wiederholungen der Tonfolgen innerhalb einer Melodie/Tongruppe (Motiv) sind bestimmend, um sie später aus der Erinnerung rufen zu können. Eine Wiederholung wirkt vertraut, dies ist überaus wichtig, damit sich der Hörer die Musik einprägen kann und sie mit persönlichen Gefühlen verbindet bzw. in ihr eigene Gefühle entfaltet. Nur so kann ein Wiedererkennungswert entstehen.

3.1.8.3   Ein Wiedererkennungswert entsteht durch das Verinnerlichen von Wiederholungen der Tonabfolgen, Melodien. Oft wiederholen sich die Melodien (meist der Rhythmus) in sich selbst und haben nur minimale Veränderungen, Unterschiede. Es kann sowohl im Großen (z.B. ganze Tonmelodien) als auch im Kleinen (z.B. kleine Tonfolgen oder Anteile einer alten Melodie) wiederholt werden.

3.1.8.4   Um eine Wiederholung attraktiv zu halten, ist es essenziell, die Grundbausteine zu erhalten, aber dennoch Einzelheiten zu verändern/hinzuzufügen, auf die sich der Hörer konzentrieren kann. Hier ist die richtige Mitte zwischen Vertrautem und Neuem entscheidend über das Wirken der Wiederholung. Der Grundcharakter sollte jedoch verloren gehen, damit die Wiederholung nicht ihre Identität verliert.

3.1.8.5   Bei einer großen Wiederholung kann eine Veränderung (des zweiten Males) durch harmonische oder rhythmische "Verbesserung" erzielt werden, sodass die Musik nicht (gefühlt) stehenbleibt, sondern sich weiterentwickelt. Durch eine Steigerung (des Energielevels) oder durch die (melodische, rhythmische) Anpassung an das musikalische Umfeld (z.B. durch einzelne Stimmen), erhält der Hörer eine (meist schrittweise) "emotionale Verbesserung" bzw. Steigerung. Wiederholungen können ebenso eine abbauende Wirkung (in Spannung oder Energie) erzeugen, indem Stimmen:
- in den Hintergrund wandern oder ganz aufhören
- auf langen Tönen ausharren und ruhiger werden
- in ihrer Harmonie oder durch einzelne Töne (Tonhöhe sinkt) weniger Spannung, Dissonanz erzeugen und sich ganz auflösen.

VERLÄNGERUNG
EINER
EMOTIONALEN
BEWEGUNG
DURCH
WIEDERHOLUNG

3.1.8

3.1.8.6 Eine Wiederholung verhindert eine sofortige und vollkommene Entladung aller Spannung sowie eine zu schnelle Steigerung, da in den weiterfolgenden Elementen eine Spannungsbewegung vorhanden sein muss und somit die Entladung/Steigerung auf das gesamte Element (alle Wiederholungen) verteilt wird. So können emotionale Bewegungen in die Länge gezogen werden, um dessen Wirkung zu entspannen (Entladung) oder zu verstärken/provozieren. Der schrittweise Spannungsabbau/-aufbau findet mehr im Kopf (innere Vorstellung / Wahrnehmung) durch unsere eigenen Spannungserwartungen an den zweiten Teil der Wiederholung statt, als durch die Musik selbst.

3.1.8.7 Bei einer Spannungszunahme wird gerne eine Wiederholung verwendet, um den Spannungsverlauf länger und damit intensiver zu gestalten. Ein zweiter Anlauf (eine Wiederholung) vor dem Hauptteil, zur vollständigen Entladung bzw. Entspannung findet häufig statt, um den Hauptteil nach hinten zu ziehen und um ihn stärker anzuregen.

3.2 Musikbewegung

3.2.1 Allgemeine Bewegungs-Elemente

Im gesamten Musikverlauf sollten die kleinen Spannungs-und Stimmungsverläufe ständig wechseln oder sich von neuem wiederholen. So können z.B. Wiederholungen mit verschiedenen Ausgängen (Endungen / Variationen) ihre Reihenfolge wechseln, genauso kann man eine Melodie so konstruieren, dass man ihre einzelnen Melodie-Elemente (Ausschnitte) in der Reihenfolge ändern (oder ganz umdrehen) kann.

Spannungen können fließend, stufenweise oder schlagartig erscheinen. Eine Steigerung wirkt intensiver und stärker, wenn ein vorheriger Spannungsabbau den Kontrast zwischen Anfang und Ende der Steigerung verdeutlicht. Hier kann man mit verschiedenen Varianten von Steigerungen spielen, die zwar alle bekannt sind, doch in veränderter Reihenfolge immer wieder neu, anders und anregend klingen. Die Stimmen könnten z.B. ihre Melodien gegenseitig austauschen und damit die Melodien von den Stimmencharakteren trennen. Genauso können einzelne Stimmen, die nur in bestimmten Teilen zu hören sind, in anderen neuen Teilen mitspielen oder ihre alten Teile auslassen.

Um Reize auszulösen, kann Musik das, was wir nicht so mögen (Spannungsaufbau/Spannung möchte aufgelöst werden), langziehen und das, was wir mögen (Entladung / Auflösung), möglichst kurzhalten. Wie in der Physik, Chemie und überall in der Natur, ist es auch in der Musik, dass man immer den geringsten inneren Widerstand / vollständige Ausgeglichenheit liebt und daher die Spannungsauflösung/Energieentladung anstrebt.

In einem gewissen Rahmen könnte man sagen: Je länger der Spannungsaufbau, desto stärker seine Wirkung. Zwar wirkt ein kurzer Spannungsaufbau meist intensiver und extremer, er fördert jedoch weniger innere Musik und schafft es damit meistens nicht, so viel Spannung zu erzeugen, wie ein längerer Spannungsaufbau (weil die Zeit bei dem Energieaufbau mitspielt).

ABWECHSLUNG
HÄLT
MUSIK
ATTRAKTIV

3.2.1

ABSTRAKT

ÄSTHETIK-
GRUNDFORMEN

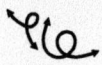

Beim Spannungsabbau ist es genau umgekehrt, er sollte möglichst kurz sein, um die maximale Energie an einem Zeitpunkt freizusetzen.

Musikbewegungen können ohne Probleme mittendrin eine kurze Pause einlegen (niedrigere Energie-/Spannungs-/Stimmungslevel), um die Veränderung deutlicher, klarer und stärker zu machen.

3.2.2

SPANNUNGS-
LÄNGE

Die Länge eines Spannungszustands (Konsonanz und Dissonanz), wirkt sich stark auf die darauffolgenden Stil-Elemente aus. Darum ist bei einem neuen Element auf die vorherigen Stil-Elemente und Spannungs-und Stimmungsverläufe zu achten.

3.2.2 Spannungsaufbau

Der Spannungsaufbau ist eine emotionale Steigerung, die beim Hörer durch musikalische Wirkungs - Element ausgelöst werden. Diese Wirkungs - Elemente werden wir nun genauer anschauen.

Spannungsaufbau & Steigerung:
| 2.1.2.4 | 2.1.2.7 | 2.2.1.2 | 2.3.1.6 | 2.3.3.10 | 2.4.1.2 | 2.4.3.5 |
2.4.3.8 | 2.4.3.14 | 3.1.2.2 | 3.1.7.17 | 3.1.8.7 | 4.1.1.5 | 4.1.4.5 |
4.1.4.6 | 4.1.5.4 | 4.1.5.17 | 4.2.2.3 | 4.2.4.5 | 5.1.5.11 | 5.1.5.12
| 5.1.5.13 | 5.1.6.3 | 6.1.3.1 |

3.2.2.1 Eine emotionale Steigerung kann über die Tonhöhe, durch einen Rhythmuswechsel, ein Tempowechsel (*"Get Ugly"* von *Jason Derulo* Minute 2:43) oder mittels "schlechter Musik" davor (Kontrast) oder durch Pausen entstehen. Ebenso kann ein Tempowechsel eine Änderung des Energielevels erzeugen, wie zum Beispiel beim Wechsel zwischen Intro und Verse (Minute 0:28) in *"X Gon' Give It To Ya"* von *DMX*. Analysieren Sie die Wirkung des leichten Tempowechsels in dem Song *"The Agony And The Ecstasy"* von *ROMANS* (Minute 1:10-1:50). In dem Song *"Wake Up Alone"* von *The Chainsmokers und Chene Aiko* findet ein Tempowechsel gegen Ende (Outro in Minute 3:13) statt. Ein weiteres Beispiel für einen gefühlten Tempo- und Rhythmuswechsel finden Sie in dem Song *"Dancing Machine"* von *The Jackson 5*. Der Gesang "Dancin, Dancin, Dancin" (Minute 0:05, 1:12/16…) wirkt, als wäre er in einem schnelleren Tempo/Taktgefühl als der Rest. Der Song *"Himmelblaue Augen"* von *Anna Maria Zimmermann* hat einen Taktwechsel (Dreiviertel- zu Vierviertel-Takt) und Tempowechsel zwischen Strophe und Refrain in Minute 1:01, 1:34 und 2:09.

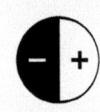

3.2.2.2 Je länger ein Spannungsweg bis zur Auflösung, der Energieaufbau bis zur Entladung oder das Zeitintervall eines abgeschlossenen Elements ist, desto emotionaler reagiert der Hörer auf die Musik. Die gedehnte Länge eines Spannungszustands verstärkt seine Intensität. Es ist im Grunde wie mit vielen Bedürfnissen: Je länger man wartet und es sich verkneift, desto unangenehmer wird es bzw. desto stärker sehnt man sich nach der Auflösung.

3.2.2.3 Eine steigernde Wiederholung, welche dieselben Töne doppelt so schnell (Achtel zu Sechzehntel…) spielt, muss sie nur lang genug spielen, bis sie penetrant und aggressiv wirken. Weil der Hörer eine Steigerung (Sechzehntel auf Zweiunddreißigstel) auf einer höheren Energiestufe erwartet, diese aber nicht eintrifft, wie man sie erwartet hat, reagiert der Hörer mit stärkeren Reizen. Es wird eine Spannung erzeugt, indem eine zu erwartende Steigerung nicht eintrifft, was für das innere Gehör (Musikerwartungen) nicht zufriedenstellend ist und somit eine gewisse Anspannung und teilweise Verwirrung beim Hörer auslöst. Können Sie sich diese Musiksituation gedanklich vorstellen und nachvollziehen?

3.2.2.4 Eine positive Steigerung entsteht, wenn man nach taktlosen bzw. haltlosen Teilen (ohne zeitliche Orientierung) langsamer wird, verzögert und schrittweise in den Takt durch einen neuen Rhythmus (Groove) geführt zu wird. So kann der Hörer Stück für Stück sein inneres Taktgefühl zurückbekommen (schrittweise Bestätigung der Erwartungen).

3.2.2.5 Positive Musikbewegung entsteht dadurch, dass (ins positive) steigernde Läufe, zeitlich länger, betonter und rhythmischer sind, als die sinkenden Läufe.

3.2.2.6 Eine Steigerung entsteht in der Regel mit einer steigenden aufstrebenden Tonfolge.

3.2.2.7 Entladungsmomente vorzutäuschen hat eine steigernde Wirkung der Töne. Sie können einen möglichen Entladungston einleiten bzw. vortäuschen (durch Harmonie, Rhythmik, Melodien, Zusatzstimmen usw.) und danach zum tatsächlichen Entladungston weiterführen, wie z.B. in dem Song *"Alone"* von *Alan Walker*. Im Übergang von der Bridge in den Chorus wird auf "NOT" dieselbe Melodie wie auf "ALONE" gesungen, jedoch zeitlich versetzt. Durch die Verschiebung im Takt wirkt die zweite Tonfolge ("Schnörkel") stärker/intensiver als die erste.
- ...Pausen/Töne, die einen schrittweisen Spannungsabbau vortäuschen und danach auf das ursprüngliche Spannungslevel weiter steigern. Der Spannungsabbau ist meist derselbe, wie der von der Versmelodie.
- ...Elemente welche, durch andere Betonung, Rhythmik, Verschiebung, Verzerrung, Tonänderung, in die genau andere Richtung (als die Entladungsmelodie) eine abgewandelte Form der Entladungsmelodie sind.

3.2.2.8 Eine Steigerung, deren Auflösung/Entspannung angekündigt wird, diese aber nicht eintritt, sondern stattdessen daraufhin weiter gesteigert wird, um auf eine höhere Ebene (als bisher) zu kommen, hat eine besondere Wirkung, da dies die Erwartungen der Auflösung enttäuscht und dadurch die innere Spannung verstärkt. Meist wird diese Form der Steigerung in Verbindung eines Tonartwechsels verwendet.

3.2.2.9 Eine große Steigerung entsteht ebenso durch eine schnellere oder größere Steigerung der kleinen Form (der betonten Schläge / Töne / Harmonien usw.). Die Steigerung im Ganzen entsteht, wenn die kleinen, regelmäßigen Stimmungsänderungen (Betonung, Rhythmus, Harmonie Agogik usw.) stärker und schneller (rhythmischer, betonter) werden, während sie sich wiederholen. Die kleinen Veränderungen (in Bewegungsrichtung) ergeben in Summe eine große Bewegung.

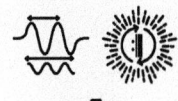

3.2.2.10 Eine mögliche Steigerung bei einer Wiederholung wäre ein Oktavsprung, sodass die ganze Wiederholung eine Oktave höher oder tiefer gespielt wird oder bestimmte Melodien mehrstimmig in unterschiedlichen Tonhöhen gespielt werden. Im Hauptteil des Songs *"Xenogenesis"* von *TheFatRat* wird die Hook-Melodie zur Abwechslung und als Steigerung erst in einer hohen Tonlage und dann eine Oktave tiefer gespielt, weil die tieferen Bläser mehr Power / Macht / Kraft ausdrücken.

3.2.2.11 Tendenziell verspürt der Hörer eine positive Steigerung (Spannung und Stimmung), wenn die Tonquelle zu ihm näherkommt (siehe Raumklang), bis es provokant oder penetrant (fast schon negativ) wirkt, da jeder einen "akustischen Sicherheitsabstand" (zumindest bei der menschlichen Stimme) hat, mit dem er sich sicher und wohl fühlt.

STEIGERUNG
DURCH
ABSTANDS-
ÄNDERUNG

3.2.2.12 Eine Raumklangänderung kann eine steigernde Wirkung haben, wenn die steigernde Stimme während der Steigerung ihren Abstand erhöht und gleichzeitig leiser wird, um auf dem Hauptschlag wieder nah und mit ursprünglicher Lautstärke zurückzukommen. Durch die Raumklangentwicklung wirkt die Stimme auf dem Hauptschlag direkter und klarer als davor, da der Kontrast zu dem Raumklang davor entsteht. In dem Song *"What I've Done"* von *Linkin Park* geht die Gesangsstimme kurz vor dem Chorus (Minute 0:56-1:06) zurück, wird leiser und bekommt einen größeren Abstand zum Hörer, um direkt auf dem Hauptschlag in ihre Ausgangslage zurückzukommen.

5.1.5.11

3.2.2.13 Sobald mehrere Stimmen zum Hauptteil steigern, wird die gesamte Steigerung größer, indem manche Stimmen schon vor dem Hauptschlag ihre Steigerung abgeschlossen, aber noch nicht aufgelöst haben. Sie warten nur noch auf die anderen Stimmen, um sich zum Hauptschlag wieder zu vereinen und so zusammen mehr Emotionen freizusetzen. Die Vorzugsstimmen steigern entweder früher (zeitlicher Anfang der Steigerung) oder schneller/stärker, sodass die Steigerung früher zum Höhepunkt kommt, als der eigentliche Höhepunkt /als die restlichen Stimmen). Es sollte klar ersichtlich sein, dass diese Stimmen (harmonisch gesehen, sowie von ihrer maximalen Energiedichte) nicht weiter steigern können und auf diesem angespannten Moment ausharren müssen. Diese Gefühlslage wird dann auf den Hörer übertragen.

3.2.2.14 Die Vorentladung von kleinen Stimmen ist wie eine Vortäuschung und provoziert bzw. belebt die Entladung aller Emotionen. Da sich diese Stimmen vor der Hauptentladung entladen, wird der Hörer emotional stärker zur Spannungsauflösung gedrängt. Ein Beispiel ist *"Empire Radio Edition"* von *Dimitri Vangelis und Wyman und Tom Saar*: kurz vor dem Drop entsteht ein sinkendes Summ-Geräusch (Minute 1:15), dass die Entladung ankündigt.

3.2.2.15 Die Musik kann einen Spannungszustand solange anhalten (das richtige Maß ist entscheidend), bis sie allein durch die Spannungslänge auf eine höhere Spannungsebene kommt. Weil sich der Hörer schon längst eine Entspannung wünscht, diese aber nicht bekommt, baut er mehr Spannung auf. Diese einfache Form der Steigerung ist das Ausharren des Abschlussakkords einer in sich geschlossenen Akkordfolge, welche in einen neuen Teil führt, für einen zusätzlichen Takt. Dies hat den Effekt, dass unsere Erwartung (das direkt ein neuer Teil kommt) überraschend nicht erfüllt wird und dass der Spannungszustand verlängert wird. Hören Sie z.B. den verlängerten Übergang von der Bridge in den Chorus des Songs *"The Middle of the Night"* von *The Vamps, Martin Jensen* bei Minute 2:20 an und analysieren Sie ihn.

3.2.2.16 Die Regel "Viel bringt viel" hilft nicht bei jeder Form von Steigerung, oftmals kann durch eine bewusste Entspannung eine positive Steigerung herbeigebracht werden. Das Schlagwerk kann durch eine bedrückende, gepresste und überfüllte Spielweise Spannung aufbauen und darauffolgend durch eine freiere, offenere und leichtere Spielweise diese wieder freisetzen und somit positive Energie freisetzen. Die Bass-Drum in *"In My Blood"* von *Shawn Mendes* zeigt eine klare Steigerung mit gepressten Achteln, die zum Hauptteil in einen entspannten Rhythmus wechseln, was den Hauptteil freier und damit emotionaler wirken lässt.

STEIGERUNG
DURCH
ENTSPANNUNG

3.2.2.17 Stimmen, die erst verschieden spielen/sich ergänzen und anschließend dieselbe Melodie (z.B. nur oktaviert) spielen, heben und beschleunigen das anwachsende Energieniveau/ Spannungslevel. Wenn die Agogik und die Phrasierung des Gesangs (sowie andere Stimmen) gleich bzw. synchron mit dem Schlagwerk spielen, steigert dies das Energielevel und hebt die Musik auf eine höhere emotionale Ebene, da jede Stimme mit der anderen harmoniert. Das Gleiche funktioniert genauso bei anderen markanten Stimmen, wie z.B. eine gleichbleibende Rhythmus-Stimme mit der Bass-Stimme.

ALLE STIMMEN
AUF DEM
HAUPTSCHLAG
ZUSAMMEN

3.2.2.18 Eine offensichtliche Steigerung in einem (vom Charakter) gleichbleibenden Verse / Bridge, kann durch ihre Monotonie Spannung aufbauen und mit einem schlagartigen Chorus (Explosionsentladung) unterdrückte Gefühlsladungen zum Platzen (freisetzen bzw. raustragen, ausleben) bringen (innere Mauern sprengen). Für die Wirkung dieses Stil-Elements ist eine intensive Vorspannung erforderlich, damit der Hörer durch die Verlängerung der Spannung emotional angeregt wird.

3.2.2.19 Eine Steigerung kann durch die Versetzung von Musik-Elementen innerhalb einer Wiederholung entstehen, sodass ein Vorher-Nachher-Kontrast entsteht. Wenn man die Rhythmen, die Betonungen oder besonders wichtige Stimmen zeitlich versetzt, wirkt dies der ursprünglichen Musik (den Erwartungen) entgegen und hat meist eine aggressive, spannungssteigernde Wirkung.

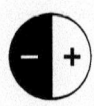

**RITARDANDO
VOR DEM
HAUPTSCHLAG**

3.2.2

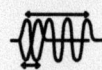

3.2.2.20 Eine Steigerung durch Tondauer-Verkürzung (doppelt so schnell und halb so kurz) mit anschließender Tondauer-Verlängerung (halb so schnell und doppelt so lang) vor dem Entladungston provoziert die Entladung. Der Song *"Xenogenesis"* von *TheFatRat* steigert zum Hauptschlag (ab Minute 0:45) mit immer schnelleren sowie kürzeren Schlägen und höheren Tönen. Doch kurz vor dem Drop geht die Musik zurück, es kommt eine in der Tonhöhe fallende Tonfolge von Schlägen, die kurz vor dem Drop von den schnellen / kurzen Tönen zu den Langsamen in Hauptteil überleiten. Dieses Wirkungs-Element funktioniert nach demselben Prinzip wie das Ritardando vor dem Hauptschlag, indem es sich entgegen unseren inneren Erwartungen (schneller, höher und lauter) verhält und damit Spannung im Rezipient erzeugt.

3.2.2.21 Parameter, die Musik stark in eine Richtung (zur Auflösung) ziehen, können leiser und unbetonter eingebaut werden, als man es persönlich erwartet bzw. hören möchte, sodass diese im Kopf des Hörers (innere Vorstellung / Wahrnehmung) verstärkt werden. Gemeint sind z.B. eine Septime eines Akkords, ein verstärkender Zusatzschlag im Beat oder ein schnellerer Zusatzrhythmus (statt einem Achtel Hauptschlag zwei 16 tel als Hauptschlag). Der Song *"Off To See The World"* von *Lukas Graham* hat im Hauptteil (Minute 0:57...) zwei "Handklatscher" (Achtel), dessen angehängter Bass Schlag (Sechzehntel) leiser ist, als die beiden "Klatscher". Dieser Nachschlag verstärkt den Grove / die Energiedichte und wird dadurch innerlich hervorgehoben. Genauso hat der Song *"If We Have Each Other"* von *Alec Benjamin* im Chorus einen leichten Bass-Schlag vor der Hi-Hat (welche der markanten zweiten Viertel kommt), um zu dem Hi-Hat-Schlag hinzuführen.

3.2.2.22 Eine Steigerung wird verstärkt, wenn eine Haupt-stimme zu früh an ihren maximalen Höhepunkt / maximale Steigerbarkeit kommt und dortbleibt, während die anderen Stimmen zum Hauptschlag weiterdrängen / steigern. Diese Stimmen sind meist Nebenstimmen, angeführt von der Gegen-stimme oder einer alten Hauptstimme eines anderen Teils. Dies verstärkt die extreme Situationslage der Hauptstimme und er-zeugt eine weitere Steigerung der Reststimmen (bzw. der Gesamtmusik), weil diese von der Hauptstimme gedrängt wer-den, schneller zum Höhepunkt zu gelangen. Der Hörer bzw. seine inneren Erwartungen drängen nach einem gemeinsa-men punktuellen Höhepunkt und alles davor / danach erzeugt Spannung. Dieses Wirkungs-Element funktioniert besonders dann, wenn die Gesamtmusik ohnehin schon geladen ist und nur wenig Steigerungspotential für den Chorus übrighat. Ge-nauso wird die Spannung gesteigert, wenn alle Stimmen hinter /nach dem eigentlich erwarteten Drop ihre Energie / Spannung freisetzen, wie in dem Song *"New Rules"* von *Dua Lipa*.

3.2.2.23 Eine Steigerung aufzuteilen zieht die Gesamtsteige-rung in die Länge und macht sie intensiver, weil der Weg bis zur vollständigen Entladung länger geht. Es wirkt anregend, wenn eine Stimme (meist die Hauptstimme) vor allen anderen Stimmen zum Höhepunkt zieht, wie der Song *"human"* von *Christina Perri* ab Minute 3:30 zeigt, in dem drei einzelne Teil-steigerungen, die hintereinander stufenweise stattfinden, die Entladungsenergie zusätzlich erhöhen.

3.1.8.6
3.1.8.7

3.2.2.24 Läufe, die über einen langen fließenden Tonanstieg zur Entladung streben, haben einen ähnlichen Steigerungsvor-gang durch ihre Harmonie in Verbindung einer darauf angepassten Agogik und Dynamik. Es gibt Geräusche, die mit einem anfangs verschwommenen Ton-Lauf zum Auflößungs-ton / Hauptschlag streben, wie z.B. ein Motor mit steigender Drehzahl. Diese Geräusche sollten langsam in Tempo und Ton-höhe steigen und immer schneller (Accelerando) zum aufstrebenden Ton (meist die Septime des Auflösungstons) stei-gern, um von dort durch ein Ritardando zum Auflösungston/ Entladungston weiter zu steigen (langsam/schnell auf die Ton-höhenänderung bezogen). Parallel zur Agogik sollte die Dynamik während dem Accelerando lauter (Crescendo) und während dem Ritardando leiser werden (Decrescendo).

Somit kann die Spannung und deren Steigerung zuerst (zum Aufstrebungston) angefacht, beschleunigt und durch eine Verzögerung bzw. Decrescendo angeregt und herausgefordert werden, weil der Hörer möglichst schnell vom Aufstrebungston wegwill, die Stimme aber (von der Geschwindigkeit) das Gegenteil macht und langsamer steigt. An der Stelle der Entschleunigung vom Aufstrebungston zum Entladungston kann zusätzlich eine Pause der dissonanten Stimmen und Geräusche eingelegt werden, sodass der Hörer gezwungen / provoziert wird, die Steigerung im Kopf (innere Vorstellung / Wahrnehmung) zum Abschluss zu bringen. Hören Sie dazu *"Kids"* von *One Republic* ab der dritten Minute oder *"Better Off"* von *Handsome Ghost* in Minute 2:52.

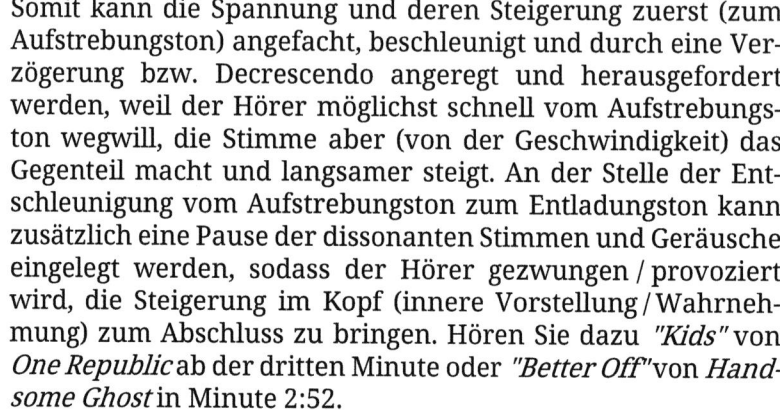

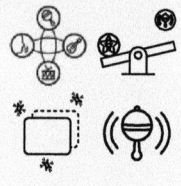

3.2.2.25 Spannung und Vordruck entsteht, indem sich Solostimmen im Klangcharakter verzerren und die Hintergrundstimmen einzelne Tonparameter verändern, um die Rollenverteilung der Stimmen zu erneuern oder sogar auszutauschen / umzudrehen. Je nach Rollenverteilung bewirkt dies eine Steigerung oder einen Spannungsabbau.

3.2.2.26 Häufig wird mit dem ersten Thema eine Spannung aufgebaut und in der Wiederholung mit einem Zusatz gelöst / beantwortet. Es ist, als würde eine emotionale Frage/Ungewissheit erzeugt, zum Beispiel durch Dissonanz, ungewohnten Harmonien, Betonung usw., um diese durch ein gewohntes Element, welches den Erwartungen entspricht, zu beantworten.

3.2.3 Spannungsabbau

Die Gedanken zum Spannungsaufbau können teilweise auch umgekehrt als Spannungsabbau verwendet werden und genauso gilt das auch umgekehrt.

3.2.3.1 Die Auflösung einer Spannung (oder einer Stimmung) ist oftmals mit mehreren Stimmen verbunden. Damit ein neuer Spannungszustand entstehen kann, ändert sich das Verhältnis (harmonisch oder rhythmisch) einzelner Stimmen, indem diese ihre Klangeigenschaften, sowie ihre grundlegende Musik verändern.

3.1.5.6

3.2.3.2 Ein Spannungsabbau kann mittels musikalischer Verwirrung durch schlechte Musik / Elemente so provoziert / angeregt werden, dass sich der Hörer einen Musikrückgang wünscht und diesen nach der Spannungssituation bekommt. Schlechte Musik entsteht durch eine Wiederholung, deren Lautstärke, sowie mit gleichzeitig unterschiedlich spielenden Stimmen und Musik-Elementen. Ähnliche, nahe anliegende Tonarten reiben sich und bringen Dissonanz. Wenn der Rückgang / Ausstieg der verwirrenden / dissonanten Stimmen eintritt, werden seine Erwartungen erfüllt, was sein Gehirn mit Bestätigung/Glücksgefühlen belohnt.

3.2.3.3 Eine negative Steigerung entsteht durch Unregelmäßigkeit und Verwirrung. Wenn unser Gehör kein System in den Tonfolgen erkennen kann, sieht es das als negativen Spannungsabbau (Reduktion). Ein Beispiel für die schlechte Musik einer negativen Steigerung wäre eine sich monoton wiederholende Hauptstimme, mit großem Hall aller Obertöne (wenig Artikulation) und einem verschwommenen Bass.

SPANNUNGS-
ABBAU DURCH
SCHLECHTE
MUSIK

3.2.3.4 Eine Reizüberflutung (viele Stimmen spielen durcheinander) kann neben der Musik (durch konträre Melodien, Rhythmen, Harmonien, Raumklänge) mit erhöhter Lautstärke und stärkeren Lautstärkeänderungen bewirkt werden. Sie kann genutzt werden, um die Reizverarbeitung des Hörers zu beeinflussen. Unterschiedliche Musikarten mit verschiedener Stimmung/Charakter übereinandergelegt, erzeugen unheimliche, fremdartige und verwirrende Musik.

3.2.3.5 Ein zu langes Aushalten von harmonisch beruhigenden Tönen / Akkorden (z.B. eine Fermate) kann einen Song entspannen. Dies liegt daran, dass sich der Rezipient über die eigentliche Tonlage hinaus mit dem Klangcharakter auseinandersetzen muss und ihn nach gewisser Zeit akzeptiert bzw. anerkennt.

3.2.3.6 Bei einem Spannungsabbau kann man vorher einen Nullpunkt mit Ruhe (Pause) erzeugen, um den Abstieg interessanter zu gestalten.

3.2.3.7 Töne mit großen Tonhöhenwechseln / großen Tonabständen (mit Zwischenpausen), die kurz, prägnant und schnell gespielt werden, klingen hektisch und verwirrend, da wir sie nicht erwarten und ihnen nur schwer folgen können.

3.2.3.8 Eine Tonleiter führt in jedem Fall zu etwas hin oder von etwas weg, mit entweder positiver oder negativer Steigerung. (Spannungsaufbau/-abbau)

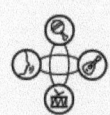

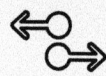

3.2.3.9 Eine negative Steigerung entsteht durch Musikstimmen, die sich ihrer Stimmung und Entwicklung nicht einig sind bzw. nicht harmonisch spielen, sondern sich in entgegengesetzter Richtung entwickeln. Wenn der Hörer nicht mehr weiß, welcher Stimme er folgen soll, fühlt er sich uneinig, verwirrt und sieht dies als einen Abschwung (Reduktion) der Spannung.

3.2.3.10 Nach dem Vortäuschen eines Höhepunkts, einer Entladung oder eines Drops, entsteht eine emotionale Provokation / Anregung der Steigerung mittels erregter Dynamik und Artikulation einzelner Stimmen. Da sich nun weniger Spannung auf dem eigentlichen Höhepunkt entlädt, werden mehr Emotionen/Spannung im Hörer provoziert, wenn es zum Höhepunkt bzw. Hauptteil kommt.

„Es ist gewiss, dass keine Musik komponiert,
kein Gemälde gemalt und kein Gedicht gedichtet würde,
wenn nicht der Trieb, auf andere zu wirken,
im Menschen läge.“
Carl Maria von Weber

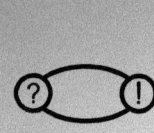

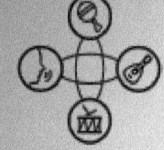

ELEMENTE DER STIMMEN & INSTRUMENTE

Teil 4

Elemente der Stimmen & Instrumente

Teil 4 Elemente der Stimmen & Instrumente

4.1 Charakter-Elemente der Stimmen & Instrumente

4.1.1 Allgemeine Stimmen–Elemente

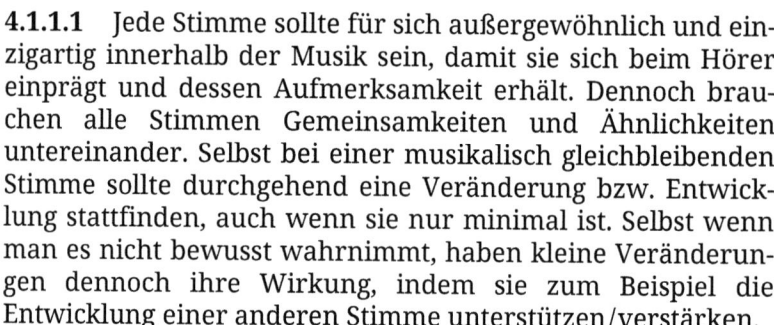

Stimmencharakter:
| 2.3.1.6 | 2.3.1.10 | 2.3.3.1 | 2.4.2.9 | 3.1.7.1 | 4.1.1.1 | 4.1.1.2 |
4.1.1.6 | 4.1.2.3 | 4.1.5.3 | 4.2.3.4 | 5.1.5.17 |

STIMMEN-
CHARAKTER

4.1.1.1   Jede Stimme sollte für sich außergewöhnlich und einzigartig innerhalb der Musik sein, damit sie sich beim Hörer einprägt und dessen Aufmerksamkeit erhält. Dennoch brauchen alle Stimmen Gemeinsamkeiten und Ähnlichkeiten untereinander. Selbst bei einer musikalisch gleichbleibenden Stimme sollte durchgehend eine Veränderung bzw. Entwicklung stattfinden, auch wenn sie nur minimal ist. Selbst wenn man es nicht bewusst wahrnimmt, haben kleine Veränderungen dennoch ihre Wirkung, indem sie zum Beispiel die Entwicklung einer anderen Stimme unterstützen/verstärken.

STIMMEN-
CHARAKTER

4.1.1.2   Jede Stimme sollte eine wichtige und einzigartige Kraft und Auswirkung auf den Hörer haben, damit die Musik ihre volle Tragkraft entfaltet. Untersuchen Sie jede Stimme auf ihren Charakter, ihre Bedeutung und ihren Beitrag zur Gesamtmusik. Hören Sie sich die aktuellen Hits an und suchen Sie Wiedererkennungsmerkmale der Musik. Warum sticht diese eine Stimme so auffallend heraus? Welche außergewöhnlichen Merkmale besitzt dieses Element und warum klingt es so außergewöhnlich? Suchen Sie bei jeder Stimme nach ihrem Charakter und nach dessen Bedeutung bzw. Beitrag zur Gesamtmusik

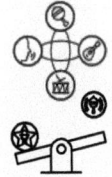

4.1.1.3 Eine markante, einprägsame und wiedererkennbare Stimme hat charakteristische Merkmale, mit denen sie identifiziert wird bzw. aus der Masse hervorsticht. Sie prägt die Stimmung der modernen Musik maßgeblich. Das Gehör sucht sich immer eine dominante Stimme, an der sie sich orientieren kann. Damit kann man spielen, wenn diese Stimme mit einer anderen kämpft, um ihre Rollen zu wechseln ...

ROLLENWECHSEL

4.1.1.4 Nicht "Je mehr Stimmen (oder Musik allgemein), desto besser", sondern "Weniger bedeutet mehr". Es kommt auf die Qualität und die Wirkung jeder einzelnen Stimme an und nicht auf die Quantität der Stimmen. Jede Stimme braucht ihre eigene unersetzliche Aufgabe. Saubere, authentische Klänge generieren Qualität, die Künstlerin Adele ist darin besonders stark.

4.1.1

4.1.1.5 Eine direkte Abwechslung von Stimmen und Instrumenten sorgt für anhaltende Aufmerksamkeit und Interesse. Falls sich einzelne Stimmen in Harmonie, Tonart oder Melodie verändern, sollten andere Stimmen gleichbleiben, damit keine Unsicherheit entsteht. Manche Stimmen bleiben immer gleich und spielen zum Beispiel immer denselben Ton oder nur die Grundakkorde.

3.2.2.17

4.1.1.6 Die Änderung des Charakters einer Stimme kann Abwechslung, neue Energie und neue Gefühle hervorrufen, aber auch in der Trennung verschiedener Songbereiche für Übergänge und musikalische Richtungsänderungen hilfreich sein. Tendenziell sind Stimmen mit hoher Stellung dafür geeignet, besonders die Hauptstimme, wie z.B. der Gesang. In dem Song *"Boyfriend"* von *Justin Bieber* hören Sie, wie der Gesang zwischen dem Verse und dem Chorus seinen Stimmencharakter wechselt.

STIMMEN-
CHARAKTER-
ÄNDERUNG

4.1.1.7 Das menschliche Gehör empfindet Musik nur als angenehm, wenn es den Stimmen folgen kann. Musik braucht einen Fokus, eine Ordnung und eine klare Rollenverteilung der Stimmen, an der sich der Hörer festhalten und orientieren kann. Manche Stimmen werden gar nicht bewusst separat wahrgenommen, sie wirken aber genau dadurch, dass sie unauffällig (ohne Veränderung der Gefühle) aufbauen und sich steigern.

STIMMEN-
IDENTIFIKATION

STIMMEN-
IDENTITÄT

4.1.1.5
3.2.2.17

4.1.1.8 Eine bessere Orientierung in der Musik entsteht unter anderem dadurch, dass der Hörer die Stimmen besser voneinander unterscheiden kann. Dies geschieht dann, wenn sich die Stimmen in ihrer Betonung und ihrer Gewichtung (Relevanz) zeitlich abwechseln oder indem jede Stimme ihren eigenen Standort im Raum (Raumklang) bekommt. Einzelne Stimmen werden ebenso durch komplementäre und asynchrone Rhythmen voneinander unterschieden.

4.1.1.9 Jede Musik braucht Grundstimmen, welche durchgehend gleich bleiben (oder gleichmäßig rotieren) und so einen festen Halt und Orientierung für wechselnde Stimmen und Elemente schaffen. Wenn zusätzlich einzelne Stimmen über die feste Taktaufteilung (z.B. 4 Takte mit 4 Akkorden) hinaus spielen und einen weiteren Bogen über die Grundform (Akkordfolge, Rhythmusverlauf) ziehen, verbinden diese die verschiedenen Teile der Musik. Dies bewirkt einen Halt, um den Verlauf der Musik (die Wandlungen der Stimmung und die Entwicklung der Gefühle) besser nachvollziehen zu können.

4.1.1.10 Die Differenz von Lautstärke, Harmonie, Rhythmik, Stimmung und Spannung der Stimmen bestimmt deren Stellenwert/Rolle. Zum Beispiel ist die Hauptstimme meist stärker mit Energie und Spannung geladen als die anderen Stimmen.

4.1.1.11 Leise Stimmen (kaum hörbar, absolut unauffällig), die zur nächsten Harmonie führen, leiten eine neue Stimmung ein: das Hinzufügen oder Herausnehmen von wichtigen tragenden Tonhöhen in einer Harmonie. Gerne werden die Akkorde mit Dissonanzen verändert, um eine Überleitung in den nächsten Akkord zu schaffen.

4.1.1.12 Oftmals werden die typischen und gewohnten Lautstärkeverhältnisse der Stimmen (z.B. ein Schlagzeug ist lauter als eine Geige usw.) so verändert, dass sie uns ungewohnt und damit reizvoll erscheinen. So wird beispielsweise eine Flüsterstimme oder eine Geige lauter als eine E-Gitarre oder ein Schlagzeug. Genau das Gleiche lässt sich bei der Orientierung (Herkunftsrichtung) der Stimme (hinten, vorne, rechts, links, oben, unten) und vielen weiteren Parametern gestalten. Das Entfremdete des Bekannten/Vertrauten fasziniert und bewirkt die größten Reize beim Hörer, weil es dessen Erwartungen sprengt.

4.1.2 Hauptstimme

Hauptstimme:
| 2.4.3.3 | 3.1.2.6 | 4.1.1.10 | 4.1.4.1 | 4.1.4.2 | 4.1.7.1 | 5.1.8.8 |
Siehe Wechselwirkung der Hauptstimme

4.1.2.1 Die Hauptstimme ist die Stimme, mit der sich der Rezipient am stärksten identifizieren kann. Meistens kann der Hörer nur durch sie einen Zugang finden, denn wenn man mit der Hauptstimme nichts anfangen kann, sucht man sich auch keine Nebenstimme, um die Musik zu verstehen.

4.1.2.2 Die Solostimme/Hauptstimme gibt den meisten Raum für freie Interpretation. Sie kann die innere Musik bzw. die innere Entfaltung provozieren, indem sie zum Beispiel in den Hintergrund geht, entgegen den Erwartungen spielt oder mit Pausen und ausgehaltenen Harmonien den Hörer dazu anregt, die Melodie zu vollenden. Diese innere Musik wirkt besonders emotional, da sie persönlich entwickelt wird.

4.1.2.3 Jede Hauptstimme hat meist eine Charakteristik, die sie von den anderen abgrenzt und nur ihr zugeordnet werden kann, um sich zu identifizieren, ein Erkennungsmerkmal zu schaffen und um aus den anderen Stimmen hervorzustechen. Häufig betonen diese Stimmen ihre besondere eigene Art.

4.1.2.4 Die Hauptstimme hat ein höheres Energielevel als ihre Nebenstimmen. Sie steigert früher, stärker und ist den Nebenstimmen (welche im Normalfall hinterherziehen) immer einen Schritt voraus. Dadurch sticht die Hauptstimme aus den anderen Stimmen heraus und grenzt sich von den anderen ab. Es ist ein Grad zwischen Vorgehen bzw. Zuvorkommen und trotzdem gemeinsamem Spielen in einer Einheit.

4.1.2

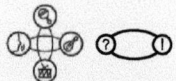

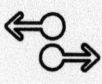

4.1.2.5 Zu jedem Thema umspielt eine Gegenstimme die Hauptstimme. Die Gegenstimme spielt sowohl getrennt, unabhängig bzw. parallel als auch zusammen mit der Hauptstimme. Sie ist der Hauptstimme zwar unterlegen, beeinflusst sie aber stark durch ihre Untermalung (den Gesamtklang aller Stimmen), indem sie entweder für oder gegen die Hauptmelodie spielt. Oft legt die Gegenstimme einen großen Bogen (Verbindung) über verschiedene Melodien, wechselt sich in der Dynamik, Rhythmik, Melodik etc. mit der Hauptstimme ab oder spielt das "Frage-Antwort-Modell". Die Gegenstimme kündigt oft auch den Verlauf der Hauptstimme an, so leitet sie oft vor der Hauptstimme in einen neuen Teil ein. Zum Beispiel macht die Gegenstimme die Ankündigung der nächsten Hauptmelodie in *"Another Love"* von *Afrojack, David Guetta und Ester Dean*. Gegenstimmen sind kaum hörbar wahrzunehmen wie das Klavier aus dem Song *"Off To The Recess"* von *Lana Del Rey*.

VOKAL
&
KONSONANT

HOOK

4.1.2.6 Die Hook-Melodie bzw. das Hauptthema (Chorus) besteht häufig aus einer Wechselwirkung zwischen aggressivem Staccato (Konsonantenreihung) und beruhigendem Legato (eine oder mehrere Vokale hintereinander). Diese Abwechslung macht eine Melodie abwechslungsreich und attraktiv.

HOOK

4.1.2.7 Ziel ist es die Hook-, Titelmelodie, Hauptharmonie so zu verstecken und zu verschlüsseln, dass man sich an sie gewöhnt, obwohl sie außergewöhnlich ist. Das Fremdartige und Unnatürliche normal wirken zu lassen ist eine Kunst für sich. Ein Wiedererkennungswert entsteht nicht durch Normales, sondern durch Verrücktes, Außergewöhnliches und Extremes, das sich leicht einprägt. Im Grunde ist es wie bei uns Menschen, wir erinnern uns eher an interessante Personen mit einer besonderen Eigenart. Wenn man sich vertraut wird, eine Beziehung aufbaut und sich aneinander gewöhnt, bleibt die Person sowie die Musikstimme in Erinnerung.

4.1.2.8 Mehrere Hauptstimmen, die genau das Gleiche mit verschiedener Klangcharakteristik (durch unterschiedliche Instrumente) spielen, sorgen für Verwirrung und Durcheinander, da keine klare Rollenverteilung gegeben ist. Dieses Wirkungs-Element setzt voraus, dass alle Stimmen die gleiche Lautstärke und einen energiereichen Raumklang besitzen.

Unser Gehör liebt es, eine Stimme im Vordergrund zu hören, welche die Richtung vorgibt, in die sich die Gesamtmusik bzw. ihre Gefühlsstimmung entwickelt.

4.1.2.9 Eine Hauptstimme, die langsamer und leiser wird, wirkt eher unauffällig abbauend (wir nehmen es zwar wahr, es stört uns aber nicht), darauf kann sie durch schnelles Crescendo (lauter werdend) bis zur normalen, ursprünglichen Lautstärke die Spannung steigern, obwohl die Musik nun genauso laut ist wie davor. Das Decrescendo ist genauso groß wie das Crescendo, es ist aber nicht langsam wie das Crescendo. Die (zeitliche) Länge einer Veränderung hat Auswirkung auf das Auffallen, das Herausragen und damit auf die Wirkungsstärke, mit der man variieren bzw. spielen kann.

4.1.2.10 Die Hauptstimmen sollten immer einen geringeren, klareren und direkteren Raumklang im Verhältnis zu den Nebenstimmen haben. So kann die Rollenhierarchie/-verteilung nach einzelnen Stimmen klar unterschieden werden.

4.1.3 Neben- & Hintergrundstimme

Die Nebenstimme oder Begleitstimme beschreibt jeden Klang und jede Tonfolge, die die Hauptmelodie (rhythmisch, melodisch oder harmonisch) unterstützt und untermalt. Diese Stimmen sind eher ruhig im Hintergrund (zumindest ihre wichtigen Anteile), begleiten bzw. verstärken die wichtige Musik und korrigieren bzw. ergänzen die richtige Stimmung.

> Neben- & Hintergrundstimme:
> | 2.4.3.3 | 2.4.3.9 | 3.1.3.21 | 3.1.7.14 | 3.2.2.25 | 4.1.4.3 | 4.1.9.2 | 4.2.2.5 | 4.2.3.2 | 4.2.3.3 | 4.2.3.5 |
>
> Vordergrund - Hintergrund:
> | 2.4.3.3 | 3.1.2.6 | 3.1.3.17 | 3.1.3.18 | 3.1.7.14 | 3.2.2.25 | 4.1.8.11 | 4.1.9.7 | 4.2.2.3 | 5.1.5.8 | 5.1.7.7 |

4.1.3.1 Die Begleitstimmen sollten das Wiedererkennungsmerkmal unterstützen und zum Thema der Melodie bzw. der Musik passen (hauptsächlich im Soloteil). Sie bringen Charakterdetails in den Vordergrund, festigen den Ohrwurm, erzeugen die Erwartungen zur inneren Musik, kündigen Neuheiten an und wirken mehr im unterbewussten Hintergrund.

4.1.3.2 Musik sollte genügend Platz schaffen, um Nebenstimmen, Hintergrundstimmen und Begleitstimmen mühelos zu hören. Die Hintergrundstimmen sollen dem Hörer der Musik Sicherheit geben, um sich an die Musik zu gewöhnen und um sich nicht immer auf das Neue (z.B. die Solostimme mit neuen Melodien, Variationen, Stimmungswechsel usw.) konzentrieren zu müssen, weil man sich an diesen Hintergrundstimmen festhalten kann.

4.1.3.3 Nebenstimmen und Hintergrundstimmen hören sich ohne genaue Betrachtung immer gleich an. Doch wenn man sich auf eine Begleitstimme fokussiert, dann fällt einem auf, dass diese sich durchgehend verändern und die Veränderung nur minimal, also kaum zu hören ist.

Oftmals ist es das Ende einer Melodie, welche ein wenig verändert wird, wie z.B. das Weglassen von Teilen oder das Verschnörkeln mit Trillern oder sonstigen Extras. Oftmals ist die Reihenfolge der Variationen in der Wiederholung amüsant, da sie sich fortwährend leicht verändert. Stimmen mit einer gleichbleibenden Melodie brauchen Abwechslung, welche kaum zu hören und dennoch zu erkennen ist. Dies macht sie reizvoll, selbst wenn sie durchgehend wiederholt werden. Gerade wegen der durchgängigen Wiederholung wird die Veränderung besonders spannend. Dabei wird stark an den einzelnen Stimmen bzw. durch Gruppenveränderungen variiert.

4.1.3.4   Um eine Veränderung, die ein ganzer Umschwung ist, in ein neues Thema zu entzerren und einen sanften Übergang zu erzielen, kann man die Hintergrundstimmen so versetzen, dass nicht alle gleichzeitig den Ton/das Thema ändern. Das Gleiche kann man ebenso bei einzelnen Akkorden bewirken, indem man die Harmonie schrittweise umändert. Meist wird diese Veränderung von den Nebenstimmen eingeleitet und entzerrt.

4.1.3.5   Negative Nebenstimmen und die Zeit, nachdem sie aufhören, zu spielen, erhöhen die Klarheit der Musik und bringen eine musikalische Steigerung, weil danach die gegen die Musik ankämpfende Stimme (Gegenstimme) nicht mehr Widerstand gegen die volle Entfaltung der eigentlichen Musik leistet. In dem Song *"Off To See The World"* von *Lukas Graham* beginnt die Musik leise, damit das eigentliche spätere Intro gewaltiger klingt (Kontrast). Die leise Hintergrundmusik erhöht die Aufmerksamkeit, weil sie so leise und nicht leicht bzw. eindeutig zu hören sind. Wenn sie jedoch in der ersten Strophe nicht mehr spielt, erhöht dies die Aufmerksamkeit auf die neu dazugekommene Gesangsstimme und lässt die Streicher stärker wirken.

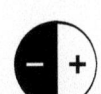

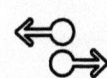

4.1.4 Gesang

„Das älteste, echteste und schönste Organ der Musik, das Organ, dem unsere Musik allein ihr Dasein verdankt, ist die menschliche Stimme."

Richard Wagner

„Der Gesang ist die in höchster Leidenschaft erregte Rede. Die Musik ist die Sprache der Leidenschaft."

Richard Wagner

Gesang:
| 2.1.4.4 | 3.1.4.7 | 4.1.1.6 | 4.2.2.2 | 4.2.3.3 | 5.1.6.25 | 9.2.3.7 | 9.2.4.11 |

Kopf- & Bauchstimme:
| 4.1.4.2 | 4.1.4.3 | 4.1.4.4 | 4.1.4.5 | 4.1.4.6 | 4.1.5.12 | 4.1.5.16|

Es gibt in der menschlichen Stimme Kopfstimme (mit Kehlkopf und Lunge) und Bruststimme (mit Bauch und Zwerchfell). Eine Kopfstimme hat weniger Klangkraft (Energie) als die Bauchstimme, sie erzeugt dafür aber eine persönlichere, intimere Stimmung.

VOKAL
&
KONSONANT

Viele Songs bestehen im Chorus aus einer Abwechslung von verständlichem Gesang (Sprache) und Emotionsgesang (sprachlos/z.B. Gejodel oder andere Geräusche). Die Laute des Emotionsgesangs sollen die emotionale Erregung (bzw. den daraus folgenden Kontrollverlust) verdeutlichen und dem Hörer einen Freiraum zur emotionalen Entfaltung schaffen. Der Gesang besteht meist aus einer Aneinanderreihung von kurzen Konsonanten (Staccato) und langen Vokalen (Legato).

4.1.4.1 Eine Solo-Stimme des Gesangs erzeugt mit einer auffälligen, eindrucksvollen und kraftvollen Stimmencharakteristik ihren Wiedererkennungswert. Die Stimme (Gesang) muss meist mehrere Charaktere haben, um eindrucksvoll zu wirken. Analysieren Sie die Hauptstimme populärer Musik und vergleichen Sie den Stimmencharaktere zwischen Chorus und Verse, erkennen Sie die Unterschiede?

STIMMEN-
CHARAKTER

4.1.4.2 Die Haupt-Gesangstimme (das Leading-Vocal) darf sich von dem Begleitgesang abheben, um die Bewegung in der Musik anzugeben. Meistens haben außergewöhnlich klingende Stimmen verschobene Grenzen der Kopf-und Bauchstimme, im Vergleich zur Standardstimme, zum Standardgesang. Diese werden meist durch extreme Tonfolgen, starke Tonsprünge oder durch große Läufe präsentiert, um die Musik anregend, andersartig und intensiv zu gestalten.

KOPF- &
BAUCHSTIMME

4.1.4.3 Unterschiedliche Stimmen (Kopf und Bauchstimme) wirken begleitend, unterstützend, mit einer klaren Rangordnung der Haupt-und Nebenstimme. Gleiche Stimmen (Kopf- und Bauchstimme) wirken gleichgestellt ohne klare Rangordnung der Haupt-und Nebenstimme. Bei Zweitstimmen wird eher eine Bauchstimme verwendet, wohingegen eine Hauptstimme ihrem ganzen Klangspielraum frei zur Geltung bringt. Die Mischung und Abwechslung von Kopf- und Bauchstimme (bzw. der Kontrast) macht es erlebnisreich. Die Kopf-/Bauchstimmenwechsel (Minute 1:20) des Songs *"The Scientist"* von *Coldplay* sind umso ästhetischer, wenn sie mitten im Melodielauf vorkommen.

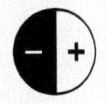

KOPF- &
BAUCHSTIMME

4.1.4.4 Es gibt einen Bereich der Tonhöhe, in dem der Mensch keine Töne singen kann. Wenn man von dem unteren Tonfrequenzbereich (Bauchstimme) zum oberen (Kopfstimme) steigt, wird das als Steigerung interpretiert. Bei einem Tonlauf von der Bauchstimme in die Kopfstimme hat man den Eindruck, in eine neue Ebene zu steigen, deren Übergangsgrenze die "stimmlose" ist.

KOPF- &
BAUCHSTIMMEN-
WECHSEL

**KOPF- &
BAUCHSTIMMEN-
WECHSEL**

4.1.4.5 Der Wechsel von der Bauch-zur Kopfstimme wird tendenziell als Steigerung interpretiert. Wenn man von dem unteren Tonfrequenzbereich zum oberen steigt, wird das als Steigerung interpretiert. Man kann sogar noch weitergehen, indem man die stimmlose Schicht (zwischen Brust - und Bauchstimme) mit einbaut in einen Tonlauf/eine Tonleiter. Es gibt eine Schicht der Tonhöhe, in der der Mensch keine Töne singen kann. Einen Wechsel von der Bauchstimme zur Kopfstimme findet man im ersten Übergang vom Verse zum Chorus (Minute 1:33) des Songs *"Girls Like You"* von *The Naked And Famous*. Wie verändert sich dadurch die Stimmung des Gesangs?

**KOPF- &
BAUCHSTIMMEN-
WECHSEL**

4.1.4.6 Schnelle und große Wechsel (in der Tonhöhe) von Kopf - und Bauchstimme steigern das Energielevel und die Spannung, da man mit dem Sänger größere Anstrengung verbindet und damit größere Gefühle bei seiner Interpretation vermutet. Der Wechsel macht den Anschein, als würde eine Stimmlage allein nicht ausreichen.

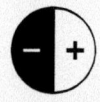

**KONTRAST DER
STIMMEN**

**CHARAKTERE
ZWISCHEN
MÄNNER - UND
FRAUENSTIMMEN**

4.1.4.7 Frauen und Männer wirken intensiver und emotionaler, wenn sie das Gegenteil ihrer Art bzw. Natur zeigen. Frauen wirken außergewöhnlicher, wenn es um Stärke, Kampfgeist und Macht geht, da sie sich normalerweise weniger damit identifizieren oder charakterisieren als Männer. Genauso sind sensiblere, entspannte und zärtliche Männerstimmen eher selten und wirken damit intensiver als Frauenstimmen desselben Charakters.

4.1.4.8 Bei Gesängen, die ohne große Hintergrundmusik im Vordergrund stehen, werden Schmatzer (Mundgeräusche) und die Konsonanten (meist am Ende eines Reimes/Verswortes) näher (Raumklangänderung) und lauter abgespielt, um die Stimme intimer und lieblicher wirken zu lassen. Die Nähe der Gesangsstimme beeinflusst die Gefühle, weil es für uns einen Einfluss auf uns hat, in welchem Abstand jemand zu uns spricht bzw. singt.

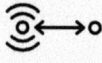

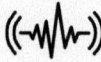

4.1.4.9 Die Atmung und deren dazugehörigen Geräusche (Schmatzer und weitere Mundgeräusche) drücken stark die emotionale Verfassung/Haltung des Sängers aus. Durch eine Stoßatmung können Aufregung, Angst, Anspannung, Freude usw. verstärkt werden.

Mundgeräusche verstärken z.B. den Beat in *"Xscape"* von *Michael Jackson*, ebenso ist es in seinem Intro des Songs *"Workin' Day and Night"*. Hören Sie sich ebenso die Atmungsgeräusche im Outro (ab Minute 1:48) des Songs *"Je Cours"* von *Stromae* an.

4.1.4.10 Eine leichte Abweichung der Gesangstonhöhe zur Restmusik auf einem wichtigen Schlag/Zeitpunkt klingt spannend und fesselnd. Dies liegt daran, dass man nicht genau weiß, ob der Sänger wirklich schief singt, und wenn ja, ob er wieder zur Ursprungstonhöhe zurück oder aber zu einer neuen Tonhöhe hinführt. Zusätzlich kann es verdeutlichen, dass der Sänger emotional so ergriffen ist, dass er sogar die Kontrolle über seine eigene Stimme verliert.

4.1.4.11 Der Verse bzw. die Strophe bezieht sich meist stärker auf den Text des Gesangs, wohingegen sich der Chorus mehr auf die ganze Musik und den emotionalen Höhepunkt konzentriert.

4.1.4.12 Meist sind die Gesangsstimmen im Chorus weiter weg (Klangquelle) als im Verse, um die Stimme lauter, größer und freier wirken zu lassen. Im Verse wird die Nähe des Sängers wieder mehr gebraucht, um seinen Text besser zu verstehen. Finden Sie ein bekanntes Musikstück ein, das diesen Gedanken bzw. dieses Element bestätigt?

4.1.4.13 Der Abstand zwischen Sänger und Hörer sagt aus, wie direkt und persönlich der Hörer angesprochen wird.

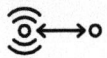

4.1.4.14 Stellen Sie sich vor: Erst erzeugen alle Stimmen, außer den Gesangsstimmen, den Hauptschlag und kurz danach (minimal zu spät) kommen die Gesangsstimmen. Dasselbe geht natürlich ebenso umgekehrt, indem erst die Gesangsstimmen rechtzeitig und dann der Rest "unpünktlich" erscheint, was die Steigerung hält.

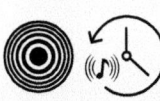

4.1.4.15 Der Sänger fängt vor der eigentlichen Musik (Bass, Begleitung, Drums etc.) an zu singen und sorgt damit für Aufmerksamkeit und ein unerwartetes Ereignis.

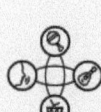

4.1.4.16 Über gesangliche bzw. sprachliche Pausen kann eine inhaltliche / textliche Spannung entstehen. Oftmals werden durch die Pause Satzstrukturen (z.B. Neben- & Hauptsatz) so getrennt, dass sie zusätzliche Erwartungen und Spannungen im Hörer erzeugen. Ebenso werden Wörter sowie Wortverbindungen voneinander getrennt, um die Pausen mit Spannung bzw. Energie zu laden. Fällt ihnen ein bekanntes Musikstück ein, das diesen Gedanken bzw. dieses Element beinhaltet?

4.1.4.17 Ein mehrstimmiger Gesang kann eine Überleitung bzw. Hinführung verstärken, indem die Stimmen harmonisch aufeinander zugehen und durch ihre harmonischen Verhältnisse einen überleitenden Spannungsverlauf herbeiführen. Oftmals führt die Nebenstimme einen Lauf zur Hauptgesangsstimme und verstärkt damit die Überleitung bzw. Hinführung zum nächsten Musikteil. Hören Sie sich z. B. den Aufstieg zum zweiten Chorus in *"One Less Lonely Girl"* von *Justin Bieber* (1 Takt vor dem Hauptschlag, Minute 2:03) an, genauso ist es in seinem Song *"Overboard"* feat. *Jessica Jarell* kurz vor dem zweiten Chorus (Minute 2:23).

4.1.5 Ausdrucksweise des Gesangs

„Die Tonsprache ist Anfang und Ende der Wortsprache, wie
das Gefühl Anfang und Ende des Verstandes, der Mythos
Anfang und Ende der Geschichte, die Lyrik Anfang und Ende
der Dichtkunst ist.“

Richard Wagner

„Was kann doch auf Erden geliebet mehr werden als süßer
Gesang! Was treibet vom Herzen behender die Schmerzen als
lieblicher Klang? Die Musik allein die Tränen abwischet, die
Herzen erfrischet, wenn sonst nichts hilflich will sein.“

Laurentius von Schnifis

Die Ausdrucksweise, wie man singt, spricht oder rappt drückt viel über Emotionen und Empfindungen des Künstlers aus. Da die Gesangsstimme dem Menschen und seiner natürlichen Ausdrucksweise am nächsten kommt, hat sie schon durch minimale Veränderung einen großen Wirkungsspielraum. Die Ausdrucksweise des Gesangs ist aufgrund ihrer vielen Möglichkeiten hier extra aufgeführt.

4.1.5.1 Jeder gesprochene Konsonant und Vokal eines Wortes besitzt seine eigene Tonhöhe, Klangdauer und Betonung. Beobachten Sie in Ihrer eigenen Ausdrucksweise oder in einer fremden Sprache, wie jeder einzelne Laut gesungen wird. Besonders im Hip - Hop und Rap sowie im Pop - Genre werden sprachliche Ausdrucksweisen ausgehebelt und neu erfunden. Fällt ihnen ein bekanntes Musikstück ein, das diesen Gedanken bzw. dieses Element beinhaltet?

VOKAL
&
KONSONANT

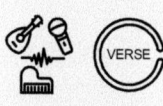

STIMMEN-
CHARAKTER

SPRACHMELODIE

NATÜRLICHE
UND
MELODISCHE
AUSRUCKSWEISE

VOKAL
&
KONSONANT

VOKAL
&
KONSONANT

4.1.5.2 Originelle Rhythmen der Gesangsstimmen liegen meist in der Sprache, der Ausdrucksweise, wie wir Wörter betonen. Meist steht der Grundrhythmus in Abwechslung, gleich und gegen den Sprach/Gesangsrhythmus.

4.1.5.3 Der Verse und der Chorus sind meist so aufgebaut, dass im Verse die Gesangsstimmen aus einer neutralen (normale Sprechtonhöhe), teilweise gepressten und stockenden (Pausen) Stimme bestehen. Im Chorus sind die Gesangsstimmen freier mit einem flüssigen Gesangsfluss und einer emotionalen Tonhöhe (große Tonsprünge/Läufe).

4.1.5.4 Gesungene, melodische Stimmen sind auf einem höheren Niveau als eintönig gerappte Stimmen. Im Rap, Hip-Hop, R&B und anderen Rap-Genres sollte der Gesang als eine Steigerung verwendet werden. Dazu sollten markante Tonhöhenänderungen auf betonten Tönen stattfinden.

4.1.5.5 Der Gesang moderner Musik ist meist eine Abwechslung zwischen einem normal ausgesprochenen Wort und einem melodisch gesungenen Wort. Dies bringt Abwechslung zwischen der gewohnten Ausdrucksweise und der neuartigen Sprachformung was besonders im Refrain wichtig ist, um möglichst viele Stilwechsel zu erzeugen. Hören Sie dazu den Refrain des Songs *"Needed Me"* von *Rihanna* genauso wie *"Now or Never"* von *Halsey*.

4.1.5.6 Bei den Gesangsstimmen besteht der Hauptschlag meist aus einem ausdrucksstarken Konsonanten mit einem darauffolgenden dominanten Signalvokal.

4.1.5.7 Ein Gesang, der sich erst abgehackt mit Betonung auf den Konsonanten und dann zusammengebunden mit Betonung auf den Vokalen ausdrückt, erzeugt Abwechslung.

4.1.5.8 Ein nach oben Raussingen bzw. Rauspressen, bis keine Luft/Energie mehr da ist, lässt die maximale Energie raus, wie z.B. ein "HHHEEE*III*OOO". Ein langes Singen (gefühltes Herausschreien für Grenzenlosigkeit, Extremismus) mit lang gezogenen (verschwommenen ungenauen) Vokalen und kurzen (Extrembetonung, unangenehm laut, zu kurz, aus dem Takt herausstechend usw.) Konsonanten. Dasselbe geht genauso umgekehrt mit Konsonanten und Vokalen.

Dasselbe geht ebenso bei anderen Instrumenten, indem das Ende des Tons besonders betont wird. Es muss sich anfühlen, als kämpfe man mit aller Kraft. Dieses Gefühl wird meist mit einem darauffolgenden Gefühl der Kraftlosigkeit und Schwäche (im Gesang z.B. durch Aufatmen, Seufzen oder Zusammenbrechen der Stimme) verstärkt.

4.1.5.9 Teile von Wörtern oder Sätzen, die bekannt sind oder oft wiederholt werden, können weggelassen oder stumm gesungen werden, damit man sich den Rest selbst ausdenken und vervollständigen kann, was den Song anregend macht. Spannungspause

4.1.5.10 Das Auslassen von Konsonanten bewirkt, dass man die Konsonanten in seiner inneren Vorstellung bzw. Wahrnehmung vervollständigt. Dies funktioniert besonders beim Auslassen von Schlusskonsonanten eines Wortes mit anschließender Pause. Die Kenntnisse der Sprache sind beim Gesang bedeutungsvoll.

4.1.5.11 Die Veränderung einzelner Wörter und ihre Ausdrucksweise können in kleinem bzw. kurzem Maße große Wirkung erzielen. Der Song *"I Want You To Know"* von *ZEED und Selena Gomez* besitzt eine Tonänderung / Vokaländerung des Wortes "knows" in dem Hauptsatz des Chorus - Gesangs. Nach dem "O" des Wortes wird ein "U" in aufsteigender Tonhöhe auf einem markanten Zeitpunkt (dem dritten Schlag des 4/4 Taktes) hinzugefügt, sodass das unbetonte "O" zu dem betonten "U" hinführt. In diesem Fall haben die beiden Vokale hintereinander eine aufbauende Wirkung, um Gefühle mit Nachdruck freizulassen.

4.1.5.12 Es klingt spannend, wenn dieselben Wörter hintereinander auf unterschiedliche Art und Weise artikuliert werden. In dem Song *"ave cesaria"* von *Stromae* hat im Hauptteil das Wort *"evurla"* verschiedene Betonungen. Während beim ersten "evurla" das A betont wird, bekommt im zweiten "evurla" das U einen Bauch. Im Song "American" von *Lana Del Rey* hat das Wort "american" im Hauptteil ("like an American...") zweimal eine unterschiedliche Betonung. Wie verändert sich die Ausdrucksweise? Mit diesem Wirkungs - Element bekommt das (meist wichtigste) Wort eine stärkere Wertung, prägt sich stärker ein und wirkt durch die Abwechslung interessanter.

VERÄNDERUNG
DER VOKALE

VERSCHMELZUNG
VON WÖRTERN

VERSCHMELZUNG
VON
KONSONANTEN

BAUCH-KOPF-
STIMMEN-
WECHSEL

4.1.5.13 Die Gesangsstimmen wirken ansprechend und abwechslungsreich, wenn unterschiedliche Betonungsvokale verschiedener nach demselben Muster hintereinander folgen. Umso interessanter wirken die unterschiedlichen Wörter, wenn sie darauf in gleicher Artikulation und Betonung ausgedrückt werden.

4.1.5.14 Verschiedene Wörter können durch ihre Verschmelzung und neue Ausdrucksweise die Aufmerksamkeit des Hörers steigern. In *"Hello"* von *Adele* wird im Anfang (Minute 0:17) " ... would like to meeeeeet-to go over" gesungen und die beiden Konsonanten ("T" von "meet" und "to") zusammengesetzt. Dadurch wird Spannung auf dem "E" aufgebaut und mit der Auflösung auf dem "T" direkt der nächste Satzteil "to go over..." übergeleitet. Das ist sprachlich, inhaltlich und dynamisch ein interessantes Wirkungs-Element.

4.1.5.15 Die Zusammensetzung mehrerer Wörter kann den Spannungsverlauf und den Inhalt positiv verändern. In *"Hello"* von *Adele*, bei "... would like to meeeeeet-to go over" am Anfang des Gesangs, werden die beiden Konsonanten zusammengesetzt und dadurch die Spannung auf dem "e" aufgebaut und mit der Auflösung "t" direkt der nächste Satzteil "to go over..." übergeleitet. Das ist sowohl sprachlich als auch inhaltlich ein starkes Spannungs-Element.

4.1.5.16 Das künstliche Abreißen einer Gesangsstimme (z.B. durch starken Auto-Tune-Effekt) lässt diese extremer, emotionaler und außergewöhnlicher wirken, wie z.B. in *"One More Time"* (besonders um Minute 3:00) von *Daft Punk*. Der Auto-Tune-Effekt wird oft als erkennbares Wirkungs-Element verwendet, um eine Stimme näher an die stimmliche Grenze zu führen, denn diese verdeutlicht eine emotionale, gefühlsbetonte Haltung. Es ist, als wäre der Sänger auffallend seinen Gefühlen ausgeliefert, weshalb er beim Singen seine Stimme verliert.

4.1.5.17 Eine wellenartige bzw. brüchige Ausdrucksweise kann eine Entladung ankündigen und Spannung provozieren sowie die Auflösungen ausbauen. Der Song *"Couldn't Beliefe"* von *Broods* hat kurz vor dem Hauptschlag/Drop des letzten Hauptteils/Chorus (Übergang von der letzten Bridge in den Chorus bei Minute 3:05) eine wellenförmige Tonfolge. Das "it" von "I'll do it" hat eine erst aufsteigende Tonfolge, die auf dem Hauptschlag wieder auf den ersten Ton zurückkommt. Durch dieses Element wird der letzte Ton (Entladungston, welcher betont ist) davor schon angekündigt und angeregt. Man könnte meinen, der Künstler möchte mit der "Tonwiederholung" die gewünschte Spannungsauflösung durch den Auflösungston (innere Erwartung) im Voraus ankündigen (somit Erwartungen aufbauen) und in die Länge ziehen, da der Auflösungston erst beim zweiten Mal die Spannung bzw. Energie entlädt bzw. freisetzt. Dies steigert/provoziert den Drang nach einer Spannungsauflösung. Das Gleiche macht die Pop-Künstlerin *P!nk* in ihrem Song *"Whatever You Want"*, während sie kurz vor dem Chorus/Hauptschlag "I fall apart/you're enough for me" (Minute 0:40; 2:00) die Tonwiederholung singt. Die "Zweitonwelle" kann ebenso als Ausgang einer Auflösung die Spannung senken. Hören Sie dazu *"human"* von *Christina Perri*, wie sie die "Zweitonwelle" der letzten Bridge (Minute 2:55) oder im letzten Gesangston (Minute 3:57) im Schluss benutzt. Dieses Wirkungs-Element ist nicht auf den Gesang beschränkt und kann auf jede weitere Stimme übertragen werden.

4.1.5.18 Kurze Betonungssilben wirken stoßartig, packend und erschütternd und dadurch impulsiver und energischer.

4.1.5.19 Vor den Pausen kommen tendenziell eher lange, betonte Vokale. Ausnahmen bestätigen die Regel.

VOKAL
&
KONSONANT

4.1.6 Obertonstimmen

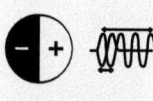

KONTRAST DER TONHÖHE

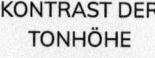

STIMMEN– EINSTIEG

4.1.6.1   Ein Extrem zwischen Obertönen und Basstönen (genauso bei Akkorden / Intervallen) sowie eine Gegenüberstellung von langen und kurzen Tönen (Phrasierung, Agogik) gestalten Musik (Kunst generell) abwechslungsreich und faszinierend, indem die Gegensätze direkt miteinander konfrontiert werden. Die gegensätzlichen Pole werden entweder übereinander oder hintereinander gespielt und somit in einen Kontrast gestellt. Starke Tonhöhen vor den Bass-Stimmen ändern unsere Tonhöhenwahrnehmung, um den Bass-Einstieg bassintensiver wahrzunehmen. Hören Sie zum Beispiel den Einstieg der Bassmelodie (Minute 0:04) des Songs *"Side Effects"* von *The Chainsmokers und Emily Warren*. Die ersten 4 Sekunden sind starke Höhen, um die Bassmelodie danach basshaltiger wirken zu lassen. Das gleiche Stil-Element lässt sich genauso umgekehrt anwenden, indem tiefe Töne vor einer hohen Melodie gespielt werden, damit diese höher, kontrastreicher und extremer wirkt.

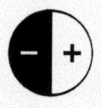

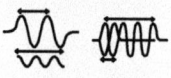

4.1.6.2   Gleich lange Töne einer Melodie mit einer Abwechslung in Ober - und Untertönen betonen automatisch die Obertöne stärker als die Untertöne. Die Untertöne sollten eine möglichst gleiche Tonhöhe und Tondauer haben, wohingegen die Tonhöhe und die Tondauer der Obertöne verschieden sein dürfen. Denn die Tonhöhe, Harmonie und die Tondauer erkennen wir besser an Untertönen. Wichtig ist die Dynamik, die Agogik und die Phrasierungen, welche die Melodie bedeutsam macht. Beispiel: *"Not Gonna Die"* von *Skillet* oder das Klavier in *"merci"* (Minute 1:25) von *Stromae*. Ein weiteres Beispiel ist die Bridge bzw. der Prechorus in *"Stolen Dance"* von *Milky Chance*, welche absolut höhen-fokussiert ist, wohingegen der Instrumentalhauptteil eher die Tiefen betont.

4.1.6.3   Obertonpausen bzw. Basspausen bieten mehr Abwechslung und betonen die gegensätzlichen Stimmen, Elemente und Motive. Hören Sie sich zum Beispiel den Prechorus / die Bridge aus dem Song *"Don't Need Nobody"* von *Ellie Goulding* an.

4.1.7 Bass

4.1.7.1 Der Bass ist eine eigenständige Stimme, die oft die Hauptstimme ergänzt, gleichsam unterstützt oder sie (z.B. als Gegenstimme) verändert.

4.1.7.2 Bassmelodien sind schwieriger zu erkennen und zu separieren, da sie stimmlich/charakteristisch und in ihrer Tonlage am weitesten von der Gesamtmusik (und deren Tonlage) entfernt sind und darum außerhalb der Fokusspannweite des Hörers liegen. Obertonstimmen liegen meist näher im Fokusbereich und vermischen sich weniger mit anderen Stimmen. Der Bass hingegen verschwimmt gerne mit der Bass-Drum, tiefen Klangteppichen oder tiefen Raumklängen und kann sich nur schwer von der Gesamtmusik abgrenzen. Außerdem ist das Hören von Melodien und Details in der gewöhnlichen Bassbreite schwieriger als in der gewöhnlichen Höhenbreite. Probieren Sie es selbst aus und suchen Sie die Melodien beider Seiten.

BASSMELODIE

4.1.7

4.1.7.3 Stellen Sie sich vor: In den Strophen sind die Bassstimme und das Schlagwerk voneinander unabhängig, sie beeinflussen sich gegenseitig nicht. Im Chorus sind die Stimmen auf den gleichen Zeiten/Schlägen, um sich gegenseitig zu unterstützen und den Beat zu verstärken. In der Steigerung schaukeln sich die Stimmen gegenseitig auf, indem immer mehr leicht versetzte Stimmen in kürzeren Zeiten lauter und schneller werden. Beim Spannungsabbau wirken die Stimmen meist gegeneinander, indem sie ihre Rhythmen oder Betonungen (ebenso Melodien) ändern und sich so gegenseitig kaputtmachen. Sie bauen sich also gegenseitig in Wechselwirkung (leiser, langsamer, tiefer werden) ab.

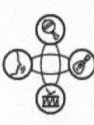

4.1.7.4 Ein Bassteppich (Atmosphäre-Instrument) muss einfach gestrickt bzw. zu hören sein, denn er begleitet und unterstützt die Hauptstimmen. Er ist schlicht, eher langsam, unartikuliert, ohne Phrasierungen, Akzenten, Melodie oder Agogik.

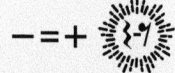

4.1.7.5　Wenige, aber dafür kurze, starke und überwältigende Elemente, mit großen, starken Pausen, im Hauptteil sind weit mehr wert als ein dauerhaftes und verschwommenes Dröhnen.

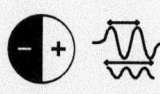

4.1.7.6　Meistens ist der Bass von dem Schlagwerk (bis auf die Bass-Drum) getrennt, um den Kontrast der Tonhöhe zu fördern. Der Bass liefert trotz der Trennung von dem Schlagwerk seinen Beitrag zur Rhythmik, wenn auch nur in einer unterstützenden und verstärkenden Rolle.

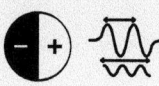

4.1.7.7　Bassschläge und Schläge mit hoher Frequenz (Snare-Drum) sind meist getrennt, um den Kontrast in der Tonhöhe zu verstärken. Dies lässt die Schläge klarer und intensiver wirken.

4.1.7.8　Ein Bass, der allein ist bzw. wenig oder gar keine Hauptstimmen (keine wichtigen Melodien) mitspielt, darf schneller und mit mehr Melodie spielen, selbst wenn dies schwerer zu hören und zu verstehen ist. Hier können weitere Wirkungs-Elemente (in Kombinationen) verwendet werden, um die Gesamtmusik aufregend zu machen.

4.1.7.9　Der Bass schiebt stärker, wenn die anderen Stimmen runtergehen (Lautstärke) und leiser werden, damit der Bassschlag stärker mit einer positiven Steigerung wahrgenommen wird. Beispiel: *"Timber"* von *Kesha und Pitbull*.

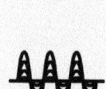

HARMONIE-
WECHSEL

4.1.7.10　Auf einem Basston vermuten wir eher einen Harmoniewechsel als an einem hohen Ton. Genau dies zu vertauschen, also mit Höhen einen Harmoniewechsel zu verursachen, führt zu Verwirrungen.

4.1.8 Schlagwerk

Das Schlagwerk bzw. die Drums stabilisieren die Musik, verhelfen dem Hörer zu seinem Taktgefühl und unterstützen den Rhythmus / Groove.

4.1.8.1 Je langsamer das Tempo ist und je weniger Anhaltspunkte im Takt und über den Rhythmus zu hören sind, desto schwieriger ist es, die Musik zu hören, zu verstehen und ein eigenes Taktgefühl zu entwickeln. Das bedeutet umgekehrt, dass (meistens) mehr Schläge im Takt (vorausgesetzt, sie sind im Tempo) dem Hörer mehr Sicherheit in der Zeiteinteilung bzw. im Taktgefühl geben.

4.1.8.2 Die Melodie eines Schlagzeugs darf im Zusammenhang mit anderen Stimmen nicht unterschätzt werden, da sie eine große Presenz für unsere zeitliche Einordnung der anderen Melodien hat. Wir orientieren uns zeitlich nicht allein am Rhythmus, sondern ebenso an charakteristischen Klängen, die nur vereinzelt vorkommen, damit sie diese Orientierungsstellung im Kopf (innere Vorstellung/Wahrnehmung) bekommen. Sie stammen meist von dem Schlagwerk oder stehen in enger Verbindung zu ihm.

4.1.8.3 Die Bass-und die Snare-Drum spielen im Chorus meist abwechselnd in Vierteln oder Achteln. Die Reihenfolge von Snare-Drum und Bass-Drum wechselt gerne von Verse zu Chorus.

4.1.8.4 Gleiche Schläge müssen nicht zwangsläufig gleich klingen. Kleine Details wie zum Beispiel ein Absinken der Tonhöhe kann anregend sein und eine Melodie oder eine Dynamik verstärken. Hören Sie dazu die Bass-Drum in dem Song *"Pray For Me"*von *The Weeknd und Kendrick Lamar* oder *"Cold"*von *Maroon 5 und Future*. Ein weiteres Beispiel wären die Basstöne in *"Cross Me"*von *Ed Sheeran feat. Chance the Rapper und PnB Rock* ab Minute 0:12.

4.1.8.5 Die Tonentwicklung hat viel Potential für besondere Details, unnatürliche Toncharakteristiken und außergewöhnliche Klangerlebnisse. Der Glockenton (typischer Kirchenglockenschlag) im Intro des Songs *"Run Boy Run"* von *Woodkid* hat eine leichte innere Steigerung, indem die Tonhöhe nach dem Glockenschlag steigt. Der Tonhöhepunkt liegt also nicht wirklich bei Tonbeginn, sondern eher kurz dahinter. Diese Tonentwicklung erzeugt Bewegung in einem einzigen Ton, was diesen wesentlich interessanter macht als ein gleichförmiger Ton. In Kombination mit weiteren Stil-Elementen kann man durch solch eine Tonentwicklung eine emotionale Wirkung erzielen.

4.1.8.6 Rhythmen mit Vorschlägen, welche den Grundbeat betonen, aber nicht zu ihm dazugehören, werden meist minimal höher (in der Tonlage) gespielt. Diese Schläge führen nicht nur durch ihre Tondauer, sondern auch von der Tonhöhe/Harmonie zum Beat hin. Spannungsgeladene, zur Auflösung strebende Töne wirken intensiver, wenn sie minimal zu hoch gespielt werden, sodass sie gefühlt stärker (zur Auflösung) aufstreben und leicht dissonanter und aggressiver klingen. Beispielsweise ist die Bass-Drum vor dem Orientierungsschlag oft höher als die anderen Bass-Schläge. Meistens sind die Schläge vor dem betonten Viertel-/Achtel-Schlag höher als der eigentliche Viertel-/Achtel-Schlag

4.1.8.7 Ein Schlagwerk, das an einer Stelle des Musikstücks eine markante Tonänderung (Harmoniewechsel) hat, kann an dieser Stelle die Schläge der Drums auslassen und damit eine neue Wirkung im Hörer erzielen. Meistens werden auf dem Punkt zusätzlich Konsonanten gesungen oder die anderen Stimmen spielen härter.

AUSLASSEN VON
MARKANTEN
SCHLÄGEN

4.1.8.8 Das gleichförmige Klatschen des Publikums zur Musik ist meist verzögert mit einem steigernden Ritardando. Die Schläge kommen zu spät, weil das Publikum sich nur auf das Klatschen und nicht mehr auf die Musik (das Tempo) konzentriert, was die Band abbremsen lässt und (durch verschiedenes Taktgefühl) verunsichern kann.

4.1.8.9 Ein Trommelwirbel erzeugt Spannung, Dissonanz und wirkt unangenehm, da er oft gegen den Takt spielt.

4.1.8.10 Verlängerte stufenartige Klatscher wirken intensiver als kurze einfache Klatscher. Der Song *"Take A Bow"* von *Rihanna* hat einen Clap auf dem zweiten und vierten Viertel-Schlag des Takts, der minimal gespalten ist und aus mehreren einzelnen hintereinander folgenden Geräuschen besteht. Diese Verlängerung des Claps macht diese interessanter und dominanter, weil sie nicht mehr ganz auf den kurzen Schlag passen und dadurch verzogen bzw. verzögert wirken. Erkennen sie in dem Song *"Girls Like You"* von *Maroon 5* den weniger punktuellen Clap auf der ersten und dritten Viertel ab Minute 0:42. Finden Sie weitere Musik - Beispiele bei denen rhythmisch bedeutende Schläge zerspalten eintreffen?

4.1.8.11 Eine kleine Rassel gibt den Takt, das Tempo an und macht schlechte Musik (Stör-Töne wie Rauschen, verspätete Schläge, schwankende Tempi) im Hintergrund, durch Geräusche, die nichts zur eigentlichen Musik beitragen. Wenn diese Töne/Geräusche im Chorus verschwinden, wird diese Veränderung mit einer emotionalen Steigerung verbunden, weil die Musik klarer, stärker und intensiver wirkt.

4.1.8.12 Motivierende "Powersongs" haben meist hohe Schläge (z.B. Hi-Hat, Rassel oder Snare-Drum etc.), die den Grundrhythmus nicht direkt unterstützen und so das Energielevel steigern. Sie sind meist kurz, schnell und ungleichmäßig bzw. sie geben keine Orientierung. Es fühlt sich an, als würden sie nur das Geräuschlevel bzw. das Reizlevel erhöhen. Hören Sie zum Beispiel *"Remember The Name"* von *Fort Minor und Syles Of Byond* oder analysieren Sie den Song *"All Of The Lights"* von *Kanye West* ab dem ersten Chorus.

4.1.9 Geräusche

Geräusche sind in der modernen Musik überall zu finden. Sie sind in der heutigen populären Musik wie das Salz in der Suppe, das kleine unersetzliche Detail, Haupterkennungsmerkmal und teilweise sogar das Gesicht des Songs. Sie können entweder direkt / frontal oder defensiv im Hintergrund die Spannung und die Stimmung beeinflussen. Genauso wie typische, vertraute Stimmen Grundgefühle vermitteln, drücken bekannte Geräusche bestimmte Charaktere, Gefühle und Stimmungen aus. Welche Geräusche haben Sie heute schon wahrgenommen, wie haben Sie diese empfunden und welche Wirkung könnten sie gehabt haben?

4.1.9.1   Geräusche sollten bekannt sein und eine Richtung (Musikbewegung / Spannung) haben, damit sie die optimale Wirkung erzielen, wie z. B. ein Propellerstart. Sie dürfen gerne auffällig sein, es können genauso kaum hörbare Geräusche wie zum Beispiel ein Meeresrauschen oder ein Feuerknistern sein, die einen prägenden Effekt haben sollen. Ein Beispiel für Motor /Turbinen-Geräusche im Hintergrund wäre der Song *"Centuries"* von *Fall Out Boy*.

4.1.9.2   Bei Nebengeräuschen, die nicht besonders auffallen, aber die Musik im Klang (im Rhythmus, in der Melodie und in der Harmonie etc.) stören, will das Gehirn durch seine innere Rollenverteilung der Stimmen die Geräusche verdrängen (innere Musik). Der Hörer strebt gemäß seinen inneren Erwartungen eine möglichst reine und klare Musik an und sortiert bzw. fokussiert daher die einzelnen Stimmen im Kopf (innere Vorstellung/Wahrnehmung), damit die Gesamtmusik durch die unreinen Stimmen nicht an Qualität verliert. Wenn nun diese Nebengeräusche weg sind, fällt die Reinheit und die hohe Qualität/Klarheit (aufgrund der stärkeren inneren Rollenverteilung der eigentlichen Hauptstimmen) positiv auf und die eigentliche Musik steht stärker im Fokus. Hören Sie *"Slow Hands"* von *Niall Horan* und achten Sie auf die negativen Geräusche.

ROLLENVER-
TEILUNG DER
STIMMEN IM KOPF

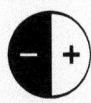

4.1.9.3 Der "Lärm" ist eine Geräuschstimme, die entgegen der Musik (ihrer Stimmung) arbeitet oder ihre eigentliche emotionale Ausdrucksweise behindert; dies ist durch den Stimmencharakter, die Agogik und Akkorde etc. möglich. Ein gewisser "Lärm" vor einer Betonung verstärkt den Fokus der Betonung und erhöht die Spannung zur Betonung, sofern sich die "Lärmquelle" zur Betonung hin steigert, aber während der eigentlichen Betonung nicht zu hören ist. Je nach Stärke der negativ empfundenen Geräusche können diese Stimmen entweder schlagartig oder schrittweise leiser werden. Die Aufladung sollte um ein Vielfaches langsamer sein als die Entladung. Nach der Entladung sollte zuerst ein gewisser Zeitraum frei von Lärm sein, da dieser sonst seine Wirkung verliert und die Musik langfristig beschädigt. Hören Sie die Achtel-Hintergrundstimme in *"West Coast"* (Intro & Verse) von *Lana Del Rey* welche eine wellenförmige Tondauerbewegung aufweist, sodass die Töne gegen Ende des Taktes lauter und länger/dichter werden, um am Taktanfang (eine Achtel davor) wieder zu verschwinden. Dies betont den Taktanfang und erzeugt eine sich regelmäßig wiederholende Grundbewegung. Negative Geräusche im Verse, welche im Chorus weggelassen werden, hört man ebenso in *"Holy Hands"* von *Mike Clark Band* und in *"Barking"* von *Ramz*. Der Song *"Till The End Of Time"* von *Cody Carnes und Kari Jobe* hat in den ersten Strophen ein sich immer wiederholendes Rauschen, dass den Klang danach reiner macht. *"Home"* von *Chris Tomlin* hat im Intro eine minderwertige Klangqualität in den Drums, welche seine Gesangsstimme besser klingen lässt.

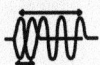

4.1.9.4 Bevor eine neue Stimme eingesetzt wird, bevor die Musik klarer, deutlicher wird oder bevor das Energielevel höher gesetzt wird, können negative Geräusche / Stimmen eingesetzt werden, die das "Gehör verschmutzen", die Musik unauffälliger machen und das Energielevel herabsetzen, damit beim Einsatz der neuen Stimmen (bei grundsätzlicher Veränderung) dieser Effekt wieder weggenommen wird und dadurch die Musik stärker wirkt als zuvor. Ein Beispiel dafür findet man in *"Mambosa"* von *Hans Zimmer* ab Sekunde 20.

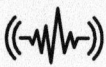
4.1.9.5 Penetrante Laute (wie z.B. leichtes Klicken und Klacken), welche so leise sind, dass sie einem kaum auffallen, wirken unbewusst (indirekt und unauffällig), aggressiv, wild, treibend, stressig. Diese Eigenschaften sind bei motivierender Musik (Klubmusik, Sportmusik usw.) aufbauend, wie in dem (Hip-Hop/Rap) Musikstück *"Remember the Name"* von *Fort Minor*.

HOOK

4.1.9.6 Kurze Geräusche sind deutlich auffälliger und werden gerne an markanten Stellen eingesetzt. Sie werden gerne wiederholt oder sogar in die Hook-Melodie mit Wiedererkennungswert eingebaut. Man muss jedoch aufpassen, dass sie durch die Wiederholungen nicht ihre Wirkung verlieren. Die Wirkung der Geräuschwiederholungen lässt sich durch die Wiederholungsanzahl, deren Platzierung, deren Einklang mit den anderen Stimmen (Rollenverteilung), deren Raumklang, Lautstärke, Betonung, Agogik, Phrasierung und vor allem durch die Veränderung dieser Parameter beeinflussen.

4.1.9.7 Bestimmte Geräusche, wie z.B. leichtes Rauschen, Plätschern, Knacken und Knistern (Meer, Bach, Regen), können beruhigend auf den Hörer wirken. Fällt ihnen ein bekanntes Musikstück ein, das diesen Gedanken bzw. dieses Element beinhaltet?

STIMMEN-CHARAKTER

AKUSTISCHE METHAPHERN

4.1.9.8 Es gibt Tiergeräusche, mit denen wir bestimmte Gefühle verbinden. Hören Sie zum Beispiel die "Freiheit" des Adler-/Falkenschreis in *"Power"* (in den letzten Hauptteilen) von *Katy Perry*, die Macht und Autorität (Selbstbewusstsein) des Löwengebrülls oder die Kraft der Elefantentrompete ("Töröö") in *"humain àl'leau"* von *Stromae*, genauso in *"Light My Body Up"* von *David Guetta feat. Nicki Manaj und Lil Wayne*. In *"Part Of This"* von *Son Lux* kommt nach dem ersten Chorus im Verse ein Vogelgeräusch, das man kaum identifizieren kann. Achten Sie auf die moderne Musik und ihre verarbeiteten Tiergeräusche; oft sind diese nicht eindeutig zu erkennen, weil sie minimal bearbeitet wurden, um sie dem Musikstück anzupassen. Diese außergewöhnlichen Geräusche erzeugen Aufmerksamkeit, Wiedererkennungswert und bestimmte Stimmungen, ähnlich wie Metaphern in der Lyrik.

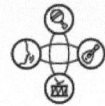

4.2 Wechselwirkung der Stimmen

Die Wechselwirkungen der Stimmen gehören zu den Beziehungen der Musik (Kapitel 6). Sie beschreiben eine Verbindung und Wechselwirkung zweier Stimmen oder Instrumente. Aus der Veränderung einer Beziehung werden verschiedenste Stimmungen und Emotionen im Rezipienten geweckt. Eine Wechselwirkung der Stimmen findet man in nahezu jedem Musikstück.

4.2.1 Allgemeine Stimmen-Wechselwirkungen

4.2.1.1 Eine Wechselwirkung der Stimmen ist ein Spiel zwischen Ausgeglichenheit und Unstimmigkeit. Die richtige Rollenverteilung der unterschiedlichen Stimmen (im Großen und Kleinen) ist für einen unterhaltenden Verlauf der Musik entscheidend. Ein mitreißendes Stimmenverhältnis entsteht durch eine geeignete Rollenverteilung, abwechslungsreiche Spielzeitenverhältnisse, eine interessante Melodieaufteilung und eine passende harmonische Bedeutung der Stimmen. Neben dem passenden Aufbau spielen Überleitungen und Übergangsstimmen eine ebenso wichtige Rolle, um den Hörer an die moderne Musik zu fesseln.

4.2.1.2 Stimmen können sich entweder gegenseitig unterstützen, harmonieren oder grooven oder den anderen bekämpfen, erobern oder zerstören. Die Beziehung der verschiedenen Stimmen untereinander ist ein Mittel zum Ausdruck von Spannung und Stimmung. Beispielsweise können mehrere Stimmen, die zusammen im Hintergrund spielen und damit Einheit, Gemeinschaft und Stärke ausdrücken.

4.1.1.5

4.2.1.3 Viele Stimmen/Instrumente erzielen erst im Zusammenspiel mit anderen Stimmen / Instrumenten ihre volle Wirkung. Der Charakter einer Stimme bzw. die Stimmung (und ihre Spannung), die sie auslöst, ist stark abhängig von ihren Nebenstimmen (Bezug), sie kann also nur in Abhängigkeit der anderen Stimmen betrachtet und beurteilt (charakterisiert) werden.

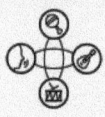

4.2.1.4 Bestimme Stimmen bilden meist eine Gruppe durch gemeinsame Harmonien und charakteristische Rhythmus-Elemente, die sich gegenseitig ergänzen. Nur wenn jede Stimme Abstriche macht und sich teilweise zurücknimmt, können gewaltige Gruppen ästhetisch werden. Je mehr Stimmen hinzukommen, desto schwieriger wird es, sie so abzustimmen, dass sie sich gegenseitig (oder als Gruppe) nicht negativ beeinflussen.

4.2.1.5 Musikstimmen wirken reizvoll, wenn sie sich rhythmisch und melodisch ergänzen. Analysieren Sie an dem Song *"You're Not Alone"* von *Mads Langer* die zeitliche bzw. rhythmische Stellung des Klaviers und der Gitarre, sowohl im Intro als auch im Chorus. Beide Stimmen sind zur Grundbetonung verschieden, meist begleitet das Klavier (Betonung im Off-Beat) die Gitarre (Betonung kurz vor dem On-Beat) bzw. ist ihr unterlegen bis auf manche kleinen Zwischenspiele.

BEZIEHUNG
DER
MELODIEN

4.2.1.6 Beziehungen zwischen zwei Stimmen, die sich melodisch ergänzen. Eine Beziehung von zwei Melodien / Tongruppen gibt es im Hauptteil des Songs *"Ocean"* von *Martin Garrix feat. Khalid*. Im Hauptteil wird ein Gejodel einer verzerrten Gesangsstimme von einer darauf anschließenden Gitarre melodisch aufgelöst (Minute 1:26-1:29 und im Chorus darauf).

4.2.2 Wechselwirkung in der Rollenverteilung

Rollenverteilung:
| 2.1.1.7 | 2.2.3.3 | 2.4.2.6 | 3.2.2.25 | 4.1.1.5 | 4.1.1.6 | 4.1.1.7
| 4.1.1.10 | 4.1.2.8 | 4.1.2.10 | 4.1.9.2 | 4.1.9.6 |

Rollenwechsel:
| 2.2.3.6 | 2.4.3.3 | 3.1.2.6 | 4.1.1.3 | 6.2.6 |

ROLLENWECHSEL

4.2.2.1 Stimmenwechsel bzw. Rollenwechsel können durch Harmoniewechsel oder Akkordwechsel eintreten, indem eine neue Stimme über dem neuen Akkord die alte Stimme in den Hintergrund drängt. Hören Sie die Harmoniewechsel im Chorus des Songs *"Der Plan ist übers Meer"* von *LOT* und analysieren Sie die Rollenverteilung der Stimmen (Bläser und Klavier).

HARMONIE-
WECHSEL

ROLLENWECHSEL

4.2.2.2 Zwei Stimmen wirken konfrontativ und geladen, wenn die Eine der anderen antwortet, bevor die Erste ganz ausgeklungen ist. Meist wird dies im Frage - Antwort - Modell verwendet, weil es so wirkt, als würden sich zwei in einer Diskussion nicht gegenseitig ausreden lassen, wodurch eine gewisse Spannung entsteht. Dadurch lässt sich die Rollenverteilung bzw. die Rollenhierarchie stark beeinflussen. Wenn beispielsweise eine Stimme durchgehend die andere unterbricht wohingegen die andere Stimme eine kurze Pause lässt, um zu reagieren bzw. zu antworten, dann lässt sich daraus eine klare Rollenhierarchie schließen. Ein Frage - Antwort - Modell (Hin - und Her - Gesang), bei dem meist unterschiedliche Stimmen und Charaktere verwendet werden, wirkt abwechslungsreich und aufregend. Die Beziehung der beiden Stimmen ist meist ein Hauptauslöser der Gefühle, weil diese oft in Verbindung zu ähnlichen Erlebnissen oder Erinnerungen gebracht werden und so innere Parallelen gezogen werden. Dieses Wirkungs - Element wirkt besonders bei einem dynamischen Duett zweier Gesangsstimmen.

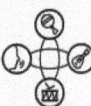

ROLLENFOKUS

4.2.2.3 Neue Stimmen, Melodien, Elemente, Raumklänge und Effekte verändern die Rollenverteilung und den Hörfokus bzw. die Aufmerksamkeit des Hörers. Die Veränderung der Wahrnehmung kann genutzt werden, um neue Stimmungen in den Vordergrund zu bringen und so den Spannungsverlauf zu verändern. In dem Song *"FRIENDS"* von *Marshmello und Anne - Marie* ist die letzte Bridge (Minute 2:32) in einem anderen Stil als die vorherigen. Sie wirkt positiv überraschend mit einem Neueinstieg einer frischen Stimme, die zur normalen, bisherigen Bridge eine "pfiffige Dudelmelodie" spielt. Diese Melodie bringt eine positive neue Stimmung, die die erwartete Steigerung, verglichen mit den Bridges davor, leicht senkt bzw. zeitlich zurückhält. Weil sich der Hörer zuerst auf die neue Stimme konzentriert und die alte Steigerung der Bridge im Hintergrund aus dem Fokus gelangt, wirkt die Hinführung zum Hauptteil kürzer, intensiver und anders. Da in den Bridges davor diese Stimme nicht vorkam und nun die Aufmerksamkeit auf sich zieht, nehmen wir die eigentliche Steigerung im Hintergrund (ab Minute 2:47) kürzer, schneller und damit extremer wahr, obwohl sich an der Steigerung selbst nichts ändert, sondern nur etwas hinzukommt. Die Veränderung der Aufmerksamkeit auf eine neue Stimme oder einen Raumklang, Effekt oder eine Melodie zieht die Wahrnehmung auf das Neue und verändert damit das Bestehende (z.B. Stimmen, die eine Steigerung erzeugen). Ein ähnliches Beispiel ist der Song *"Working For It"* von *ZHU, Skrillex und THEY* im Zwischenspiel (Minute 3:10).

4.2.2.4 Stellen Sie sich vor: Wenn sich emotionale Stimmen im Hintergrund halten und die emotionslosen Stimmen im Vordergrund stehen, erzeugt dies ein hohes Potential zur Entwicklung eigener Emotionen. Dadurch wird der Hörer angeregt, dass die emotionalen Stimmen im Kopf (innere Vorstellung/Wahrnehmung) in den Vordergrund gestellt werden, damit man alle Gefühle (der emotionalen Stimmen) frei entwickeln kann.

4.2.2.5 Durch Stimmungsänderungen, die nur geringfügig durch Nebenstimmen (im Hintergrund) angekündigt werden, fokussiert der Hörer diese Stimmen besonders und stellt sie im Kopf (innere Vorstellung/Wahrnehmung) in den Vordergrund, um einen flüssigen Übergang zu schaffen, den wir mühelos nachvollziehen können. Diesen Effekt kann man nutzen, um im neuen, übergeleiteten Teil die Rollenverteilung der einzelnen Stimmen zu ändern. So kommen Hintergrundstimmen in den Vordergrund und drängen die vorherigen Hauptstimmen in den Hintergrund.

4.2.3 Wechselwirkung der Hauptstimme

Wechselwirkung von Stimmen:
| 2.3.1.9 | 2.3.1.10 | 2.3.1.13 | 2.3.2.1 | 2.3.3.1 | 2.4.3.3 | 4.1.4.17
| 4.1.7.3 | 5.1.5.9 | 5.1.6.17 |
Siehe Beziehungen der Musik

Frage-Antwort-Modell:
| 2.1.1.5 | 2.3.1.6 | 2.4.3.4 | 3.2.2.26 | 4.1.2.5 | 4.2.2.2 | 4.2.3.1
| 4.2.4.2 | 6.2.4 | 6.2.5.4

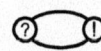

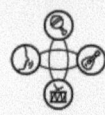

ROLLENWECHSEL

WECHSELWIR-
KUNG ZWISCHEN
HAUPT-UND
NEBENSTIMME

ROLLENWECHSEL

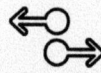

ROLLENWECHSEL

4.2.3.1 Zu einer wichtigen und mächtigen Stimme wird jene, die eine Veränderung der Gesamtmusik vor den anderen Stimmen einleitet. In dem Song *"merci"* von *Stromae* bekommt der sonst so erscheinungslose Bass eine wichtige Rolle, da er den Akkordwechsel vor den Synthie-Streichern und allen anderen Stimmen durch seine Melodie einleitet bzw. ankündigt. Gleichzeitig spielt der Bass mit den Streichern eine Frage-Antwort-Beziehung (Minute 0:29), da die beiden Stimmen melodisch (Bass) und harmonisch (Streicher) aufeinander eingehen.

4.2.3.2 Hintergrundstimmen, die eine Auflösung der Spannung/Steigerung herbeiführen oder ankündigen (Übergang in Harmonie), welche von den Hauptstimmen verursacht wurde, können einen Stimmen-Rollenwechsel provozieren, wenn die Hintergrundstimmen dabei gleichbleiben oder in den Hintergrund gehen. Da die bisher unwichtigen Nebenstimmen die Hauptaufgabe und umgekehrt Hauptstimmen die Nebenrolle übernehmen, entsteht (kombiniert mit weiteren Stil-Elementen) ein neuer Rollenwechsel.

4.2.3.3 Begleitstimmen, die sich zu Haupt-/Solostimmen entwickeln und umgekehrt, erzeugen Abwechslung und halten die Aufmerksamkeit der Hörer. Sie ermöglichen eine größere emotionale Wirkung, da die Stimmen nicht nur einzelne Gefühle tragen, sondern in der Beziehung zueinander Gefühle transportieren. Genauso ist es möglich, dass die Begleitstimmen nur vereinzelt Solomelodien oder Details (einzelne Soloklänge mit besonderer Charakteristik) spielen. Ein Beispiel, wie die Gegenstimme zur Hauptstimme wird, ist der Song *"This Ones For You"* von *David Guetta feat. Zara Larsson*. Bei der Bridge und im Hauptteil wechseln sich die Rollenverteilungen der beiden Stimmen ab. In dem Song *"Don't Need Nobody"* von *Ellie Goulding* werden sanfte Sechzehntel des Intros im Verse durch den Gesang in den Hintergrund gedrängt. In gesang-leeren Teilen (im Vers) kommen diese jedoch wieder hervor, da sie von dort weder von der Lautstärke noch von der Tonhöhe durch andere Stimmen gestört werden. Die Sechzehntel-Töne machen die Stellen attraktiv sowie aufregend und geben in den gesang-leeren Teilen mehr Halt und Orientierung. Es wird dem Hörer verdeutlicht, dass der Gesang stärker und damit wichtiger ist, weil er die Sechzehntel-Stimme verdrängt, sobald er eintritt.

Dieses Wirkungs-Element hilft beim Stimmenfokus, indem es die Aufmerksamkeit auf den Gesang zieht, sodass diese die Leitstimme wird, an die sich der Hörer hängt. Zusätzlich erzeugt der Rollenwechsel eine Beziehungswirkung.

4.2.3.4 Meistens wird der Charakter einer Stimme (und das Image eines ganzen Sängers) dadurch verstärkt, dass neue konträre Stimmen hinzukommen und immer wieder von der Hauptstimme verdrängt bzw. in den Hintergrund geschoben werden. Zum Beispiel werden in vielen Rap-, Hip-Hop- sowie Rock-Songs Kinderstimmen eingebaut, um einen "unschuldigen, anständigen und naiven" Charakter darzustellen, während der Rapper über Drogen, Sex, Gewalt und die böse Welt rappt. Diese gegensätzliche Konfrontation (Stimmenkontrast) verschiedener Charaktere verstärkt das Bild der Hauptstimme. In dem Song *"Papercut"* von *Linkin Park* singt kurz vor dem Drop die Gesangsstimme im Flüsterton, um das laute Singen/schreien im Hauptteil intensiver wirken zu lassen. Fällt ihnen ein bekanntes Musikstück ein, das diesen Gedanken bzw. dieses Element ebenso beinhaltet?

4.2.3.5 In vielen modernen Musikstücken geht die Hauptstimme in Richtung Hauptschlag (kurz davor) durch Lautstärke, Phrasierung, Agogik, Dynamik etc. zurück. Währenddessen kommen die Nebenstimmen in den Vordergrund und steigern die Spannung (durch ihre Dynamik, Stimmung, Klangcharakter, Raumklang) bis zum Hauptschlag. Dort kommt die Hauptstimme zurück und drängt die aufgestiegenen Nebenstimmen an ihre alte Stelle (in den Hintergrund).

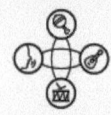

4.2.4 Weitere Stimmen-Wechselwirkungen

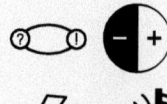

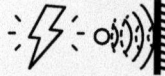

4.2.4.1   Die Bass-Töne als Echo der Oberton-Stimmen oder die hohen Töne als Echo des Basses können im Wechsel das "Frage-Antwort-Modell" erfüllen. Dabei beeindruckt und erstaunt es den Hörer, dass sich zwei charakteristische Gegensätze (Bass und Höhen) gegenseitig ergänzen und zusammengehören. Das Gefühl, dass die Stimmen (vom Klangcharakter und ihrer Rollenverteilung her) nicht zusammenpassen, aber (in Rhythmus und Tonhöhe) zusammen eine Einheit bilden, ist das Besondere und Interessante.

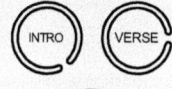

4.2.4.2   Nach einem Intro oder einem instrumentalen Zwischenspiel, in dem die Instrumente lauter und mehr spielen als im Verse, werden die dominanten Stimmen erst im nächsten Verse leiser. Dies hat den Vorteil, dass der Rückgang weniger auffällt als der Stimmenrückzug kurz vor dem Verse, wie es sich nach der typischen Rollenverteilung gehören würde. Dadurch hält man die Energie oben (da keine bewusste Änderung wahrgenommen wird), man kann sich trotzdem auf die neuen Stimmen, die den neuen Teil (Verse, Bridge...) dominieren, einlassen und wird von ihnen nicht überfordert.

4.2.4.3   Vor dem Einstieg neuer Stimmen gehen meist die alten Stimmen zurück (in den Hintergrund), damit die Neuen erst mal im Vordergrund stehen, um sich vorzustellen und vertraut mit dem Hörer zu werden. Dies wird durch Lautstärke, Betonung, Phrasierung, Agogik, Raumklang etc. erzeugt.

4.2.4.4   Ein großer Bogen (eine Verbindung) über einzelne Elemente entsteht dadurch, dass die Stimmen, die an den Elementen beteiligt sind, über sich hinaus in das nächste Element spielen und so die Stimmungs-Spannungsänderung abrunden. Wenn einzelne Stimmen über mehrere Elemente spielen, werden diese Elemente miteinander verbunden und erzeugen den Eindruck, zusammenzugehören, selbst wenn sie unterschiedlich in ihrer Stimmung, Anspannung oder im Charakter sind. Die Voraussetzung für solch eine Verbindung ist, dass alle Elemente mit der "Überstimme" (meist dominant) harmonieren. Durch dieses Wirkungs-Element kann man mit der Rollenverteilung spielen, indem die anderen Stimmen sich der "Überstimme" (als Bezug) annähern und wieder abwenden. Können Sie sich diese Musiksituation gedanklich vorstellen?

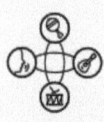

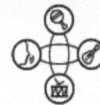

4.2.4.5 Vor einer bedeutungsvollen Melodie oder wichtigen Stimmen werden zur Verstärkung gerne Geräusche, Töne oder ganze Stimmen mit tiefem Raumklang und schlechteren Klangeigenschaften gespielt, um die darauffolgenden Stimmen mit starker und direkter Klangqualität im Kontrast aufzuwerten. Dies erfolgt z.B. in den ersten 5 Sekunden des Songs *"Antisocial"* von *Ed Sheeran und Travis Scott* mit der rauschenden und kratzenden Ansage und den negativ wirkenden Geräuschen der Menschenmengen und dem anschließenden harten, aber klaren Musikeinstieg. Genauso ist es in *Ed Sheerans* Song *"Beautiful People"* feat. *Khalid*, in dem vor dem Einstieg in den Chorus (Hauptschlag) ein weit entferntes und leises "Hey" erschallt, damit die Gesangsstimme im Hauptteil stärker, lauter und intensiver wirkt

4.2.4.6 Ähnlich klingende Stimmen mit minimal verschiedenen Charaktereigenschaften oder kaum hörbaren Tonhöhenunterschieden bauen Spannung auf und wirken geladen. Die Differenzen erzeugen eine Spannung und je geringer, punktierter und dynamischer die Differenz ist, desto wirksamer ist sie. So ist zum Beispiel eine synchrone Stimme mit einer Prime oder einer Septime geladen und aggressiv, weil sie am nächsten am Grundton bzw. an der Originalstimme liegt.

4.2.4.7 Analysieren Sie die Beziehung zweier Stimmen in verschiedenen Kombinationen. Zum Beispiel das Schlagzeug mit ...
- ... dem Bass
- ... der Hauptstimme
- ... den Obertonstimmen
- ... den Nebenstimmen/Geräuschen
- ... dem Gesang
- ... usw ...

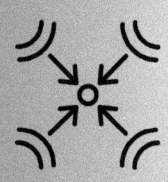

ELEMENTE
DER
RAUMAKUSTIK

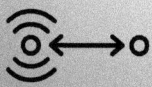

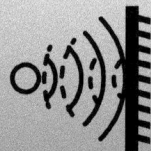

Teil 5

Elemente der Raumakustik

Teil 5 Elemente der Raumakustik

5.1 Raumakustik-Elemente

BESTANDTEIL DER KLANGFARBE

Die Raumakustik ist ein großes und vielschichtiges Thema, das in der modernen Musik immer relevanter wird. Eine Raumakustik entwickelt in all ihren Bestandteilen einen eigenen individuellen Charakter, der sich stark auf die Klangfarbe einzelner Stimmen auswirkt. Beispielsweise klingt eine Gesangsstimme in einer schmalen Höhle anders als in einem großen Konzertsaal.

Die Raumakustik einer Stimme / Musik spielt eine entscheidende Rolle zur Stimmencharakteristik sowie zur emotionalen Ausstrahlung der Stimme. Je nach Variation der Raumakustik kann dies Abwechslung und Vielfalt in der Stimmenmischung und Gesamtmusik (Sound) schaffen.

„Die Raumakustik gibt die Umgebung wieder in der die Musik bzw. die Instrumente spielen."

„Der Raumklang zeigt wie viel Musik zwischen dem Hörer und dem Musikanten verloren geht bzw. verunreinigt und verändert wird aufgrund der Raumakustik."

5.1.1 Raumakustik - Parameter

BESTANDTEILE
DER
RAUMAKUSTIK

- Die Raumgröße und Raumtiefe (Raumform).
- Die Richtung (Entstehungsrichtung) aus der die Musik kommt.
- Der Abstand zwischen Hörer und Musikquelle
- Tonhöhenfilter, die darüber entscheiden, welche Töne (Tonhöhe) geschluckt und weitergetragen werden.

SIEHE
5.1.6.2 | 5.1.6.3

Alle Raumakustik-Parameter sind nicht zwangsläufig fest und können sich innerhalb eines Musikstücks weiterentwickeln. Wie würde sich eine Veränderung eines jeden Parameters anhören?

5.1.1

5.1.2 Zusammenhänge der Raumakustik - Parameter

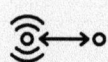

ABSTAND–
RAUMGRÖßE/
- TIEFE

5.1.2.1 Die Raumakustik ändert sich mit dem Abstand zum Hörer. Die Wirkung der Raumgröße/tiefe wird vom Abstand zwischen Hörer und Spieler beeinflusst, denn je weiter der Abstand, umso stärker kommt der Raumklang zur Geltung bzw. umso stärker ist der Einfluss des Raums auf die Musik. Beispielsweise kann man direkt vor einem Mikrofon singen, ohne dabei zu wissen, ob man im Gebirge oder im Tunnel befindet. Umgekehrt kann man sagen: Je weiter die Raumgröße/tiefe umso schwieriger wird es, einen genaueren Abstand zu ermitteln.

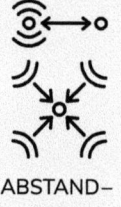

ABSTAND–
RICHTUNG/
HERKUNFT

5.1.2.2 Je größer die Raumgröße/tiefe, desto schwieriger hört man, woher die Musik kommt. Eine Klangquelle im Tunnel oder ein Schrei im Gebirge ist schwieriger zu orten als in einem kleinen Raum. Ein Stück weit ist damit auch der Abstand zwischen Hörer und Spieler verbunden, denn umso größer der Abstand (desto größer auch der Raumklang desto schwieriger erkennt man, aus welcher Richtung die Musik kommt. Beispielsweise hört man die Raumtiefe klarer, wenn die Stimme lauter ist.

5.1.2.3 Der Abstand zwischen Hörer und Musiker, die Lautstärke und der Raumklang hängen in der Natur immer zusammen. In der Musik lassen sich diese Parameter gegenseitig ausheben und einzeln verändern, sodass unnatürliche Klänge entstehen, welche reizvoll für den Rezipient sind. Um diesen Zusammenhang sichtbar braucht es jedoch einen zweiten Partner, mit dem man das Lautstärkeverhältnis vergleichen kann. Wenn zum Beispiel ein Triangel weit weg und zugleich mit großem Raumklang wirken soll, braucht sie eine Referenz wie z.B. ein Schlagzeug, zu dem die Entfernung zum Hörer verglichen werden kann.

5.1.2.4 Überlegen Sie sich, welche Zusammenhänge bei Veränderung eines Parameters innerhalb eines Stücks entstehen würden!?

5.1.3 Unnatürlichkeit & Fremdartigkeit

"Musik ist die Aufhebung aller Räumlichkeit."
Georg Wilhelm Friedrich Hegel

"Musik hat den Sinn und Zweck, neue Perspektiven unseres persönlichen Bilds der akustischen Welt zu eröffnen. Es ist ein Teil ihrer Bestimmung, durch falsche Zusammenhänge, unnatürliche Klänge und widerstrebende Elemente unsere Klangvorstellung und unseren musikalischen Horizon zu erweitern."

Wie Sie in diesem Buch vielleicht bemerkt haben, versucht die moderne Musik mit allen Möglichkeiten die Klangvorstellungen (Erwartungen) über Melodik/Harmonik, Rhythmik/Beat, Agogik/Phrasierung, Raumakustik und vieles mehr zu sprengen, um den Hörer mit neuen Sichtweisen der Musik zu überraschen.

Jeder hat eine innere Klangvorstellung, die er sich durch seine Klangerfahrung angeeignet hat. Darunter gehört zum Beispiel, dass ein Schlagzeug laut ist und eine Rassel leise, dass die hohen Klaviertasten (bei gleicher Anschlagkraft) leiser sind als die tiefen. Aus unseren Erfahrungen wissen wir, dass man kaum eine einzelne Geige aus einem großen Orchester heraushört (vorausgesetzt sie spielt absolut gleich). Genauso wenig erwartet man, dass eine Gesangsstimme unter der Dusche anders klingt (kleiner Raumklang) als auf einem Gipfel der Alpen (großes Echo). Zu diesen Musikvorstellungen gehören ebenso die Erwartungen an den Spannungsverlauf, an die Harmoniefolgen, die Tongruppen und an die Rhythmen... Die inneren Klang - bzw. Musikvorstellungen sind vielseitig und umfangreich. Sie haben auch viel mit unserem persönlichen Musikcharakter zu tun.

MUSIKCHARAKTER
&
ERWARTUNGEN/
KLANGVOR-
STELLUNG

Sobald ein Raumklang nicht der Natur bzw. den Erfahrungen des Hörers entspricht, wirkt dieser abnormal, fremd und je nach Intensität sogar verwirrend. Die Raumakustik hat einen großen Spielraum und viele Möglichkeiten für Abnormales, Unnatürliches und Fremdartiges. Gegensätzliche, unrealistische und widersprüchliche Effekte wirken außergewöhnlich und erhöhen die Aufmerksamkeit. Je nach Wirkung der unnatürlichen Stil-Elemente kann man damit sowohl emotional/energetisch steigern als auch "schlechte Musik" (gegen die Hauptmusik) erzeugen und damit abbauen.

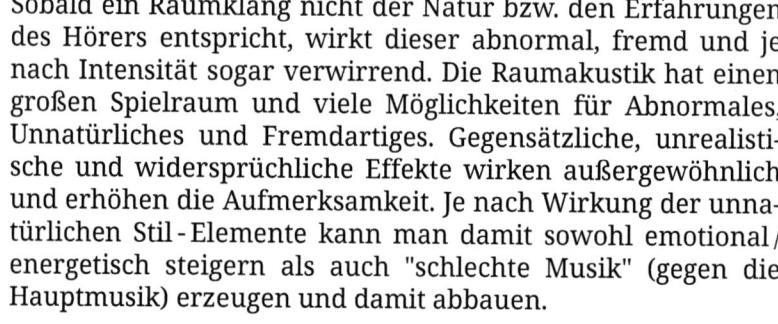

Eine Stimme, die über ihre natürliche Stimmencharakteristik hinweg geht, wirkt unnatürlich, lebendig und extrem. Ein Beispiel wäre ein Kontrabass, der so tief geht und bass-lastig wird, dass es künstlich wirkt oder eine Gesangsstimme die unrealistisch hochkommt usw.

5.1.3

BEISPIELE

RAUMAKUSTIK-VERLUAF

RAUMKLANGVER-HÄLTNISSE EINES INSTRUMENTS

INSTRUMENTEN-CHARAKTERISTIK

Es ist unnatürlich und fremdartig...
- ... wenn das Echo lauter ist als sein Original
- ... wenn das Echo bei jeder Wiederholung stufenweise lauter wird anstatt leiser
- ... wenn der Raumklang eines Instrumentes innerhalb einer Melodie sprunghaft vom "kleinen Tonstudio zum großen Tunnel" wechselt
- ... wenn höhere Töne einer Stimme einen anderen Raumklang haben als tiefere Töne
- ... wenn kurz andauernde Beckenschläge lauter sind als längere Beckenschläge
- ... wenn ein Gitarrenschlag 2 Minuten mit derselben Lautstärke nachschwingt.
- ... wenn ein einzelner Klavierschlag ein Crescendo entwickelt
- ... wenn ein Klavier ein Vibrato spielt
- ... wenn eine Posaune leiser spielt als eine sanfte Pikkoloflöte
- ... usw. Finden Sie weitere unnatürliche bzw. fremdartige Musiksituationen?

Die Raumakustik ist verknüpft mit Erfahrungen, die wir mit Erinnerungen und Gefühlen verknüpfen. Egal ob enger Duschraum, weites Gebirge, tiefe Höhle, gedämpftes Auto usw. haben sie eine feste Vorstellung der Klangverhältnisse verbunden mit Stimmungen und Emotionen, die sie aus persönlichen Erfahrungen gesammelt haben. Wenn z. B. das Echo lauter ist, als dessen Original wirkt dies unnatürlich, weil es nicht unseren natürlichen Erfahrungen entspricht. Alles was unnatürlich, abnormal, fremd und verwirrend klingt, erzeugt (meist positive) Reize beim Hörer, weil er mit dem eigentlichen Raumklang vertraut ist, aber ein Detail im Widerspruch mit seinen Erfahrungen steht. Diese innere Spannung wirkt anregend, weil der Hörer deren Ursache nicht von Anhieb kennt und der Raumklang in dieser Form neu, ungewohnt und anders klingt. Der Rezipient fühlt sich gezwungen, die innere Spannung neu einzuordnen / zu verarbeiten.

Woraus bestehen ein natürliches Klangverhalten und unsere Musikerwartungen? Im Grunde kann man an allen unnatürlichen Stilmitteln dieses Buches das natürliche Verhalten / Charakter / Abhängigkeiten der Raumakustik ableiten, selbst wenn es so in diesem Kapitel nicht ausführlich beschrieben wird. An allen Abnormitäten des Echos lässt sich der wahre, natürliche Charakter des Echos finden, wenn man die Gedanken hinterfragt und negiert. Wie kommt man auf neue unnatürliche Klangverhältnisse? Indem man die natürlichen Klangeigenschaften bestimmt und diese verdreht/verändert.

> **Unnatürlichkeit:**
> | 2.1.2.7 | 2.1.2.8 | 2.1.3.4 | 2.1.4.1 | 2.3.1.12 | 2.4.2.2 | 3.1.6.2
> | 4.1.1.12 | 4.1.2.7 | 4.1.8.5 | 4.2.4.1 | 5.1.2.3 | 5.1.5.3 | 5.1.5.13
> | 5.1.6.5 | 5.1.6.6 | 5.1.6.7 | 5.1.6.8 | 5.1.6.9 | 05.1.6.10 | 5.1.6.11
> | 5.1.6.12 | 5.1.6.13 | 5.1.6.14 | 5.1.6.15 | 5.1.6.18 | 5.1.6.19
> | 5.1.6.23 | 5.1.7.7 | 5.1.7.8 | 5.1.7.9 | 5.1.7.10 | 5.1.7.11 | 5.1.8.4
> | 5.1.8.5 | 5.1.8.6 | 5.1.8.7 |

5.1.4 Variationsmöglichkeiten der Klang-Ebenen

Alle Stil-Elemente der Raumakustik können in Stimmen, Song-teilen, Stimmenteilen sowie in einzelnen Tönen und sogar innerhalb eines Tones angewandt und in gegenseitigen Kontrast gebracht werden. Die Spielmöglichkeiten und Variationen in gegenseitiger Kombination sind dabei fast grenzenlos. Zum Beispiel könnten einzelne Töne aus einem Instrument verschiedene Raumklänge haben, sowohl aufeinanderfolgend als auch gleichzeitig gespielt. Gleichzeitig kann sich die Raumakustik den verschiedenen Songteilen anpassen und sich pro Stimme variieren.

Jeder Parameter hat mindestens zwei Bewegungsrichtungen und kann diese direkt hintereinander anwenden, ohne einen Stillstand dazwischen zu verwenden. So wirkt eine lange Annäherung (Abstandsänderung) besser, wenn man direkt davor sich kurz stark weiter entfernt, um Kontrast in der Bewegungsrichtung zu verstärken.

5.1.5 Raumklang

Der Raumklang beschreibt die Charaktereigenschaften der Raumakustik sowie deren musikalische und emotionale Auswirkung, wohingegen die Raumakustik eher die physikalischen - akustischen Gegebenheiten einer Umgebung untersucht. Das räumliche Klangerlebnis ist ein entscheidender Teil der Musikwirkung.

Raumklang:
| 2.4.3.8 | 3.1.7.6 | 3.1.7.7 | 3.2.2.11 | 3.2.2.12 | 4.1.2.10 | 4.2.4.5 | 6.2.5.4 | Siehe Raumklangwechsel

Raumklangwechsel:
|2.3.1.10 | 2.4.2.6 | 3.2.2.12 | 4.1.1.6 | 4.1.1.8 | 4.1.1.12 | 5.1.5.11 | 5.1.5.12 | 5.1.5.13 | 5.1.5.14 | 5.1.5.15 | 5.1.5.17 | 5.1.6.2 | 5.1.6.5 | 5.1.6.25 | 5.1.7.4 | 5.1.7.11 |

5.1.5.1 Jeder Raumklang ist mit gewissen Gefühlen verbunden. Ein großer Raumklang kann ein Gefühl von Freiheit wie z. B. ein Berg - Echo (wirkt fern / indirekt) auslösen. Er kann genauso ein Gefühl der Angst und Bedrückung auslösen wie z. B. ein Höhlen - Echo eng und dadurch eher angespannt wirkt.

5.1.5.2 Für die folgende Raumklanganalyse/Musik-Beispiele lohnt es sich, gute Lautsprecher oder Kopfhörer zu verwenden, da man sonst nur schwer die entscheidenden Details/Unterschiede des Raumklangs erkennt.

5.1.5.3 Mit "kein Raumklang" ist eine Stimme gemeint, bei der man die reine Musikquelle ohne einen Rückschall, eine Resonanz, einen Hall oder fremde mitschwingende Töne hört. Ein Raumklang ohne einen hörbaren Raum wirkt ebenfalls unrealistisch, hören Sie z. B. *"Bad Kingdom"* von *Moderat*. Ein wirklich tiefer Bass ist in der Natur selten ohne Raum, Nebengeräusche und Obertonstimmen. Im Grunde wirkt jede Stimme ohne Raumklang unnatürlich, weil ein akustisches Signal in einem Raum spielen muss, um sich zu entfalten.

KEIN
RAUMKLANG

5.1.5.4 Raumklänge unterstreichen durch ihre Wirkung / Klangdarstellung die Emotionen der Musikquelle. Der Raumklang sollte sich im besten Fall der Musik, dem Rhythmus oder dem Beat richten und nicht andersrum. Als Musiker sollte man die Gefühle und Interpretation nicht von der Akustik beherrschen lassen. Der Raumklang sollte die Intention des Künstlers unterstützen. Daher ist es in der Musikproduktion hilfreich, die Klangcharakteristik des Raumklangs der jeweiligen Stimmung bzw. der emotionalen Gefühlslage bzw. der emotionalen Situation anzupassen. Oftmals ändert sich z.B. in der Überleitung zum Chorus die Raumtiefe, das Resonanzverhalten (Hall/Echo) und die Klangklarheit des Raums.

5.1.5.5 Grundsätzlich strebt die Musikerwartung/Vorstellung (innere Musik) des Hörers eher eine Entwicklung zur direkten, klaren Musik mit möglichst wenig Raumklang und Tiefe an, weil jeder Raumklang wie ein Filter wirkt, der die elementare Musik schwerer erkennen lässt. Sobald diese klare Musik nicht eintrifft, werden Stimmungen angeregt und provoziert. Vergleichen Sie selbst, welcher Raumklang am einfachsten zu hören und zu verstehen ist.

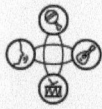

5.1.5.6   Jede Stimme bekommt ihren eigenen Raumklang, der perfekt auf die Charakteristik der Stimme passt. Mehrere Raumklänge sollten auf mehrere Stimmen (auch in Kombination) verteilt werden, sodass diese klar voneinander unterschieden werden können. Viele verschiedene Räume (Raumklänge) können zusammen eine vielfältige Raumakustik bilden und so eine außergewöhnliche Klangwirkung erzeugen. Gute Beispiele dafür bieten zum Beispiel die neueren Songs von Michael Jackson. Je größer die Unterschiede der Stimmen im Klangcharakter und Raumklang, desto stärker wirken die musikalischen Gemeinsamkeiten.

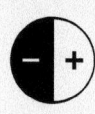

5.1.5.7   Oftmals ist der Raumklang (Raumeigenschaften) schon vor der Musik durch Klänge (z.B. kleine Geräusche wie knistern oder rauschen) bekannt. Der Raumklang ist beispielsweise in den ersten 5 Sekunden des Songs *"Xenogenesis"* von *TheFatRat* zu hören, bevor die erste Melodie kommt. Der Raumklang gehört genauso zur Identität einer Stimme, wie der Raum zur Akustik. Ein Raumklang/Hall, der vor der Gesangsstimme kommt, wäre im Intro des Songs *"Cold"* von *Maroon 5 feat. Future* zu finden. Anschließend wird der Hall bei Beginn der Stimme weggelassen, um diese direkter und klarer wirken zu lassen. In dem Song "Pompeii" von Bastille sowie in dem Song *"i'm so tired ..."* von *Lauv* werden Geräusche mit großem Raumklang und Hall vor dem Intro erzeugt.

**RAUMKLANG-
WECHSEL**

5.1.5.8   Ein Raumklang muss nicht zwangsläufig mit der eigentlichen Musik erzeugt werden. Er kann ebenso durch Hintergrundgeräusche entstehen. Hören Sie sich z.B. das Intro /Outro des Songs *"Girl - Original Mix"* von *Le Youth* an und vergleichen Sie die Raumklänge der einzelnen Stimmen. Wenn die Hauptmusik klar und ohne einen erkennbaren Raumklang gespielt wird, während durch Hintergrundstimmen ein tiefer Raumklang erzeugen, verstärkt dies die Hauptmusik und deren Relevanz. Da der Raumklang der Hauptstimme (es können ebenso mehrere sein) viel kleiner und direkter (ohne Verzerrung oder Filterung) ist, unterstützt dieser Effekt die Rollenverteilung und erhöht den Kontrast zwischen Haupt- und Nebenstimmen. Analysieren Sie die Raumklänge der einzelnen Stimmen und vergleichen Sie diese mit ihrer Rollenverteilung, Sie werden erkennen wie die Raumklänge die Stimmen untereinander beeinflussen.

5.1.5.9 Eine Stimme mit wenig Raumklang und Tiefe wirkt neben einer Stimme mit starkem Raumklang und Hall/Echo näher, direkter und klarer, weil sie durch den Kontrast zwischen den beiden Stimmen verstärkt wird. Die zweite Stimme ändert den Referenzpunkt/Anhaltspunkt für den Raumklang. In dem Song *"Come and Get Me"* von *Lecrae (Intro)*, gibt es zwei Stimmen dieser Art. Eine mit riesigem Raumklang (Rassel) damit die andere (eigentliche) Stimme (Bass Beat) klarer und intensiver heraussticht. Dieses Wirkungs-Element eignet sich besonders bei schlichten Songs mit wenigen Stimmen. Die einfachsten Stimmen (leichtes Verständnis) sind dabei am besten für den tiefen Raumklang geeignet.

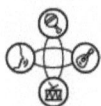

5.1.5.10 Raumklangerwartungen, die nicht erfüllt werden, kann man als innere Enttäuschung (das Erwartete traf nicht ein) nutzen, um die Stimmung bewusst und gezielt zu drücken. Hören Sie in dem Song *"Cherri"* von *Lana Del Rey* den Einstiegslauf des Schlagzeugs. Bewerten Sie den Verlauf der Raumklänge im Vergleich mit Ihren dabei empfundenen Stimmungen.

5.1.5.11 Eine Raumklangänderung hat vielseitige Auswirkungen und gewaltige Möglichkeiten, sie hängt von der Musiksituation und dem Raumklangcharakter ab. Die punktuelle Raumklangpause kann Betonungen verstärken, die Artikulation verbessern und Instrumente verstärken. Andersherum kann eine Raumklangverstärkung (mehr Raumklang, mehr Tiefe) eine Steigerung unterstützen, aber genauso auch die rhythmische Ordnung verwirren. In dem Song *"Halo"* von *Beyoncé* enthält das Intro einen leisen Hintergrundchor mit einem tiefen, großen Raumklang. Diese Stimme ist auf der 1 jedes Taktes leise und steigert sich Richtung Taktende. Die Raumklangänderung, welche mit der Lautstärkeänderung der ganzen Stimme einherkommt, verstärkt die Betonung und Klarheit des ersten Schlags im Takt und sie unterstützt die Bewegung/Steigerung Richtung Ende/Anfang des Taktes.

RAUMKLANG-
WECHSEL

5.1.2.3

5.1.5.12 Mit der Veränderung des Raumes, Halls oder des Standpunktes der Musikquelle (in Abhängigkeit des Hörers) kann eine emotionale Steigerung erzeugt werden. Raumklänge können Emotionen verändern, indem sie sich zusammenpressen, ausdehnen, bedrücken oder entspannen. Ein Raumklang muss nicht realistisch wirken, er darf sogar verwirren.

RAUMKLANG-
WECHSEL

5.1.5.13 Oftmals wird eine Steigerung mittels Raumklang-wechsel durch gedämpfte Stimmen bzw. schlechtere Musik erzeugt. Kurz vor dem Hauptteil bekommt der Raumklang einen Filter eine Tiefe oder einen Hall, der die Stimmen schwerer zu trennen/verstehen macht. Verglichen hört es sich an, als würde man aus dem Zimmer der Musik Quelle in ein Nebenzimmer gehen. Hören Sie dazu den Song *"Sky full of Stars"* von *Coldplay*. Einen gedämpften Stimmenanfang des Schlagzeugs gibt es ebenso im Intro des Songs *"Leave Out All The Rest"* von *Linkin Park*. Genauso kann ein Echo steigernd wirken. Ein weiteres Beispiel wären die Hintergrundmelodien des Intros (0:00-0:26) sowie der Bridge (2:13-2:31) im Song *"The River"* von *AURORA* oder der Raumklang der Drums in der Bridge (2:22-2:31) des Songs *"Friends"* von *Marshmello feat. Anne-Marie*.

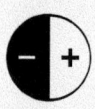

5.1.5.14 Raumklangänderung zum Hauptteil / Drop: Wenn kurz vor einem Hauptteil (Chorus) oder vor einem Neueinstieg des Verses ein großer und tiefer Raumklang hinzugefügt wird, so klingt der tatsächliche Hauptteil, indem der tiefe Raumklang wieder entfernt wurde, direkter und stärker, obwohl sich der eigentliche Klang zwischen Verse und Chorus nicht ändert. Die Raumklangänderung kann durch eine einfache Stimmenveränderung und zusätzliche Geräusche entstehen. Hören Sie zum Beispiel das Geräusch in *"iTs YoU"* von *ZAYN* in Minute 2:18 an und achten Sie auf den Effekt und Ihre Wahrnehmung.

5.1.5.15 Besonders beim Schlagzeug und anderen rhythmischen Stimmen kann man mit verschiedenen Klangräumen (für jeden einzelnen Schlag) und in gegenseitiger Wechselwirkung spielen. Im Gegensatz zu den Hauptstimmen und den Stimmen, die für Atmosphäre/Stimmungsklima (Klangteppich) sorgen, kann das Schlagwerk in jedem Ton einen anderen Stimmungscharakter/Klangfarbe haben, ohne dabei zu verwirren, wenn der Rhythmus so dominant ist, dass er die einzelnen Klänge im Kopf (innere Vorstellung/Wahrnehmung) zusammenhält. Die Stimmen, die genau nach den inneren Erwartungen des Hörers ohne Überraschungen spielen, können sich solche Raumklangänderung leisten und trotzdem verstanden werden. Die Kunst liegt darin, das richtige Maß zwischen maximaler Vielfalt/Abwechslung und einem einfachen Verständnis/leichte Musikform zu finden.

Hören Sie für die verschiedenen Tonrichtungen einer Melodie das Intro des Songs *"Such Great Hights"* von *Postal Service* und analysieren Sie.

5.1.5.16 Suche nach einem neuen Raumklang in der Musikproduktion. Wenn man einen neuen Raumklang für eine neue Stimme zur besseren Stimmenidentifikation/-unterscheidung sucht, kann man analysieren, welche Charakteristik die Raumakustikparameter der bereits verwendeten Stimmen haben und welche Spielräume noch frei sind. Diese Raumklangmöglichkeiten kann man dann auf das Zusammenspiel/Kombinierbarkeit untersuchen und fertig ist die neue, von den anderen Stimmen herausstehenden Raumakustik.

5.1.5.17 Fließende Raumklangänderung einer Stimme. Der Song *"Titanium"* von *David Guetta feat. Sia* hat im GitarrenIntro eine klare Raumklangänderung mit einer steigernden Raumtiefe und einem darauffolgend abrupten Raumklangabbruch in ständiger Wiederholung. Auch hier lässt sich eine Spannungswandlung aufgrund der Raumklangänderung wahrnehmen. Eine weitere fließende Raumklangänderung ist in dem Song *"Sad Forever"* von *Lauv* zu hören. In den letzten Chorus-Wiederholungen (Minute 3:17-3:23) verwandelt sich ein großer Raumklang mit Tiefe/Hall in einen kleinen Raumklang, der kaum noch zu hören ist, was die Gesangsstimme viel direkter und klarer wirken lässt. Eine ähnliche Raumklangentwicklung finden Sie in dem Intro (Minute 0:00-0:17) und den Strophen (Minute 0:35 - 0:52) des Songs *"Sunday Best"* von *Surfaces.*

5.1.5.18 Hören Sie den Song *"Power"* von *Katy Perry* mit seiner großen Raumklangvielfalt der einzelnen Stimmen und Elemente und achten Sie auf dessen unterschiedliche Wirkung. Genauso ist es in *"Sober"* von *Lorde*. Erkennen Sie die Raumklangunterschiede zwischen dem Schlagwerk und den anderen Stimmen? Der Raumklang des Schlagwerks ist kleiner und bedrückender, während die anderen Stimmen freier, größer und damit stärker schwingen. Hören Sie das Musikstück und analysieren Sie es anhand der oben beschriebenen Aspekte. Bestätigen sich die obigen Gedanken oder fällt Ihnen etwas Neues auf?

RAMKLANG-
VERÄNDERUNG

KEIN
RAUMKLANG

5.1.5.19 Schlechte Raumklänge (indirekt, unklar, verschwommen, hallend) zu Beginn lassen das eigentliche Musikstück besser wirken. Der Song *"Delicate"* von *Tailor Swift* beginnt (bis Minute 0:21) ruhig mit einem ungewöhnlichen Raumklang. Er verzerrt und verschlechtert die Gesangsstimme in ihrer Klarheit, sodass diese interessanter klingt. Die Verzerrung im Intro hat zusätzlich den Effekt, dass die Gesangsstimme später ohne den Effekt viel besser klingt.

5.1.6 Hall & Echo

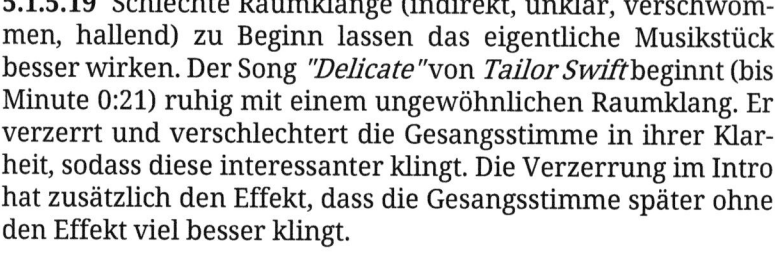

Hall & Echo:
| 3.1.6.5 | 3.2.3.3 | 4.2.4.1 | 5.1.5.1 | 5.1.8.4 |

Der Hall (Reverb) und das Echo (Delay) sind eine spezielle Form des Raumklangs. Ein Hall (Nachhall) ist eine direkte Reflexion der Schallwellen innerhalb eines Raums, welche dem ursprünglichen Klang sehr ähnlich ist (meist verschwommener und unklarer). Ein typisches Klangbeispiel eines Nachhalls wäre das Orgelspiel in einer großen Kirche. Bei einem Echo hingegen ist die Reflexion so verzögert, dass man das Echo als separaten Klang wahrnimmt. Ein Beispiel wäre der Schrei in einem Tunnel / Gebirge. Umgekehrt gesehen ist der Hall ein solch schnelles Echo, dass man es nicht mehr vom Original trennen kann.

Im Grunde kann das Echo in jedem Tonparameter entweder stufenweise/fließend (bei jeder Wiederholung) oder einmalig (nach dem Original) abgeändert werden. Dies gilt sowohl im Kleinen (innerhalb eines Echos), als auch im Großen (innerhalb mehreren aufeinander folgenden Echowiederholungen). Im Echo kann man jeden Parameter der Raumakustik, den Verlauf eines Echos sowie Änderungen zwischen den einzelnen wiederholenden Echos verändern. Ähnliches gilt auch für den Hall mit dem Unterschied, dass der Hall nicht vom Original getrennt und dadurch nicht separat betrachtet werden kann.

5.1.6.1 Ein natürliches Echo hat immer nur eine Bewegung der Lautstärke und das ist das Decrescendo. Unnatürlich wirkt ein Echo, das in seinen Wiederholungen erst lauter wird und dann abschwächt oder andersherum. Die Dynamik des Echos kann als eigenes Wirkungs-Element verwendet werden.

RAUMKLANVER-
ÄNDERUNG

5.1.6.2 Im Wechsel zwischen dem Intro, der Bridge, dem Verse und dem Chorus werden gerne Filter (Hall, geschlossener Raum, Echo, verzogene Töne usw.) eingesetzt und verändert, wodurch neue Stimmungszustände erzeugt werden können. Raumklangwechsel dienen ebenso der zeitlichen Orientierung durch eine klare Trennung verschiedener Songteile und Stimmungszustände mittels verschiedener Raumklänge. Vergleichen Sie beispielsweise in dem Song *"There's Nothing Holdin' Me Back"* von *Shawn Mendes* die Raumklänge und Stimmencharaktere der E-Gitarre zwischen Intro, Verse, Chorus und Bridge, welche sich bei jedem neuen Songteil verändern, um andere bzw. neue Stimmungen und Emotionen zu erzeugen.

5.1.6.3 In den Strophen verzerrt ein Echo gerne den Grundbeat (rhythmisch markante Stimmen) und am Spannungshauptteil ist der Grundbeat meist kurz, klar und ohne Echo. Durch diese Formen kann man Steigerungen zwischen verschiedenen Songteilen sowie innerhalb eines Elements einbauen.

5.1.6.4 Stufenweise Entladung auf jedem Echo. Ein Hall/Echo schafft Raumtiefe und ermöglicht eine stufenweise Entladung über die einzelnen Echos bzw. auf jedem einzelnen zusätzlichen Hall.

5.1.6.5 Der Song *"Titanium"* von *David Guetta feat. Sia* hat im Gitarrenintro eine klare Raumklangänderung innerhalb des Elements. Die Gitarrenmelodie kreist mit einer steigernden Raumtiefe und einem darauffolgend abrupten Raumklangabbruch in ständiger Wiederholung. Auch hier lässt sich eindeutig eine Spannungswandlung aufgrund der Raumklangänderung feststellen.

RAUMKLANNG-
VERÄDERUNG
EINER STIMME

5.1.6

**ABGEHACKTES
ECHO**

**FEHLENDES
ECHO**

3.1.2.9

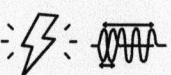

**ECHO-
TONDAUER-
VERKÜRZUNG**

5.1.6.6   Ein abgehacktes Echo entsteht, welches so stark ist, dass es, obwohl es (von seiner Lautstärke aus) mehrmals zurückschallen müsste, nach einer bestimmten Zeit bzw. Anzahl an Eigenechos mittendrin aufhört, weiter zurückzukommen, obwohl (laut dem stark hallenden Klangraum) weitere Echos folgen müssten.

5.1.6.7   Ebenso ist es möglich, dass ein Echo / Hall zwischen den aufeinanderfolgenden Echowiederholungen ausgelassen wird, was ebenfalls gegen die Natur und unsere Erwartungen geht. Unsere Erwartungen (Naturverständnis) werden also bewusst nicht erfüllt, weil wir aus Erfahrung weitere Echos vermuten (Erwartungen) und nicht damit rechnen das sich der Raumklang bzw. das Echo ändert. Genauso lässt sich dieser Effekt auf jeden weiteren Raumklang übertragen. Wenn man auffällige Raumklänge abrupt pausieren lässt ("wie ein stottern"), erfährt der Hörer eine unrealistische, unnatürliche, aber interessante Wirkung des Raumklanges. Ein fehlendes Echo kann ebenso im Großen stattfinden und einen ganzen Musikabschnitt oder eine Wiederholung einer Stimme betreffen.

5.1.6.8   Ein Echo kann eine andere Betonung und Tondauer haben als das Original. In dem Song *"No Mony No Love"* von *David Guetta* haben die ersten Acht Töne des Intros ein Echo, welches kürzer bzw. punktierter ist als ihr Original und minimal nach hinten versetzt wurde. Dies macht das Echo unnatürlich, was im Intro die notwendige Aufmerksamkeit erzeugt.

5.1.6.9   Ein zu spät eintreffendes Echo wirkt unnatürlich und reizt. Stellen Sie sich vor: Das Echo kommt verspätet, nachdem der Ton längst zu Ende ist. Zwischen dem Tonende und dem Raumklangstart ist nichts / Stille. Zum Beispiel kurz vor dem Chorus (letzter Ton) in *"Its You"* von *ZAYN*.

5.1.6.10 Ein Echo, das lauter ist, als das Original wirkt abnormal und unnatürlich.

5.1.6.11 Tendenziell ist das Echo länger gezogen und verschwommener als dessen Original. Unnatürlich wird es, wenn das Echo kürzer, prägnanter und direkter klingt als sein Original. Es entsteht aber dadurch die Gefahr / Chance, dass der Hörer das Echo nicht mehr als Echo, sondern als Original einordnet/klassifiziert.

5.1.6.12 Das Echo hat eine andere Betonung als das Original und wechselt diese in den folgenden Wiederholungen.

5.1.6.13 Innerhalb eines Echos können genauso unnatürliche Veränderungen vorkommen wie zwischen den einzelnen Echos oder zwischen Echo und Original. Bei einem Echo mit mehreren Silben, Wörtern oder Tönen können diese vertauscht werden und mit gegensätzlichen bzw. unnatürlichen Stilmitteln bestückt werden, um noch mehr Fremdartigkeit und Kontrast zu bieten.

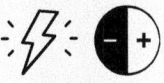

ECHOVERÄNDERUNG INNERHALB EINES ECHOS

5.1.6.14 In Übergängen z.B. vom Verse zum Chorus kommen oftmals neue Stimmen mit einem größeren Raumklang hinzu. Der Song *"Empire"* von *Dimitri Vangelis und Wyman VS Tom Star*, hat einen Raumklangwechsel zwischen dem Verse und dem Chorus. Im Chorus kommt eine Stimme (eine Flöte mit einem Ton startet auf der 2 im Hintergrund) hinzu, die in einem größeren Raumklang und mit mehr Tiefe spielt. Hören Sie im Song *"Xenogenesis"* von *TheFatRat* die Raumklangwechsel einzelner Stimmen zwischen den Songteilen.

5.1.6.15 Häufig kommt im Gesang am Ende der Strophe/Verse ein kurzes Echo (eine Wiederholung) der letzten Silbe/n, was unnatürlich ist, da ein Raumklang normalerweise auf eine gesamte Stimme wirkt und nicht nur auf einen zeitlich begrenzten Teil einer Stimme. Dieses Echo erzeugt ein weicheres / weniger abruptes Ende und verlängert dessen Weiterschwingen / Tragfähigkeit (Musik: Pop, Hip - Hop, Rap etc.).

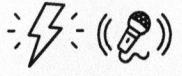

5.1.6.16 Ein "Doppelhall" wie z.B. bei der Rede von Martin Luther King: "I have a dream", klingt faszinierend da die eigenen Laute mehrmals zurückschallen und auf die neuen akustischen Signale / Wörter treffen. Das Überlappen der Töne hat eine besondere Auswirkung auf die Wahrnehmung des Gesagten. Hören Sie sich die Aufnahme seiner Rede an und analysieren Sie, wie das Echo auf den neuen Lauten wirkt. Ein interessantes Beispiel ist der Song *"One Day (Vandaag) Radio Edition"* von *Bakermat* genauso wie *"Klanga"* von *Gostan*.

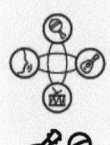

5.1.6.17 Generell wirkt es eher außergewöhnlich, wenn unterschiedliche Melodien einzelner Stimmen ihre Stimmencharaktere kurzzeitig austauschen. Im Echo können sich die Stimmencharaktere austauschen z.B. indem das Echo des Klavierakkords die Charakteristik eines Gitarrenechos bekommt. So kann Spannung und Energie erzeugt werden, weil der Hörer kurzzeitig mit den Stimmencharakteren und der Rollenverteilung durcheinandergebracht wird. Es ist faszinierend, wenn einzelne Stimmen ihre Raumklänge und Effekte gegenseitig austauschen, denn dies ändert die Rollenverteilung der Stimmen, sodass der Hörer ihre Stimmencharakteristik neu zuordnen muss.

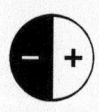

5.1.6.18 Die Off-Beat Schläge (8 x Achtel bei Minute 0:07 und 0:25) im Intro und Verse des Songs *"Off To See The World"* von *Lukas Graham* haben dieselbe Tonhöhe und einen großen Raumklang und erhöhen so den Fokus auf die darauffolgende direkte, klare (kleiner Raumklang und Abstand) Stimme. Der tiefe Raumklang lässt die folgenden Stimmen klarer, direkter und näher wirken, weil der Kontrast zu den hallenden Tönen stark ist. Sie werden als letzte Töne im Outro gespielt. Diese besonderen Töne geben Halt und Orientierung in Situationen, wo man sich schwer am Beat allein festhalten kann. Ein weiteres Beispiel findet sich in der Bridge von *"My House"* von *Flo Rida*, dort gibt es ebenfalls die hohen, gleichen und Halt gebenden Obertonstimmen.

OFF–BEAT

5.1.6.19 Ungewöhnliche Echo-Rhythmen: Eine Echowiederholung in ungewöhnlichen Zeitabständen wirkt unnatürlich wie z.B. Echos in Triolen, Sechstolen, Synkopen, Punktierte, Achtel –Viertel–Achtel oder in einer Off-On-Beat Abwechslung.

5.1.6.20 Stellen Sie sich vor: Die Echowiederholung findet in einer anderen Tonlage statt als das Original und verändert sich stetig oder unregelmäßig (in eine oder mehrere Richtungen) in der Tonlage (z.B. sinkende Echo-Töne). Erkennen Sie Ihre inneren Klangvorstellungen und das unnatürliche dieses Stil-Elements?

5.1.6.21 Ein Echo kann regelmäßig wiederholt werden aber nicht auf derselben "Zeit" wie ihr Original. Wenn z.B. das Original direkt auf einer Viertel/Achtel kommt und das Echo dann um eine 8/Sechzehntel davor oder zu spät eintrifft, wirkt dies unnatürlich. Hören Sie dazu das Echo des Wortes "Bad" in dem Song *"Bad"* von *David Guetta feat. Vassy*.

5.1.6.22 Ein Klang kann direkt und klar sein, ohne Raumklang, Tiefe oder Resonanz. Wenn zu diesem Raumklang (Umgebung) ein Echo hinzukommt, wirkt dies unnatürlich, weil es normalerweise nicht in den "Raum" hineinpasst. Hören Sie die Hook-Töne von *"Alarm"* von *Anne-Marie* im Intro und überzeugen Sie sich selbst.

KEIN RAUMKLANG

5.1.6

5.1.6.23 Ein Echo, das abwechselnd von vorne und von hinten kommt oder abwechselnd von der linken Seite zur Rechten und wieder zurück wandert, wirkt unnatürlich und fremdartig.

5.1.6.24 Ein Echo, das dem Taktschlag/Tempo angepasst wird, will den ganzen Takt abschließen um sich im System, gemäß den Erwartungen aufzulösen. Wenn z.B. auf der letzten Viertel des 4/4 Taktes ein kurzer Schrei zu hören ist und sich dessen Echo in Vierteln wiederholt (das erste Echo ist auf der 1 des nächsten Taktes zu hören), sollte man den Schrei insgesamt 4 Mal (1 Original + 3 Echos) hören, damit er auf der letzten Viertel nächsten Taktes vollständig ausklingt. Wenn der Schrei nur 3 Mal zu hören ist und somit auf der dritten Viertel des Taktes aufhört, führt ihn der Hörer innerlich weiter, damit die erhoffte Auflösung auf dem Ende des Taktes (vierte Viertel) stattfindet. Hören Sie dazu *"Xscape"* von *Michael Jackson* wo das obige Beispiel ("Au-Schrei") im Intro (Minute 0:07, 0:16 und 3:45) und Outro existiert. Interessanterweise hat dieses Beispiel ebenso einen springenden, weiterleitenden Effekt. Der erste Schrei kommt auf einem unbetonten Schlag (dem vierten und letzten des Taktes), das erste Echo auf einem betonten Schlag (dem Ersten).

2.4.5.2
3.1.3.12

NEUER GEDANKE!

ECHO FÖRDERT INNERE MUSIK

Obwohl der erste Schrei am stärksten ist und sein Echo immer in einer schwächeren und schrumpfenden Form zu hören ist, wirkt das erste Echo auf der Eins im Kopf (innere Vorstellung/ Wahrnehmung) fast genauso stark wie dessen Original. Dies liegt daran, dass der Hörer automatisch und unbewusst Töne auf betonten Zeiten/Schlägen (z.B. die erste Viertel und die dritte Viertel im 4/4 Takt) betonter und intensiver wahrnimmt, als sie eigentlich (tatsächlich akustisch) sind. Dadurch zieht man sich innerlich von dem ersten unbetonten Schrei fließend zu dem ersten betonten Echo. Dieser Effekt ist genauso im Outro des Songs *"Slave to the Rhythm"* von *Michael Jackson* auf dem letzten Abschlussschrei zu hören. In *"Driveway"* von *culpriit* ist ein ähnlicher Sprechlaut im Intro vor dem Gesangseinstieg, der auf einem unbetonten Zeitpunkt (zweite Viertel im 4/4 Takt) klingt und dessen Echo auf einer Betonten (3) beginnt. Die Echowiederholungen halten sich über den angefangenen Takt. Sie lösen sich aber vor dem Abschluss des neuen Taktes (4ter und letzter Takt der Taktperiode) auf, sodass sie bis zum Schluss, bis zur letzten Viertel des vierten Taktes, im Kopf (innere Vorstellung / Wahrnehmung) weiterklingen. Um einen solchen Effekt zu erzeugen, sollte die Echoquelle/Auslöser auf einer unbetonten Zeit und das erste Echo auf einer betonten Zeit sein, vorausgesetzt das Echo wiederholt sich rhythmisch im Takt in Halben, Viertel, Achtel oder Sechzehntel. Dazu sollte das Echo über den Takt hinausgehen und diesen nicht bis zum Schluss auflösen, sondern schon vorher erlöschen, damit das Echo bis zum Ende des Taktes in der inneren Wahrnehmung weiterschwebt. Dieses Wirkungs-Element funktioniert nicht nur bei einem Echo/Hall, sondern bei wiederholten Formen jeglicher Art mit den oben genannten Voraussetzungen.

5.1.6.25 Tonhöhenfilter im Echo oder im Original bringen meist unnatürliche Raumklangänderungen. Das Original kann zum Beispiel die oberen Tonhöhen leise machen, die dann das Echo wieder laut lauter spielt als sein Original.

5.1.6.26 Einzelne Töne können unabhängig von ihren Tonhöhengruppen/Melodien im Echo anders (Lautstärke, Tonhöhe, Betonung...) zurückschallen als im Original, genauso ihre innere Tonentwicklung / Klangverlauf. Hören Sie *"everything i wanted"* von *Billie Eilish* und achten Sie auf die Echo-Entwicklung bei den Worten "fly" (Minute 0:43) und "cry" (Minute 0:51).

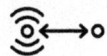

Vergleichen Sie die einzelnen Echos mit dem ersten originalen Gesang und entdecken Sie die Tonhöhenänderungen.

5.1.7 Klang - Abstand

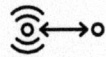

> Klang–Abstand:
> | 3.2.2.11 | 3.2.2.12 | 4.1.4.8 | 4.1.4.12 | 4.1.4.13 | 5.1.2.1 | 4.2.2.2 |
>
> Abstands-Änderung:
> | 5.1.7.5 | 5.1.7.6 | 5.1.7.7 | 5.1.7.8 | 5.1.7.10 | 4.1.4.7

Der Abstand zwischen Hörer und Spieler/Musikquelle/Instrument beeinflusst die Wahrnehmung und Gefühle des Hörers. Es ist, als wäre die Musik eine Person, dessen Abstand zum Rezipienten etwas über ihr Verhältnis aussagt. Nah klingende Stimmen, welche durch den Raumklang, die Lautstärke und die Tonhöhenakustik erzeugt werden, wirken persönlicher, intimer als Stimmen mit größerem Abstand. Der Rezipient reagiert je nach Verhältnis/Abstand unterschiedlich auf die Musik, ähnlich wie im echten Leben. Um ein persönliches Verhältnis aufzubauen, ist es hilfreich, mit einem größeren Abstand anzufangen, um sich dann langsam zu nähern, anstatt zu direkt, konfrontativ und persönlich zu starten, was den Hörer eher überfordert.

Der Abstand zur Musikquelle, sowie die Lautstärke und der Raumklang hängen in der Natur immer zusammen. Auch in der Musik sind diese Komponenten abhängig voneinander und treten nur in Verbindung auf. Die Lautstärke zeigt beispielsweise, ob eine Stimme in der Musik genauso laut ist (Sololautstärke) wie in der Natur aber ebenso, wie laut sie neben allen anderen Stimmen wirkt (Lautstärke / Durchsetzungsvermögen unter der Gesamtmusik).

5.1.2.3

Der Raumklang sagt aus, wie viel Musik zwischen dem Hörer und der Musikquelle verloren geht und beeinflusst somit indirekt den Abstand.

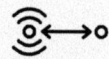

5.1.2.3

5.1.7.1 Der Abstand zur Stimme zeigt sich sowohl in der Laut-stärke (durch drei Formen) als auch in der Klangfarbe zum Beispiel darin, dass Details noch zu hören sind. Eine Stimme kann gefühlt weit weg sein, durch andere Stimmen verdrängt werden und trotzdem erkennt man die Atmung und Schmatzer des Gesangs, die Seitenschlaggeräusche und Griffbrettrutsch-geräusche einer Gitarre. Dies ist nur möglich, wenn die natürliche Lautstärke, die Stimmenverdrängung, die Lautstär-kenverteilung in der Tonhöhe und der natürliche Raumklang des Instruments entfremdet wird.

5.1.7.2 Durch den Abstand zwischen dem Hörer und der Mu-sik werden Emotionen transportiert. Besonders nahe Schmatz -Geräusche/Mund-Geräusche können sehr persönlich bis hin zu romantisch wirken und das liegt hauptsächlich an der emp-fundenen Nähe des Hörers zur Person.

5.1.7.3 Der Abstand einer Musikstimme wird beeinflusst durch
- den Raumklang. (Wird nochmal unterteilt)
- Die Lautstärke der Stimme zur Natur und zur Gesamt-musik.
- Lautstärkeverteilung (z.B. schaffen starke Höhenvertei-lung Schmatzer die Nähe, genauso wirkt Bass ohne Raumklang eher von innen heraus).

5.1.7.4 Raumklang - / Abstandsänderung: In *"Stolen Dance"* von *Milky Chance* hat die Off-Beat Hi-Hat einen gewöhnlichen Raumklang, in den man als Hörer leicht einsteigen kann. Dieser wandelt sich dann in 16 Schlägen zu dem eigentlichen, kleineren und direkteren Raumklang. Der Anfangsraumklang sollte einen möglichst leichten Einstieg für den Hörer ermöglichen. Dieser Raumklang-/Abstands-Wandel passiert, um den Hörer zu Beginn mit einem gewöhnlichen Raumklang abzuholen und später eine größere Raumklangvielfalt zu ermöglichen, damit sich die einzelnen Stimmen im Raumklang unterscheiden. Ein ähnliches Intro hat *"bâtard"* von *Stromae*. Im Outro findet der gleiche Vorgang nur umgekehrt statt, indem der Hörer langsam in die Tiefe geht und sich immer distanzierter von der Stimme verabschieden kann. Der Rezipient liebt zwar direkte klare Stimmen mit geringem Raumklang und möglichst wenig Tiefe, empfindet diese jedoch als intensiv, persönlich und direkt. Daher ist es für den Anfang und das Ende harmloser, mit einem natürlicheren (tieferen) Raumklang anzufangen bzw. aufzuhören. Man könnte sogar behaupten, dass hier eine Parallele zu unserem menschlichen Wohlfühl-/Sicherheitsabstand besteht. Je tiefer der Raumklang, desto größer der Abstand zwischen dem Hörer und der Musikstimme und desto größer wird die Sicherheit, das Wohlbefinden und der erste bzw. letzte Eindruck.

STIMMEN-
CHARALKTER

OFF–BEAT

ABSTANDS-
ÜBERGÄNGE IN
INTRO & OUTRO

5.1.7

5.1.7.5 Abstandswechsel: Mehrere Geräusche eines Instruments von verschiedenen Abständen und Raumklängen können fließend und sprunghaft aufgenommen werden. In dem Song *"Waves"* von *Dean Lewis* werden z.B. die Gitarrentöne und die Rutschgeräusche der Finger auf dem Griffbrett voneinander getrennt. So sind die Rutschgeräusche im Verhältnis zur Gitarrentöne ungewöhnlich laut und nah, die restlichen Gitarrentöne sind jedoch in einem gewöhnlichen Abstand. Die Geräusche so wie die Gitarrentöne werden separat aufgenommen und dann in ihrer Lautstärke und ihrem Raumklang verändert, dass sie außergewöhnlich und ereignisreich wirken. Dies erkennt man ebenso daran, dass die neuen Gitarrentöne (Akkorde) schon zu hören sind, während die Rutschgeräusche am Griffbrett noch nicht zu Ende sind und somit die neuen Akkorde normalerweise gar nicht gegriffen werden können. Ein weiteres Musik-Beispiel für unverhältnismäßige Gitarrenrutschgeräusche ist der Song *"Friends"* von *Marshmello feat. Anne - Marie* im Intro und Outro.

TRENNUNG VON
ABSTAND UND
NATÜRLICHER
LAUTSTÄRKE

5.1.7.6 Eine Abstandsänderung zum Hörer kann als Steigerung oder Rückgang empfunden werden. So wird in dem Song *"Points of Authority"* von *Linkin Park* der Abstand der Gesangsstimme bewusst genutzt, um von einem Songteil zum Nächsten eine Steigerung zu generieren. So wird im ersten Teil (Minute 0:32) ein größerer Abstand und eine geringere Lautstärke gewählt, um zum nächsten Teil durch einen geringeren Abstand zum Hörer und eine größere Lautstärke des Gesangs Richtung Hauptteil zu steigern.

5.1.7.7 Schnelle Abstandsänderungen, die mit einem realen Instrument praktisch unmöglich sind: Klavier ändert innerhalb einer Vierteltonreihe seinen Abstand aus dem Hintergrund in den Vordergrund des Orchesters). Im Song *"Miss You"* von *Clean Bandit feat. Julia Michaels* kann man im Anfang die Abstandsveränderung von Klavier und Streicher (Cello) wahrnehmen. Die aufsteigende Tonfolge (Tonleiter) der Streicher beginnt in großem Abstand zum Hörer und kommt diesem mit jedem Ton näher. Dieser Vorgang wiederholt sich mehrmals in Minute 0:28 und 1:32.

5.1.7.8 Abstandsänderung passt nicht mit der damit verbundenen Lautstärkeänderung zusammen: Der Abstand zum Gesang wird größer, während sich die Lautstärke ebenfalls vergrößert.

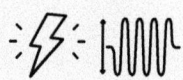

5.1.7.9 Eine Abstandsänderung mit der natürlichen Richtung der Lautstärkeänderung, jedoch in einem unterschiedlichen Verhältnis, macht den Anschein einer unnatürlichen Wechselbeziehung der beiden Parameter Abstand und Lautstärke. Dieses Wirkungs-Element wirkt besonders bei flüssigen Übergängen/Änderungen. Zum Beispiel kommt eine Stimme von weit weg zum Hörer, wird aber nur leicht lauter oder die Stimme wird viel lauter, kommt aber nur ein bisschen näher.

5.1.7.10 Unnatürliches Verhältnis zwischen Abstand und Raumklang: Der Raumklang ändert sich bei Abstandsänderung auf unnatürliche Weise. Je nachdem welchen Abstand die Stimme zum Hörer hat ändert sich ebenso der Raumklangcharakter komplett. Dies reicht vom klaren Tonstudio (ohne Raumklang), zu der nahen, direkten Duschkabine zum mittleren Gebirge bis in einen langen Tunnel mit Echo.

RAUMKLANG –
ABSTANDS–
DIFFERENZ

5.1.7.11 Die Abstandsänderung passt nicht mit der Raumklangänderung zusammen: Der Abstand wird größer, die Raumtiefe aber kleiner (wenn man den Abstand zwischen Hörer und Spieler z.B. im Tunnel erhöht, erhöht sich normalerweise ebenso der Raumklang, die Raumtiefe und das Echo). Eine Stimme, die näherkommt bzw. lauter wird, deren Raumklang aber in die Tiefe/Ferne geht (oder andersherum), wirkt unnatürlich und faszinierend.

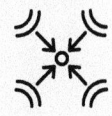

RAUMKLANG –
ABSTANDS –
DIFFERENZ

5.1.8 Klang-Richtung

> Klang-Richtung:
> | 4.1.1.12 | 5.1.2.2 | 5.1.6.23 |
>
> Klang-Richtungs-Änderung:
> | 4.1.1.6 | 4.1.1.12 | 5.1.8.4 | 5.1.8.6 |

Richtung (Herkunftsrichtung) eines Klangs hat mit Raumakustik zu tun denn die Raumakustik beeinflusst die Klarheit der Richtungsbestimmung woher der Klang bzw. die Stimme / Musik herkommt. Wenn zum Beispiel der Hall von allen Seiten kommt (z. B. Hörer auf Bergspitze und Spieler im Tal einer umkreisenden Gebirgskette) ist die Richtung kaum zu erkennen. Je weniger Raumtiefe / Hall, desto besser erkennt man die Richtung. Die Richtung hat ebenso mit Abstand zu tun. Denn desto größer der Abstand (Lautstärke und Klangfarbe), desto schwerer ist, die Richtung einzuschätzen.

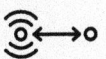

5.1.8.1 Musik braucht eine Richtung aus der sie kommt und eine Richtung wohin sie geht. Kommt die Musik aus allen Richtungen, überfordert bzw. verwirrt sie uns. Daher ist es für das Verständnis und zur Einordnung akustischer Signale und Reize (=Wahrnehmung) besser, der Musik eine Richtung zu geben, sowohl im großen gesamten Werk als auch im kleinen einzelnen Element. Besonders die Entwicklung der Richtung und des Raumklangs wirkt spannend.

5.1.8.2 Um einen Ton während des anhaltenden Klangs zu verstärken, kann man ihn am Anfang punktuell entstehen lassen und im Laufe des Klangs nach Außen ausbreiten, sodass er am Ende von vielen Seiten kommt. Hören Sie in dem Song *"What About Us"* von *P!nk* (Bridge, Minute 3,1) den Gesang "are we READY" an und achten Sie auf die Klangentwicklung und den Raumklang. Wie verändert sich die Stimmung?

5.1.8.3 Ein zeitlicher Verzug von einem Ohr zum anderen Ohr kann in einer orientierungslosen Situation mit vielen Stimmen für Richtung und Orientierung sorgen. Durch den Verzug von einem Ohr zum anderen können wir erkennen, aus welcher Richtung die vernommenen Töne stammen, dasselbe gilt genauso für ein Echo.

5.1.8.4 Ebenfalls fremdartig wirkt Musik, deren Hall bzw. Echo (Raumklang) aus einer anderen Richtung kommt (oder sogar aus mehreren Richtungen), als ihre ursprüngliche Klangquelle. Eine Links-Rechts-Ohrabwechslung zum Beispiel findet man im Intro des Songs *"Motivation"* von *Kelly Rowland und Lil Wayne* mit dem Wort "Go-Go-Go-Go". Der Song *"Pompeii"* von *Bastille* hat eine Richtungsänderung innerhalb des Trommellaufs im Chorus (ab Minute 0:51) vom linken zum rechten Ohr.

LINKS-RECHTS ABWECHSLUNG

5.1.8.5 Eine zu schnelle Änderungsgeschwindigkeit und zu viele Richtungen, aus denen ein Instrument kommt, wirkt unnatürlich. Ein Beispiel für eine zu hohe Änderungsgeschwindigkeit der Tonrichtung wäre ein Klavier, das innerhalb einer Achteltonreihe einen Ton vor dem Hörer und einen hinter ihm spielt. Ein weiteres Beispiel wäre ein Klavier, das zwei Töne gleichzeitig spielt die jeweils aus verschiedenen Richtungen kommen.

GESCHWINDIG-KEIT DER RICHTUNGS-ÄNDERUNG & RICHTUNGSAN-ZAHL

5.1.8.6 Der Raumklang ändert sich während einer Richtungsänderung gleichmäßig mit. Je nachdem aus welcher Richtung eine Stimme kommt, ändert sich ebenso der Raum, in dem sich die Stimme befindet. Absolut unnatürlich ist der Wechsel vom Kathedralen-Sound unten links zum Sound einer kleinen Einzimmerwohnung oben rechts innerhalb einer Stimme.

RAUMKLANG-WECHSEL

5.1.8.7   In der Klang-Richtung lässt sich mit jedem Parameter etwas Unrealistisches gestalten, indem man die Ohren voneinander trennt. Das bedeutet, dass jede Stimme auf den beiden Ohren eine andere Raumakustik (Abstand / Richtung / Raumklang / Effekte...) sowie einen anderen zeitlichen Verlauf der Raumakustik bekommt.

ANZAHL DER
RICHTUNGEN

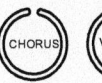

5.1.8.8   Mehrere Stimmenrichtungen (Stimmenanzahl) im Hauptteil sind hilfreich, um die Stimme noch stärker (Rollenverteilung) zu machen. Der Hauptteil hat meist mehr Stimmenrichtungen als der Verse. Häufig wird die Hauptstimme im Chorus multipliziert und von mehreren Richtungen ausgestrahlt, um ein fülligeres / voluminöseres Klangerlebnis zu erzielen. Die Hauptstimme des Verses wird stärker gerichtet und direkter klarer ausgedrückt. Hören Sie *"Good Life"* von *The Young Escape* und achten Sie auf die Gesangsstimmenrichtung von Verse und Chorus. Erkennen Sie den Unterschied?

5.1.8

ABSTRAKTE

ELEMENTE

Teil 6

Abstrakte Elemente der Musik

Teil 6 Abstrakte Elemente der Musik

6.1 Innere Musik

"Alle Musik ist eigentlich innere Musik und muss immer wieder zu innerer Musik werden."

Gerhart Hauptmann

WIE HÖREN WIR?

Das Thema der *"inneren Musik"* (der Name ist frei erfunden) ist nicht gerade leicht zu erklären und zu verstehen, weil man es nur theoretisch und abstrakt erläutern kann. Damit wir eine gemeinsame Vorstellung von dem bekommen, was wir hören und wahrnehmen, brauchen wir Fantasie, Hörerfahrung und ein wenig Reflexion des eigenen Hörverhaltens.

6.1.1 Grundlagen der inneren Musik

Es gibt einen Unterschied zwischen dem, was aus dem Lautsprecher/Instrument kommt und dem, was unser Bewusstsein erreicht. Die innere Musik beschreibt die innere Veränderung der Musik (in der Wahrnehmung), die der Reaktion unseres Inneren auf bestimmte Effekte und Stil-Elemente entspringt. Sie gibt uns eine eigene, neue Vorstellung von der gehörten Musik. Wie individuell innere Musik sein kann, zeigen die unterschiedlichen Reaktionen (Mimik, Bewegung zur Musik) verschiedener Menschen auf ein und denselben Song. Und dass, obwohl die Reaktion des Hörers ebenso von anderen Faktoren wie Charakter, Lebenssituation, Selbstbewusstsein, Vergangenheit und Umfeld abhängig ist. Besonders wird die Wahrnehmung aber von den eigenen Vorstellungen und Erwartungen an die Musik beeinflusst.

DEFINITION

Zu der Veränderung gehört das Hinzufügen, Auslöschen, Filtern und Abändern akustischer Signale. Der Auslöser für die Umwandlung der Musik sind Gefühle, Reize und der Drang nach emotionaler Entfaltung. Eine größere Rolle spielen dabei die inneren Erwartungen und der persönliche Musikcharakter. Beobachten Sie selbst, wie Ihr inneres Gehör die Musik an manchen Stellen umformt, wenn Sie Musik hören, die in Ihnen große emotionale Reize auslöst?

Wenn zum Beispiel bei einem Schlusston eine Auflösung stattfinden sollte, aber der eigentliche Auflösungston nicht kommt, dann spielen wir diesen in uns zu Ende (innere Musik), damit unsere Erwartungen erfüllt werden. Beobachten Sie z. B. das Ende von *"Not Going"* von *Oh Land*.

Innere Musik:
| 2.1.1.2 | 2.3.2.3 | 2.4.4.1 | 2.4.5.2 | 2.4.5.4 | 2.4.5.5 | 3.1.2.4
| 3.1.2.5 | 3.1.2.8 | 3.1.3.13 | 3.1.3.12 | 3.1.5.9 | 3.1.7.13
| 3.1.7.13 | 3.2.2.21| 3.2.2.24 | 4.1.2.2 | 4.1.5.9 | 4.1.5.10 | 4.1.9.2
| 4.2.1.5 | 4.2.2.4 |

6.1.2 Ursachen der inneren Musik

„Innere Musik wirkt emotionaler als die echte."

„Die innere Musik ist an unsere Vorstellung, an unseren Wünschen und Erwartungen angepasst und dadurch persönlicher, intensiver und wirkungsvoller."

„Die innere Musik erzeugt die größtmögliche Differenz zwischen innerer und tatsächlicher Musik sowie das größte Vertrauen zwischen den inneren Erwartungen und der tatsächlicher Musik."

Jeder hat eine innere Klangvorstellung, die er sich durch seine Klangerfahrung angeeignet hat. Darunter gehört zum Beispiel, dass ein Schlagzeug laut ist und eine Rassel leise, dass die hohen Klaviertasten (bei gleicher Anschlagkraft) meist leiser sind als die tiefen. Aus unseren Erfahrungen wissen wir, dass man kaum eine einzelne Geige aus einem großen Orchester heraushört und dass eine Gesangsstimme unter der Dusche anders klingt als auf einem Gipfel der Alpen. Zu diesen Musikvorstellungen gehören ebenso die Erwartungen an den Spannungsverlauf, die Harmoniefolgen, Tongruppen und Rhythmen ... Die inneren Klangvorstellungen sind vielseitig und umfangreich. Sie haben viel mit unserem persönlichen Musikcharakter zu tun.

In der inneren Musik erkennen wir also unseren persönlichen Musikcharakter. Vergleichen Sie Ihre innere Musik mit der Wahrnehmung anderer Menschen, indem Sie gemeinsam Musik hören und sich über das Gehörte austauschen. Suchen Sie Musik-Beispiele aus den Wirkungs-Elementen Achten Sie auf die verschiedene Wahrnehmung und Reaktion jedes Einzelnen. Probieren Sie es gleich aus und vergleichen Sie die Reaktionen.

Tonfolgen und Harmonien, die Erwartungen/Klangvorstellungen des Rezipienten besonders erfüllen, können leiser gespielt werden und bekommen trotzdem ihre Aufmerksamkeit. Denn die milde Ausdrucksweise bewirkt, dass sich die Tonfolge/Harmonie in ihrer Musikvorstellung stärker entfaltet. Dies setzt ein Gefühl der Zufriedenheit, Freiheit und Entspannung frei, weil man die Musik in seiner persönlichen Vorstellung/Wahrnehmung vollendet hat (erfülltes Bedürfnis).

WIRKUNG

Auf diese Art und Weise kann durch weniger Musik mehr Energie im Hörer entstehen, weil dies eine Vollendung im Kopf innere Vorstellung/Wahrnehmung herausfordert bzw. provoziert. Dieses Wirkungs-Element hat das Potential, größere Emotionen im Rezipienten auszulösen, als die Musik selbst bewirken könnte, weil der Hörer stärker in die Musik miteinbezogen und gefordert wird. Es wirkt, als ob der Künstler diese Gefühle dringlich freisetzen will, dies aber nicht ganz kann und so den Hörer (der ihm emotional folgt) auffordert, seine angefangenen Gefühle vollständig zu entfachen. So kann

der Hörer seine Eindrücke und Reize nach seinen eigenen Vorstellungen und Fantasien vollständig entfalten und erleben. Der Künstler vermittelt also ein Gefühl der Erregung und Lust, die Musik im inneren Ohr zu vollenden. Meist wird dieser innere Drang mit einer musikalischen Führung, z.B. durch melodische Vorankündigung zum "musikalischen Ideal" (Spannungsauflösung/Energiefreisetzung) geweckt.

Die innere Musik bezieht sich also nicht nur auf das Konzentrieren und Rausfiltern von den Musik-Elementen bzw. den Stimmen, die den inneren Erwartungen entsprechen. Sie bedeutet genauso das fiktive Abändern von Musik-Elementen, um diese unseren inneren Vorstellungen anzupassen.

WAS PASSIERT IM KOPF

Musik sollte einen Freiraum zur eigenen Interpretation schaffen und anregen, seine persönliche Musik (Klangvorstellungen /Musikerwartungen) innerlich zu entfalten und weiterzuentwickeln. Sie darf dem Hörer keine Emotionen aufdrücken, sondern soll ihn dazu verleiten, diese aus sich heraus nach den eigenen Erwartungen freizusetzen.

Das beste Glücksgefühl der Musik entsteht durch die Erfüllung unbewusster Erwartungen. Die Bestätigung der inneren Musikerwartungen (Harmonieverlauf, Taktgefühl, Dynamikverlauf) ist die größte Belohnung des Gehirns und erzeugt die stärkste emotionale Erregung.

6.1.3 Beispiele für innere Musik

6.1.3.1   Wichtige markante Töne, Rhythmen und Betonungen, welche versteckt oder unauffällig vorkommen (oder ganz ausbleiben), werden im Kopf (innere Vorstellung/Wahrnehmung) lauter gemacht, damit sie die Erwartungen des Hörers erfüllen. Wenn Sie also die Wirkungs-Elemente und Stil-Elemente, die die Musik stärker in eine Richtung (zur Auflösung) ziehen, leiser und unbetonter einbauen, als man sie eigentlich hören möchte, dann wirken diese innerlich (innere Musik) stärker. Ein klassisches Beispiel wäre die Septime eines Akkords, ein verstärkender Zusatzschlag im Beat oder ein schnellerer Zusatzrhythmus (statt eines Achtel - Hauptschlags zwei Sechzehntel als Hauptschlag). Der Song *"Off to see the World"* von *Lukas Graham* hat im Hauptteil zwei Handklatscher, dessen angehängter Bass-Schlag leiser als die beiden "Klatscher" ist, aber dennoch den Grove bestärkt und dadurch innerlich hervorgehoben ist (innere Musik).

**AUFMERKSAM-
KEIT EINER
STIMME**

6.1.3.2   Klare Töne, die durch ihre Tonhöhe und Harmonie (Zusammenklang mehrerer Töne) viel Halt bzw. Orientierung geben, gleichzeitig aber einen schwer hörbaren Schlag (einen schwer erkennbaren Anfang und Ende des Tons) haben und das Tempo (Taktgefühl durch Rhythmus) kaum vermitteln, provozieren die innere Musik. Durch die innere Erwartung, Musik einordnen zu können, konzentriert sich der Hörer stark auf die eine schwammige Stimme, um sie zeitlich einzuordnen und mit der Restmusik abzustimmen. Die innere Musik erhöht also die Lautstärke der schwammigen Stimme. Es entsteht eine Art "innerer Groove". Die große Aufmerksamkeit für eine Stimme kann nun für weitere Stil-Elemente genutzt werden.

**INNERE
VERVOLLSTÄNDI-
GUNG EINES
ELEMENTS**

6.1.3.3   Regelmäßige Rhythmen bzw. Beats, welche in ein Musik-Element, wie z.B. eine Melodie, einfügt werden – obwohl sie nur halb so lang wie das Element sind und die andere Hälfte pausieren – will der Hörer nach seiner Musikerwartung über die zweite Hälfte innerlich weitertragen oder wiederholen, damit sie in das Element/Gesamtsystem passen. Hören Sie zum Beispiel *"Sweater Weather"* von *The Neighbourhood*. Die Bass-Drum bzw. die Bass-Hook hört man innerlich in jedem Takt, sogar in Takten, wo sie in der Realität pausiert.

Voraussetzung für diese Form der inneren Musik ist natürlich, dass sich die Rhythmen/Beats in den Pausenteil genauso harmonisch und rhythmisch einbauen lassen.

6.1.3.4 Jeder Ton hat seine eigene Tragkraft bzw. Schwingungsdauer in der inneren Vorstellung bzw. Wahrnehmung des Hörers. Sie ist unabhängig von der eigentlichen Tondauer und geht aus dem harmonischen Zusammenspiel, der zeitlichen/rhythmischen Interaktion, der Lautstärkeverteilung und der Rollenverteilung (durch Stimmencharakter ...) der Stimmen hervor. Sie können tragfähige Töne über das ganze Musikstück verteilen, sodass sie dem Hörer durchgehend im Hinterkopf schweben und länger in Erinnerung bleiben. Sie bleiben im Kopf, weil sie großen Halt und Orientierung geben; danach sehnt sich unser Gehör, da dies unsere Erwartungen und Musikvorstellungen bestätigt. Oftmals beeinflusst das Verhältnis zwischen einem neuen Ton und dem "Schwebeton" unsere Gefühlsstimmungen. Tragfähige Töne entstehen besonders in (harmonisch) orientierungslosen Situationen. Sie haben eine eigenartige Stimmencharakteristik, welche über den anderen schwebt. Oftmals haben diese Töne eine besondere Stellung und Aufgabe, z.B., wenn sie besonders die inneren Erwartungen ansprechen und eine Spannungsauflösung erzeugen oder als Überleitung zu einem stärkeren Hauptteil benutzt werden. Schwebetöne werden gerne auf betonten, rhythmischen und steigernden Schlägen gespielt. Sie können genauso auf unbetonten, nicht-rhythmischen Schlägen, die den Beat / Grove aufheben, gespielt werden und dadurch besonders markant wirken. Häufig sind es besonders hohe Töne, die sich von allen anderen absetzen, begleitet von eher tieferen Tönen. Musik-Beispiele wären *"I Just Wonna Know"* von *NF* sowie der Schwebeton in *"Eenie Meenie"* von *Justin Bieber und Sean Kingston*. In dem Song *"Me Rehuso"* von *Danny Ocean* erschient ein Ton, der während des Refrains durchgehend im Kopf (innere Wahrnehmung) steckt, weil er so markant ist. Genauso in *"Figth For You"* von *Jason Derulo* und *"I know You Want Me"* von *Pitbull*. Der Schwebeton im Song *"Where Is The Love"* von *The Black Eyed Peas* ist das Klavier mit immer demselben Ton. Welches Instrument hat einen Schwebeton in *"Viva la Vida"* von *Coldplay*? LÖSUNG: Glockenschlag.

SCHWEBETON

2.3.2.4
2.4.3.11

6.1.3

6.2 Beziehungen der Musik

Sehr verehrter Leser,
dieses Thema verlangt Ihre ganze Vorstellungskraft und weckt
Ihr Abstraktionsvermögen. Es entstand, im Gegensatz zu den
meisten Ideen dieses Buches, ohne ein inspirierendes Musikstück oder eine Musikanalyse allein durch abstraktes
Nachsinnen und Interpretieren von musikalischen Interaktionen. Die *"Beziehungen der Musik"* sind eine Theorie, die
ausschließlich auf einer abstrakten Musikvorstellung basiert.
Alle Musik-Beispiele und weitere Verbindungen zur Realität
wurden nachträglich hinzugefügt. Darum ist es essenziell, dass
Sie sich von dem, was Sie lesen, eine genaue Vorstellung machen, denn sonst laufen Sie Gefahr, sich in dem großen Gebiet
zu verirren oder sich in ihrer eigenen Abstraktion zu verlieren.

„Eine abstrakte Anschauung musikalischer Interaktion."

Wenn Sie bis zum Ende durchgedrungen sind, wird dieses
Thema Ihre Musikvorstellung erweitern und bereichern. Sie
werden durch eine neue Vorstellung und Sichtweise viele wir-
kungsvolle Beziehungen entdecken und die Musik neu
interpretieren können.

6.2.1 Grundlagen der Beziehungen der Musik

„Die Beziehungen der Musik sind imaginäre Verbindungen in

der Musik, die besondere Emotionen wecken."

Die Beziehungen der Musik bezeichnen Gemeinsamkeiten, Zusammenhänge und Parallelen verschiedener musikalischer Parameter und Elemente, die der Hörer miteinander verbindet. Durch diese Bindung (innere Musik) entsteht eine Wechselbeziehung der Musikparameter und Elemente im Kopf (innere Vorstellung / Wahrnehmung) des Hörers, über deren Veränderung eine "innere Wandlung" (der inneren Erwartungen der Musik) stattfindet. Diese Entwicklung ist neben vielen weiteren Methoden ein starkes Mittel der Emotionsentfaltung, man kann sie über viele Wege ausdrücken und mit noch mehr Stil-Elementen kombinieren.

Damit Musikbeziehungen auf den Hörer eine Wirkung ausüben, muss das Gehirn zuvor ein Verhältnis zweier Partner zuerst erkennen und registrieren. Dem Rezipient muss klar werden, dass es mindestens zwei musikalische Partner gibt, die jeweils eine Auswirkung auf die Musik des gegenüberstehenden Partners haben. Die Beziehungs - Partner müssen klar charakterisiert werden, denn sonst wird es schwer, sie zu identifizieren und ihnen zu folgen, erst recht, wenn sie sich verändern bzw. weiterentwickeln.

GRUNDPRINZIP
DER
BEZIEHUNGEN

„Das Gehirn belohnt den Hörer mit Glücksgefühlen, wenn er

musikalische Gemeinsamkeiten erkennt und verfolgt."

Der Hörer erkennt also eine "Bindung" zweier musikalischer Elemente, identifiziert und charakterisiert sie, damit er sie gedanklich einordnen und bewerten kann und sich auf Neues, Wichtigeres in der Musik konzentrieren kann. Die Identifikation und Charakterisierung im Kopf (innere Wahrnehmung) des Hörers sind eher nebensächliche Aufgaben, um die Musik (nur gering) harmonischer und verständlicher zu gestalten, ansonsten haben sie aber keine besonderen emotionalen Auswirkungen. Dennoch sind sie für das Musikverständnis und das Empfinden der Wirkung von großer Bedeutung.

6.2.2 Wirkung

„Eine Beziehung lebt von ihrer Veränderung – Die

Veränderung ermöglicht ihre volle Entfaltung"

Nicht die Beziehung (ihre Existenz) selbst erzeugt in uns Gefühle, sondern die Entstehung und Veränderung einer Beziehung. Die Weiterentwicklung einer Beziehung zieht die Aufmerksamkeit des Hörers auf sich, sie hält die Beziehung ereignisreich, spannend und verursacht eine Gefühlsentwicklung. Wenn sich Beziehungen verändern, kann das Gehirn diese nicht mehr gleich (genauso wie zuvor) einordnen und ist damit gezwungen, die Veränderung neu zu erfassen, zu verarbeiten und zu interpretieren. Es entsteht eine Wechselwirkung bzw. Interaktion der Beziehungs - Elemente. Schlussendlich erzeugt die Veränderung der Beziehung die eigentlichen Spannungen und Gefühle und nicht die Beziehung selbst. Der Umgang, die Einordnung oder die Reaktion des Hörers auf die Veränderung bringt neue Stimmungen, Spannungen und Emotionen mit sich.

Mit der Veränderung der Beziehungsstimmen verändert sich deren Verhältnis. Mal nimmt die eine Stimme etwas vom anderen an und ein anderes Mal bewegt sich die andere von ihrem musikalischen Gegenüber weg. Die Bindung zwischen musikalischen Elementen kann sich in gegenseitiger Wechselwirkung verbessern oder verschlechtern (Stimmung), sie kann wachsen oder schrumpfen (Intensität) oder erst entstehen oder auch komplett kaputtgehen. Manche Beziehungen sind so schwach, dass sie alleine kaum zu erkennen sind. In Kombination mit anderen Beziehungen können sie jedoch die gewünschte Wirkung verstärken und unterstützen.

Eine Musikbeziehung erzählt ihre eigene Geschichte, deren Bewegung uns emotional anregt. Mit der Beziehung ist das Stimmungsverhältnis zweier musikalischer Elemente oder Stimmen gemeint, welches in Harmonie oder Unfrieden, Nähe oder Distanz stehen kann. Der Hörer verbindet sie mit einer Art abstrakten Interaktion genauso wie eine Beziehung zweier Menschen, dabei hat jede Stimme (genauso wie jede Person) einen eigenen Charakter, der die Beziehung maßgeblich beeinflusst.

BEZIEHUNGS-
VERÄNDERUNG

Es geht darum, welche Verhältnisse der einzelnen Musikstimmen untereinander herrschen und wie sich diese verändern bzw. wie sie aufeinander reagieren.

Interessanterweise gibt es Parallelen zwischen der Gefühlsentwicklung einer Musikbeziehung und der Beziehungen unter Menschen. Denn der Hörer kann eine Beziehung (und deren Entwicklung) mitfühlen und nachempfinden, als wäre er darin involviert, obwohl diese auf rein musikalischer, abstrakter Ebene stattfindet. Er erkennt also unbewusst eine Verbindung zwischen den Musikbeziehungen und einer Menschenbeziehung, deren Veränderung ähnliche Gefühle in ihm weckt.

„Ist es nicht seltsam, dass Schafdärme die Seele aus eines
Menschen Leibe ziehen können?"

William Shakespeare

6.2.2

6.2.3 Erklärungsmodell

Das folgende Erklärungsmodell dient der Vorstellung zum Verständnis von Musikbeziehungen; es lässt sich sicher nicht beweisen, aber es funktioniert mit vielen Stil-Elementen und lässt sich mit vielen Beispielbeziehungen belegen. Um die Theorie hinter den Beziehungen der Musik zu verstehen, ist es hilfreich, sich parallel dazu mit der Beziehung zweier Menschen auseinanderzusetzen. So kann man später die Musikbeziehungen genauer einordnen, auch wenn man die Menschenbeziehungen natürlich nicht eins zu eins auf die Musik übertragen lassen.

„Eine einfache persönliche Beziehung besteht aus drei Bestandteilen, den beiden Beziehungs-Partnern, dem Verbindungs-Element und dem Veränderungs-Element."

Die *"Beziehungs-Partner"* sind die Personen mit ihrem jeweiligen Charakter, die miteinander eine Beziehung pflegen. Das *"Verbindungs-Element"* ist die Form, wo und wie die Beziehung gelebt wird, ob eine Liebesbeziehung / Ehe im ganzen Leben (hauptsächlich im Privatleben), die Kollegenbeziehung im Geschäft oder die Freundschaft im Hobby - Verein. Das *"Veränderungs-Element"* ist das Mittel (persönliches Gespräch, Telefonat, Brief, Nachricht anderer...), mit dem eine Veränderung der Beziehung (des Verbindungs - Elements) eingeleitet werden kann.

Diese drei Beziehungsteile kann man nun in die Musik übertragen...

Die *Beziehungs-Partner* sind die musikalischen Pole, zwischen denen eine Beziehung herrscht. In den Musikbeziehungen sind die Beziehungs-Partner einzelne Tongruppen / Melodie-Elemente oder ganze Instrumente/Stimmen. Zum Beispiel drängt in einem Orchesterstück eine Stimme / Instrumentengruppe mit ihrem Crescendo eine andere in den Hintergrund, bis diese nicht mehr zu hören ist.

BEZIEHUNGS - PARTNER

So wie der Beziehungs-Partner Mensch im wahren Leben seine eigene Persönlichkeit besitzt, so hat der Beziehungs-Partner in der Musik einen Charakter und auffällige Erkennungsmerkmale, um ihn aus der Gesamtmusik heraushören zu können. Damit Beziehungs-Partner als Teil einer Beziehung erkannt werden, brauchen sie Verbindungs-Elemente, die diese Verbindung verdeutlichen. Die Beziehungs-Partner prägen die Beziehung und beeinflussen deren Charakter am stärksten.

„In jeder Musikbeziehung gibt es mindestens ein

Verbindungs-Element.“

Ein *Verbindungs-Element* ist das Musik-Element, das die Verbindung / Beziehung zwischen den Beziehungs-Partnern vermittelt. Es drückt einen musikalischen Zusammenhang aus und bewirkt eine gegenseitige Verbundenheit der Beziehungs-Partner. Verbindungs-Elemente sind meist gleiche, ähnliche oder sich gegenseitig ergänzende Melodien, Rhythmen, Harmonien, Klangcharaktere, Raumklänge und weitere Musikparameter.

VERBINDUNGS – ELEMENT

6.2.3

„Je stärker das Verbindungs-Element, desto stärker die

Beziehung.“

So wie Beziehungs-Partner (Menschen) Gedanken und Gefühle durch ihre Sprache ausdrücken, so tun Beziehungs-Partner der Musik das über ihre Verbindungs-Elemente. Beziehungs-Partner interagieren über ihre Verbindungs-Elemente. Jede Veränderung der Beziehung basiert auf der Veränderung der Verbindungs-Elemente. Die Verbindungs-Elemente sind gewissermaßen die Beziehung in sich selbst.

VERÄNDERUNGS-
ELEMENT

Das *Veränderungs-Element* ist der Parameter, der die wirkliche musikalische und emotionale Veränderung zwischen den Beziehungs-Partnern hervorbringt. Ein Beispiel eines Veränderungs-Elementes wäre eine wechselnde Melodik, Rhythmik oder Harmonie zwischen zwei Stimmen. Das Veränderungs-Element ist das Instrument, um die Beziehung durch Stil-Elemente und viele Möglichkeiten zu verändern und weiterzuentwickeln.

Das Veränderungs-Element hat (abhängig von Charakter-und Stil-Elementen) viele musikalische Bewegungsrichtungen. Auf emotionaler Ebene gibt es generell nur zwei Entwicklungsrichtungen. Entweder wird die Beziehung stärker, besser und wächst oder sie wird schwächer und schlechter. In der Musik ist jede Verbesserung einer Beziehung grundsätzlich anregend (und genauso umgekehrt) für den Hörer, unabhängig von Beziehungscharakter und Beziehungs-Partner / Verbindungs-Elementen.

Je nach Veränderungs-Element und Wirkungs-Elementen können verschiedene Charaktere, Stimmungen und Spannungen zwischen den Beziehungs-Partnern erzeugt werden. Der Parameter der Veränderung einer Beziehung kann sich auch ganz ändern bzw. wechseln. Es ist jedoch schwieriger, mehrere Veränderungs-Elemente innerhalb einer Beziehung zu haben, weil das den Hörer überfordern kann, die Beziehungen und deren Veränderung klar zu identifizieren und zu unterscheiden.

6.2.4　Beispiel der Beziehungs-Bestandteile

Eine gegenseitige Wechselbeziehung kann beispielsweise durch die Tonfolgen und Melodien zweier Stimmen (Bläser und Charaktersound) entstehen, wenn sich diese gegenseitig in der Melodieabfolge nach dem Frage-Antwort-Modell ergänzen. Der Song *"Xenogenesis"* von *TheFatRat* entwickelt diese Beziehung zwischen den beiden Haupttonfolgen (Hook), welche sich durch das gesamte Musikstück ziehen. Sie bestehen aus einer fallenden Melodie zu Beginn des Intros und einer weitestgehend steigenden Tonfolge nach 4 Takten (Minute 0:18); sie interagieren miteinander.

BEZIEHUNG DER MELODIEN

In dieser Beziehung sind die beiden Stimmen die Beziehungs-Partner, die Melodien werden zum Verbindungs-Element und die Veränderungs-Elemente sind die wechselnde Tonhöhe und der Stimmencharakter. Denn die Veränderung der Haupttonfolgen innerhalb der Beziehung ist ein Instrumentenwechsel (Stimmencharakter / Klangfarbe) und ein Oktavwechsel im Hauptteil in ständiger Wiederholung.

Die Bläser verwandeln sich in einen Synthie-Sound (mit großem Vibrato), in ein Elektro-Xylophon und der Charaktersound verwandelt sich in ein leichtes Klavier. Die Beziehung lässt sich ausschließlich an den Melodien (Verbindungs-Elementen) erkennen, da die Stimmencharaktere keine Gemeinsamkeiten haben. Sie haben sogar leicht gegensätzliche Stimmencharaktere, denn der Kontrast verstärkt die Stimmenerkennung.

STIMMEN-CHARAKTER-WECHSEL

6.2.4

Ohne diese Beziehung wäre der Song nicht annähernd so interessant und ästhetisch, da er sich nur um die Haupttonfolgen dreht, welche allein ohne gegenseitige Wechselwirkung völlig unabgeschlossen und uninteressant wären. Erkennen Sie dieselbe Wechselbeziehung in *"Monody"* von *TheFatRat feat. Laura Brehm* (ab Minute 0:54).

Viele Wirkungs-Elemente dieses Buches wurden bisher nicht auf ihre Möglichkeit als Beziehungsparameter untersucht. Stöbern Sie durch die einzelnen Auffälligkeiten und Stil-Elemente und schauen Sie, wo sich die Beziehungsparameter Verbindungs-Elemente, Veränderungs-Elemente oder Beziehungs-Partner verstecken könnten.

6.2.5 Bedingungen einer Beziehung

6.2.5.1   Eine Beziehung ist klar erkennbar und auffällig, so-dass sie, ohne darüber nachzudenken, wahrgenommen werden kann. Falls die Beziehung nicht auffällig genug ist, kön-nen weitere Verbindungs - Elemente (nicht alle passen) dazu gezogen werden, welche synchron und mit gleicher Wirkung die Veränderung einleiten. So verbinden sich alle Verbindungs - Elemente miteinander und bilden eine gemeinsame Bezie-hungsgruppe, die im Verbund stärker auffällt und wirkt. Je stärker die Verbindungs-Elemente, desto stärker und auffälli-ger wirkt die Veränderung sowie deren emotionale Wirkung.

6.2.5.2   Nicht alle Beziehungs-Partner passen zusammen und nicht jede Veränderung ist für jedes Verbindungs-Element ge-eignet. Die einzelnen Parameter müssen zusammen getestet werden. Dabei sollte immer die Wirkung auf die Gesamtmusik und den Hörer im Fokus stehen, denn sie ist der einzige Grund der Musik. An erster Stelle sollten die Verbindungs-Elemente und ihre Beziehung klar erkenntlich sein, danach sollte getes-tet werden, ob die Veränderung in dieser Beziehung (bzw. auf diesen Verbindungs - Elementen) deutlich zum Vorschein kommt. Zum Schluss sollte überprüft werden, ob die Verände-rung tatsächlich die gewünschten Emotionen weckt. Am besten sollte der Parameter mit dem größten Erkennungsfaktor und der größten Wirkung verwendet werden. Denken Sie bei der Entwicklung neuer Beziehungen gerne abstrakt, haben Sie den Mut, neue Ideen auszuprobieren, und verlassen Sie sich nicht allein auf Ihr eigenes Empfinden.

6.2.5.3   Beziehungs-Partner müssen nicht gleichzeitig zu hö-ren sein, um eine Beziehung einzugehen. Wenn sie nicht gleichzeitig spielen, sollten sie sich häufig genug abwechseln und aufeinander eingehen (stärker als wenn sie gleichzeitig spielen), um die Bindung zu erkennen bzw. zu verstehen. Der Song *"Xenogenisis"* von *TheFatRat* ist hier ein Musik-Beispiel.

6.2.5.4 Je stärker sich alle Musikparameter (ausgenommen die Verbindungs-Elemente) der einzelnen Beziehungs-Partner voneinander unterscheiden und nicht zusammenpassen, desto größer wirken die Gemeinsamkeiten und Zusammenhänge (Verbindungs-Elemente) der Beziehung. Je größer beispielsweise die Unterschiede der Stimmen im Klangcharakter und Raumklang sind, desto größer wirken die Wechselbeziehungen der Frage-Antwort-Melodien der Beziehungs-Partner.

6.2.5.5 Die stärkste Beziehung ist die, in der das Verbindungs-Element gleichzeitig auch das Veränderungs-Element ist und die Beziehungs-Partner hintereinander interagieren. Die stärksten Beziehungs-Partner haben nur wenige, aber dafür intensive Verbindungs-Elemente und sind ansonsten völlig verschieden (in Ton-Parameter, Klangcharakter, Raumklang...)

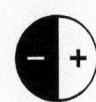

6.2.6 Beziehungs-Veränderung

Die einzelnen Rollen einer Musikbeziehung lassen sich in ihrer Rolle bzw. Funktion vertauschen. Ein Veränderungs-Element kann, je nach Anwendung und Musiksituation, ein Verbindungs-Element werden und umgekehrt genauso. Die Beziehungs-Partner sollten gleich bleiben, da es ansonsten zu kompliziert wird, ihnen zu folgen. Am leichtesten ist es, Veränderungs-Elemente und Verbindungs-Elemente zu wechseln.

ROLLENWECHSEL

Zwei Stimmen (Beziehungs-Partner) mit ähnlichen und hervorstechenden Melodien (Verbindungs-Element) üben eine gegenseitige Beziehung aus, weil ihre Raumklänge (Veränderungs-Element) sich ständig synchron verhalten und weiterentwickeln. Darauf entfernen sich die Melodien voneinander, die Raumklänge werden zu neuen Verbindungs-Elementen und die Melodien/Tongruppen werden zum neuen Veränderungs-Element. Möglich ist das mit Frage-Antwort-Melodien, die harmonisch, melodisch und rhythmisch aufeinander zukommen und sich wieder voneinander entfernen.

ROLLENWECHSEL

ACHTUNG
MINDBLOWING

6.2.6

Genauso wie Verbindungs-Elemente und Veränderungs-Elemente miteinander wechseln und sich weiterentwickeln, so können sich ebenso die einzelnen Parameter und Stil-Elemente des Veränderungs-Elements oder des Verbindungs-Elements austauschen und weiterentwickeln. Wenn zum Beispiel die Verbindungs-Elemente (und die Beziehungs-Partner) gleich bleiben, kann sich das Veränderungs-Element zu einer neuen Art verändern und weiterentwickeln. Gleichermaßen kann sich das Verbindungs-Element in seinem Charakter verändern, während das Veränderungs-Element unverändert bleibt und dominant genug ist, um die Beziehung erkennbar am Leben zu halten. Solange sich eine Parametergruppe (Verbindungs-Elemente und Veränderungs-Elemente) nicht ändert, kann sich die andere weiterentwickeln. Es ist ebenso möglich, dass sich eine Beziehung so verändert, dass sie irgendwann nichts mehr mit der Anfangsbeziehung gemeinsam hat, aber dennoch auf ihre Ursprünge zurückzuführen ist.

METAPHER
DER
ROLLENWECHSEL

„Im metaphorischen Sinne bedeutet dies, dass ein Elefant eine Beziehung mit einer Maus eingehen kann und dass sogar ein Löwe und eine Gazelle ein positives Verhältnis haben können. Es bedeutet aber auch, dass sich die Maus zu einem Elefanten verwandeln kann und dass der Löwe und die Gazelle ihre Rollen wechseln. Genug von den Tieren, zurück zur Musik. "

VERBINDUNG
VON
BEZIEHUNGS-
ELEMENTEN

Viele Verbindungs-Elemente können nur schwer eigenständige Beziehungs-Partner werden, weil sie dazu zu schwach sind, daher richten sie sich meist nach stärkeren Beziehungs-Partnern. So können sich ähnliche Beziehungen verbinden, um dadurch eine stärkere Wirkung zu erzielen. Der Raumklang kann beispielsweise allein zwar mühelos ein Verbindungs-Element werden, als reiner Beziehungs-Partner wird er allerdings überwiegend nicht erkannt. Daher würde sich diese Beziehung eher mit einer anderen, ähnlichen Beziehung zusammenschließen und sich synchron bewegen bzw. weiterentwickeln.

6.2.7 Zusammenfassung

Die Beziehungen in der Musik sind ein äußerst abstraktes Thema, das theoretisch riesig ist, sich jedoch praktisch kaum beweisen lässt. Beziehungen erzählen spannende Geschichten, sie bieten Raum für sowohl kleine Bewegungen als auch große Entwicklungen innerhalb der Musik. Sie sind die Grundlage für eine starke Wechselwirkung von zusammenhängenden Wirkungs-Elementen.

Die Besonderheit in den Beziehungen der Musik liegt in der Vielfalt an Möglichkeiten. Jeder Parameter lässt sich mit einem anderen in einer Beziehung kombinieren. Jeder Parameter kann alle Rollen und Aufgaben einer Beziehung ausführen und sich jederzeit darin weiterentwickeln bzw. verändern. Man kann sich kaum vorstellen, welche Arten von Beziehung, welche Musik und Wirkung überhaupt möglich sind.

SPIELEN SIE MIT DER VIELFALT DER BEZIEHUNGS-PARAMETER

Haben Sie den Mut, abstrakt zu denken und eigene Ideen auszuprobieren. Spielen Sie mit den Beziehungsparametern und kreieren Sie durch passende Kombinationen neuer Beziehungsparameter und Wirkungs - Elemente neue Wechselbeziehungen. Ihrer Fantasie sind in der Gestaltung neuer Beziehungen keine Grenzen gesetzt.

Lassen Sie sich motivieren, nach weiteren Beziehungen in diesem Buch zu stöbern und nutzen Sie die bestehenden Beziehungen als Anregung und Inspiration für Ihre Musik.

6.2.7

> Beziehungen der Musik:
> | 2.1.1.3 | 2.1.1.10 | 2.4.2.1 | ...
> Siehe Wechselwirkung von Stimmen & Kontrast

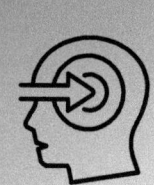
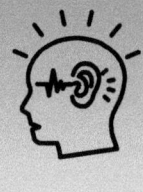

WAHRNEHMUNG
&
WIRKUNG

Teil 7

Wahrnehmung & Wirkung von Musik

Teil 7 Wahrnehmung & Wirkung von Musik

„Musik drückt das aus,
was nicht gesagt werden kann und
worüber zu schweigen unmöglich ist."
Victor Hugo

„Die Musik hat eine wunderbare Kraft, in einer
unbestimmten Art und Weise
die starken Gemütserregungen in uns wieder wach zu rufen,
welche vor längst vergangenen Zeiten gefühlt wurden."
Charles Darwin

„Pflege der Musik - das ist die Ausbildung der inneren
Harmonie."
Konfuzius

7.1 Wahrnehmung der Musik

Dieses Kapitel soll Ihnen Denkanstöße, Fragen und Inspirationen liefern, die Wahrnehmung zu hinterfragen und Sie mit
Ihrer persönlichen Wahrnehmung konfrontieren.

Die Impulse werden Sie nur dann herausfordern, wenn Sie sich
ernsthaft auf die Fragen einlassen und ihnen mit Offenheit und
Ehrlichkeit gegenüberstehen. Kommen Sie mit auf eine spannende Reise der subjektiven Wahrnehmung und ihrer
Wirkung.

7.1.1 Fragen zur Wahrnehmung

7.1.1.1   Was ist eine Wahrnehmung? Woraus
                        bestehet die Wahrnehmung der Musik?
                        Wodurch wird unsere Wahrnehmung
                        geprägt?

7.1.1.2   Was hat die Wahrnehmung und Wirkung von
                        Musik mit uns selbst zu tun? Sind das
                        Empfinden und die Wirkung von Musik eine
                        Reflexion unseres Selbst?

7.1.1.3   Gehen Sie gedanklich in Ihre Kindheit zurück
                        und stellen Sie sich vor, Sie wären wieder ein
                        Kleinkind. Wie würden Sie als Kind Musik
                        wahrnehmen und wie hat sich Ihre
                        Wahrnehmung bis heute entwickelt? Welchen
                        Wert hatte Musik damals im Vergleich zu
                        heute? Welche Musik haben Sie als Kind
                        gehört und welche als Teenager. Wie hat sich
                        Ihr Musikgeschmack verändert? Was für eine
                        Bedeutung hatte Musik in Ihrer Entwicklung?
                        Erinnern Sie sich zurück und lassen Sie Ihren
                        musikalischen Lebenslauf Revue passieren.

**WAHRNEHMUNG
WANDELT MIT
DER ZEIT**

7.1.1

**WAHRNEHMUNG
IST SUBJEKTIV**

7.1.1.4

Stellen Sie sich vor, Sie wären in einem fremden Land geboren, in einer anderen Familie aufgewachsen, hätten andere Freundschaften entwickelt oder wurden von einer exotischen Kultur geprägt. Welche Auswirkung hätte dies auf Ihr Verhältnis zur Musik? Welchen Einfluss hat Ihr Umfeld auf Ihren Musikgeschmack und -konsum? Wie hat Sie Ihre Vergangenheit musikalisch geprägt?

**WAHRNEHMUNG
IST SUBJEKTIV**

7.1.1.5

Was würde ein Fremder über Ihre Musik sagen, wenn er diese zuvor nicht gehört hat? Wie würde er reagieren, wenn er überhaupt noch nie zuvor Musik gehört hat?

**VORURTEILE
DER MUSIK**

7.1.1.6

Was würden Sie über ein Musikstück denken, wenn Sie nicht wüssten, wer es gemacht hat bzw. welches Image Sie mit ihm verbinden? Wie würden Sie Musik empfinden, wenn Sie das Cover/Titelbild, den Künstler und das Genre nicht kennen würden? Wie würden Sie Musik wahrnehmen, wenn Sie nicht wüssten, ob der Song berühmt oder unbekannt, erfolgreich oder erfolglos ist? Welche Vorurteile haben Sie gegenüber bestimmten Musikrichtungen und deren Künstlern?

7.1.1.7

Wie verändert sich Ihr Bild über die Musik, wenn Sie sie rein musikalisch beurteilen und bewerten müssten? Probieren Sie es einfach aus und hören Sie fremde Musik, ohne den Künstler oder das Cover zu kennen. Beurteilen Sie allein anhand der Musik, das Alter, die Herkunft, das Aussehen und den Charakter des Künstlers und kontrollieren Sie danach Ihre Annahmen. Sie können sich genauso andersherum zuerst über die Musik bzw. den Künstler (das Cover) ein Bild machen und anschließen seine Musik hören und diese mit der Musikvorstellung vergleichen. Sie werden überrascht sein, mit wie vielen Vorurteilen wir Musik hören. Wie können Sie diese Vorurteile lösen?

VORURTEILE
VERÄNDERN
DIE
WAHRNEHMUNG

7.1.1.8

Warum glauben sie, Gefühle nachfühlen zu können?

SIEHE
ILLUSION DER
WAHRNEHMUNG

7.1.1.9

Was sind die Ursachen dafür, dass uns Musik nicht gefällt? Nennen Sie verschiedene Gründe und Musikstücke, welche Ihnen missfallen.

9.2.1.6

7.1.1.10 Erkennen Sie sich in der Musik?

SELBST-
WAHRNEHMUNG

Ihre Selbstwahrnehmung/-reflexion kann Ihnen große Erkenntnisse über Sie selbst, Ihr Hören und Empfinden schenken. Verglichen Sie Ihre Wahrnehmung mit der Wahrnehmung anderer Zuhörer. Hören Sie gemeinsam mit Freunden Musik und diskutieren Sie darüber, wie Sie die einzelnen Stimmen wahrnehmen, bzw. welche Gefühle, Stimmungen und Spannungen Sie empfinden. Welche Rolle haben die einzelnen Stimmen, Melodien und anderen Elemente? Was war einzigartig, was hat die Musik ästhetisch gemacht?

7.1.7

7.1.2 Fragen zu Ihrer Wahrnehmung

7.1.2.1

Warum gibt es Musik, die Sie persönlich anspricht, die Sie emotional ergreift, fasziniert und bewegt? Sie kennen diesen Moment, Sie hören einen Song und sind sofort von ihm fasziniert und ergriffen, weil dieser sofort Gefühle in Ihnen auslöst.

GESCHMÄCKER SIND VERSCHIEDEN

7.1.2.2

Und wieso gibt es Musikstücke, Künstler oder Genres, die Sie nicht faszinieren, mit der Sie nicht warm werden können und die Sie weder packt noch irgendein Gefühl in Ihnen hervorruft? Sie kennen aber jemanden, der gerade die Musik, die Sie so gar nicht leiden können, liebt. Warum ist das so?

WAHRNEHMUNG IST INDIVIDUELL

7.1.2.3

Warum sind wir so verschieden in unserem Musikgeschmack und was ist die Ursache der unterschiedlichen Wahrnehmung? Wodurch wird unsere Wahrnehmung geprägt? Jede Musik ist an sich neutral bzw. wertfrei. Dass uns manche Musik uns besser gefällt als die andere, ist abhängig von der persönlichen Art des Musikhörens, geprägt von Charakter, Umfeld, Kultur, Erlebnissen usw.

SIEHE ERWARTUNGEN AN DIE MUSIK

7.1.2

WAHRNEHMUNG IST SITUATIONS- ABHÄNGIG

7.1.2.4 Hören Sie verschiedene Musikrichtungen an und beobachten Sie, wie Sie reagieren. Welcher Charakter / Stil gefällt Ihnen, in welches Energielevel bzw. in welche Spannungsebene können Sie sofort emotional einsteigen? Was passt nicht zu Ihrem Musikgeschmack?

9.1.6.5

7.1.2.5 Wie stark wird Ihre Wahrnehmung der Musik von Ihrer aktuellen Gefühlslage beeinflusst? Beobachten Sie was passiert, wenn Sie ein Musikstück mit verschiedenen Gefühlshaltungen hören. Worin zeigen sich Unterschiede in ihrer Wahrnehmung?

9.1.6.6

7.1.2.6 Gehen Sie nachts im Wald spazieren und analysieren Sie Musik. Wenn Sie sich in der Dunkelheit unsicher fühlen, hören Sie neue Geräusche, die Sie davor noch nicht wahrgenommen haben, aus Angst sich einer Gefahr auszusetzen. Sie hören das, was Sie hören wollen. Sie werden neue Geräusche entdecken, wenn Sie sich unsicher fühlen. Wenn Sie traurig sind, finden Sie Stimmen eher melancholisch und so weiter.

7.1.3 Fragen zu Ihrem Musikgeschmack & Musikcharakter

7.1.3.1   Welche Musikrichtung hören Sie aktuell am
                  liebsten? Was genau gefällt Ihnen an dieser
                  Musik? Worauf achten Sie besonders?
                  Analysieren Sie Ihre Lieblingsmusik anhand
                  der im Buch beschriebenen Analysemuster/
                  Unterthemen.

7.1.3.2   Wie würden Sie Ihren Musikgeschmack
                  beschreiben? Beschreiben Sie diesen, als
                  würden Sie gerade die Musik unter Freunden
                  hören.

7.1.3.3   Was denken andere über Ihren
                  Musikgeschmack? Wie wichtig ist Ihnen, was
                  andere über Sie und Ihre Vorlieben denken?

7.1.3.4   Durch was wurde Ihr Musikgeschmack
                  geprägt? Wie hat sich Ihr Musikgeschmack in
                  der Vergangenheit verändert? Warum hat sich
                  Ihr Musikstil in eine andere Richtung
                  entwickelt?

7.1.3.5   Welche Musikrichtung passt wirklich zu Ihrem Charakter? Welche Musikrichtung oder Genre mögen Sie überhaupt nicht?

Warum ist das so?

7.1.3.6   Was sagt Ihr Musikgeschmack über Sie als Person aus? Was verrät dieser womöglich über Ihren Lebensstil?

7.1.3.7   Haben Sie schlechte Erfahrungen gemacht, haben Sie vielleicht sogar musikalische Vorurteile entwickelt. Könnte Ihr Musikgeschmack Sie zugleich einschränken?

Hinterfragen Sie, was Sie an Musik wirklich mögen und warum Sie andere Musik nicht hören.

7.1.3.8   Wie wählen Sie Ihre Musik? Nach Genre, Künstler, Stimmung, Titel oder Style?

7.1.3.9   Wie hören Sie Musik? Allein oder mit anderen zusammen – was ist Ihnen lieber?

7.1.3.10   Hören Sie mehr auf die Musik oder auf die Songtexte? Wie wichtig sind Ihnen die Songtexte? Hören Sie lieber englische, deutsche oder anderssprachige Musik?

7.1.3.11   Kleidung und Musik: Wie würden Sie Ihren Kleidungsstil beschreiben? Schuhe, Hosen Oberteil, Haarstyle... Welche Parallelen können Sie zwischen Ihrem Aussehen und Ihrem Musikgeschmack erkennen?

7.1.3.12   Welches Musikinstrument würden Sie gerne spielen, bzw. welche Musik würden Sie spielen /singen, wenn Sie dazu in der Lage wären?

Wie würden Sie diese Musik spielen/singen?

7.1.3.13   Wie reagieren Sie auf Trends?

Erkennen Sie aktuelle musikalische Trends in einzelnen Genres?

7.1.3

7.1.4 Erwartungen der Musik

ERWARTUNGEN

Die inneren Erwartungen beschreiben persönliche Vorstellungen, Aussichten und Hoffnungen über die zukünftige Musik welche im Kopf (innere Vorstellung/Wahrnehmung) durchgehend mit dem Gehörten verglichen werden und so über das Musikerlebnis entscheiden. In diesen Erwartungen stecken eine große Menge an Einflüssen, welche unsere Wahrnehmung prägen. Die Erwartungen sind von Mensch zu Mensch, je nach Lebenssituation und auch von Musik zu Musik unterschiedlich. Dennoch lassen sich Gemeinsamkeiten finden, die alle Erwartungen verbinden.

Durch was werden Ihre Erwartungen beeinflusst?

Das persönliche Musikempfinden ist abhängig davon, wie der Hörer innerlich auf die Musik reagiert, wie er sie aufnimmt und verarbeitet. Die Reaktion des Rezipienten auf bestimmte Musik wird von den persönlichen Erwartungen, die der Höher beim Hören hat, beeinflusst. Fragen Sie sich das nächste Mal, wenn Sie Musik hören, welche (unbewussten) Erwartungen an das Musikstück haben.

Persönlicher Musik - Charakter:
2.4.3.15 | 5.1.3 | 6.1.1 | 6.1.2 | 7.2.2.1 | 7.2.5.1 |

Erwartungen an:

- Den Inhalt bzw. die Qualität
- Die Stimmung, die Emotionslage und die Gesamtmusik
- Die Spannung und Entspannung
- Das Energielevel und das Spannungslevel
- Die Genres-, Epochen-, Künstlervorstellungen
- Die Klangvorstellungen einzelner Stimmen und Instrumente (Siehe Unnatürlichkeit & Fremdartigkeit)
- Die kulturellen Musikvorstellungen (Westliche, Arabische, Asiatische... Deutsche, Amerikanische, Afrikanische... Bayrisch, Berliner und indigene Musik)
- Die abgeleiteten Vorstellungen, z.B. aus dem Verse den Chorus-Stil vorherzusagen und umgekehrt
- Das Oberthema, den Titel und den Text
- Die Erwartung an alle Parameter der Musik...

Welche weiteren Erwartungen könnte der Mensch an die Musik haben? Im Grunde kann man aus jedem Thema der Wirkungs-Elemente bestimmte Erwartungen ableiten, denn ohne diese Erwartungen hätten die Wirkungs-Elemente keine Wirkung.

Beispiele für Erwartungen finden Sie unter Erwartungen, Zeitliche Erwartungen, Wechselwirkung der Stimmen, Unnatürlichkeit & Fremdartigkeit, Innere Musik, Beziehungen der Musik...

Erwartungen geprägt durch:

- Die Einstellung zur Musik selbst, wie man zu dieser Form der Kunst steht.
- Die Einstellung (Interessen) zum Musikstil, dem Genre, dem Künstler
- Die Persönlichkeit/Charakter / emotionale Intelligenz
- Den Musikcharakter und Musikbild
- Die aktuelle Stimmung/Gefühlslage
- Die Allgemeinbildung und Musikkenntnisse
- Die Erfahrungen/Erinnerungen mit Musik
- Den kulturellen Hintergrund
- Und durch weitere sozialkulturelle Einflüsse

7.1.5 Illusion der Wahrnehmung

Ist die Wahrnehmung von Musik nur eine Illusion unseres Selbst?

Ermöglicht Musik lediglich einen Raum, um unsere tiefen Bedürfnisse, Emotionen und Gefühle freizusetzen, ohne dafür Konsequenzen tragen zu müssen?

„In der Musik überläßt sich selbst der logische Mensch fanatisch den Gefühlen, weil man sich über ihr Warum keine Rechenschaft ablegen kann."

Stendhal

„Eben dadurch schmeichelt die Musik sich so in unser Herz, dass sie ihm stets die vollkommene Befriedigung seiner Wünsche vorspiegelt."

Arthur Schopenhauer

Versetzt Sie das Hören von Musik in eine Illusion von Gefühlen ohne jeglichen Bezug zur Realität?

Halten Sie Ihre Emotionen ausgelöst durch Musik für real oder echt?

„Die unaussprechliche Tiefe der Musik, so leicht zu verstehen und doch so unerklärlich, ist dem Umstand zu verdanken, dass sie alle Gefühle unseres innersten Wesens nachbildet, jedoch vollkommen ohne Wirklichkeit und fern allen Schmerzes… Musik drückt nur die Quintessenz des Lebens und seiner Ereignisse aus, nie diese selbst."

Arthur Schopenhauer

„Leute kommen zur Musik, Vergessenheit zu suchen: ist die nicht auch eine Form der Täuschung?"
Claude Debussy

„Musik manipuliert unsere Gefühle, bringt uns in eine emotionale Grundhaltung und erzeugt eine künstliche Stimmung die nichts mit unserer tatsächlichen, gegenwärtigen Situation zu tun hat."

Was denken Sie über die Aussage?

„Die Musik schließt dem Menschen ein unbekanntes Reich auf, eine Welt, die nichts gemein hat mit der äußeren Sinnenwelt, die ihn umgibt und in der er alle bestimmten Gefühle zurücklässt, um sich einer unaussprechlichen Sehnsucht hinzugeben."
Ernst Theodor Wilhelm Hoffmann

„In der Tonkunst ist die Phantasie, diese kunstschaffende Kraft des menschlichen Geistes, in der Weise tätig, dass sie von den Objekten, die ihr wie jeder Kunst den Stoff liefern, nicht die Gestalt, nicht den Gegenstand selbst, sondern nur den reinen Eindruck derselben auf das Gefühl zum Ausdruck bringt."
Friedrich Theodor Vischer

Wie fühlen Sie sich, wenn die Musik aufhört und Sie wieder in Ihre ursprüngliche Gefühlssituation zurückkommen? Wenn die Musik zu Ende geht und wir aus unserer Musikwelt aufwachen erkennen wir, dass alles davor nicht wirklich echt war. Dass unsere alten Probleme und Sorgen noch da sind und dass wir unsere eigenen Gefühle eher wieder in uns verstecken. Ein Sprichwort sagt: "Musik heilt kein Zahnweh" sowie keine Alltagssorgen wie Stress, Angst, Streit, Geldprobleme. Sie lässt uns die Realität leichter vergessen / verdrängen und setzt uns in eine neue Gefühlswelt. Genau daran werden wir dann erinnert, wenn wir erkennen, dass uns die Realität wieder eingeholt hat.

„Musik ist keine Illusion, sie ist Offenbarung. Und darin besteht ihre sieghafte Kraft, dass sie eine Schönheit offenbart, die uns in keiner anderen Sphäre zugänglich ist und uns mit dem Leben versöhnt."

Peter Tschaikowsky

Bilden Sie sich Ihre Meinung, wie denken Sie über die Wahrnehmung und deren Wirkung?
Worin stimmen Sie überein, worin liegen die Zitate falsch?

„Die andern Künste erlegen dem Geist bestimmt umrissene Schöpfungen auf, die Musik ist in den ihrigen unbegrenzt. Wir müssen die Gedanken des Dichters, das Gemälde des Malers, das Bildwerk des Bildhauers hinnehmen; aber jeder von uns legt die Musik je nach seinem Schmerz oder seiner Freude aus, nach seinen Hoffnungen oder seiner Hoffnungslosigkeit. Dort, wo die andern Künste unsere Gedanken einkreisen, indem Sie sie auf etwas bestimmt Umrissenes festlegen, läßt die Musik sie gerade entfesselt durch die ganze Natur schweifen, die sie die Macht hat, uns auszudrücken."

Honoré de Balzac

7.2 Wirkung der Musik

Die folgenden Gedanken sind reine Erklärungsversuche und Theorien, die uns der Wahrnehmung und Verarbeitung von Musik näherbringen sollen, sie aber nie vollständig entschlüsseln können. Es sind Inspirationen zur Reflexion der eignen Wahrnehmung. Nehmen Sie sich ausreichend Zeit sich tiefgründig mit den Themen auseinander zu setzen.

7.2.1 Fragen zu Emotionen & Gefühle

7.2.1.1   Warum Empfinden wir durch Musik Emotionen und Gefühle? Was bedeutet die Empfindung von Reizen? Wie entstehen Emotionen und Gefühle in der Musik?

7.2.1.2   Wie spezifisch sind Ihre Emotionen der Musik? Welche Emotionen und Gefühle kann Musik nicht vermitteln?

7.2.1.3   Welches Maß an Gefühlen in der Musik ist das richtige? Wie viel Emotionalität braucht Musik und wie viel darf sie haben? Darf man Gefühle klassifizieren und einstufen?

7.2.1.4   Was soll Musik ausdrücken? Was hat Musik Ihnen zu sagen? Welchen Einfluss sollte Musik auf Sie haben?

WAHRNEHMUNG
IST SITUATIONS-
ABHÄNGIG

7.2.1.5

Was hören Sie, wenn Sie glücklich oder traurig, entspannt oder gestresst, wütend oder verliebt sind? Welche Auswirkungen hat die Musik auf Ihre Stimmung? Nutzen Sie Musik, um Ihre Stimmung aktiv zu beeinflussen? In welchen Situationen kommt das vor?

7.2.1.6

Welchen Einfluss haben Ihr aktueller Gemütszustand und Ihre momentane Lebenssituation auf das Musikerlebnis? In welchen Situationen erleben Sie Musik besonders intensiv? Wie reagieren Sie auf bestimmte Musikrichtungen in starken Gemütszuständen? Ablehnend oder zugeneigt, offen oder verschlossen? Hören Sie Musik verschiedener Stimmungen und überlegen Sie, wie weit Sie sich mit ihr identifizieren können.

7.2.1.7

Werden durch Musik Erinnerungen in Ihnen frei? Erleben Sie, dass Musik mit Ihnen kommuniziert? Wenn ja auf welche Art und Weise? Was wird kommuniziert?

7.2.1.8

Was glauben Sie, wie Musik ihren Umgang mit den Gefühlen ändert.

Beeinflusst Musik ihre emotionale Intelligenz, wenn ja in welcher Art und Weise? Wie können Sie Musik für sich und ihre Gefühle nutzen?

9.2.4.3

7.2.1.9

Wie denken Sie über dieses Zitat?

"Die unaussprechliche Tiefe der Musik, so leicht zu verstehen und doch so unerklärlich, ist dem Umstand zu verdanken, dass Sie alle Gefühle unseres innersten Wesens nachbildet, jedoch vollkommen ohne Wirklichkeit und fern allen Schmerzes ... Musik drückt nur die Quintessenz des Lebens und seiner Ereignisse aus, nie diese selbst."

Arthur Schopenhauer

7.2.1

7.2.2 Wirkungsursache

„Musik ist der vollkommene Typus der Kunst: sie verrät nie ihr letztes Geheimnis."

Oscar Wilde

„Die unaussprechliche Tiefe der Musik, so leicht zu verstehen und doch so unerklärlich, ist dem Umstand zu verdanken, dass sie alle Gefühle unseres innersten Wesens nachbildet, jedoch vollkommen ohne Wirklichkeit und fern allen Schmerzes ... Musik drückt nur die Quintessenz des Lebens und seiner Ereignisse aus, nie diese selbst."

Arthur Schopenhauer

EINORDNUNG DER MUSIK MIT UNS SELBST

7.2.2.1 Die Wirkung von Musik entstammt aus der inneren Reaktion der einzutreffenden Reize. Sie ist die Art und Weise akustische Signale einzuordnen und zu interpretieren. Es ist also nicht die Musik selbst, die unsere Gefühle auslöst, sondern das Vergleichen mit unserer inneren Musikvorstellung, den tiefen Erwartungen und dem persönlichen Musikcharakter. Eine emotionale Wirkung entsteht erst, wenn man Musik mit etwas verbinden kann, selbst wenn man oft nicht genau weiß, was es ist.

VERHÄLTNIS ZUR MUSIK

7.2.2.2 Das persönliche Verhältnis zu einer bestimmten Musik prägt deren Wirkung. Wenn man das persönliche Verhältnis zur Musik (unbewusst) erkennt, entsteht eine emotionale Reaktion die vom Charakter, der Stimmung und der emotionalen Intensität der Musik und des Hörers abhängig ist. Hören Sie Ihre beste Musik von früher, dem letzten Sommer oder Ihrer Kindheit an und fragen Sie sich, mit welchen Gefühlen und Erinnerungen Sie diese verbinden. Warum verbinden Sie genau das oder jenes mit der Musik, wenn Sie diese hören?

7.2.2.3 Musik erzählt eine Geschichte der Gefühle und Stimmungen. Sie simuliert einen Verlauf von emotionalen Ereignissen, mit denen man sich identifizieren kann, um von Ihr emotional ergriffen zu werden. Musik trägt nie direkte Gefühle, sie transportiert unbewusste Erinnerungen, mit denen wir bestimmte Gefühle verbinden und hervorrufen. Klänge sollten uns vertraut sein, damit wir uns auf sie einlassen können und sie uns berühren können.

EMOTIONALE
ERINNERUNG

7.2.3.2

7.2.2.4 Musik kann unser emotionales Bewusstsein manipulieren, indem es eine emotionale Lage / Stimmung (innere Haltung) simuliert, die es uns ermöglicht, unsere gewünschten Gefühle frei zu setzen und nach außen zu tragen, selbst wenn diese nicht unserer wirklichen, gegenwärtigen Lebenssituation (dem aktuellen Gefühl) entsprechen. Dabei setzen wir teils eigene Gefühle sowie auch vom Song vorgegebene Gefühle frei.

ILLUSION VON
GEFÜHLEN

9.2.9.2

Was hat die Wahrnehmung und Wirkung mit
uns selbst zu tun?

Sind das musikalische Empfinden bzw. die Wirkung von
Musik eine Reflexion unseres Selbst?

Platz für ihre Erklärung der Wirkungsursache von Musik:

_____

_____

_____

_____

_____

_____

_____

7.2.3 Emotionen & Gefühle

„Musik ist die Stenographie des Gefühls.“

Leo Nikolajewitsch Graf Tolstoi

„Die Musik hat eine wunderbare Kraft, in einer

unbestimmten Art und Weise die starken Gemütserregungen

in uns wieder wach zu rufen, welche vor längst vergangenen

Zeiten gefühlt wurden.“

Charles Darwin

9.2.14.9

ART DER
GEFÜHLE

7.2.2.3
9.2.9.4

7.2.3.1   Musik ist die Kunst der direkten Emotionen und Gefühle, die von jedem verstanden und dennoch immer unterschiedlich interpretiert wird. Keine andere Kunst transportiert Gefühle einfacher, direkter und stärker als sie.

7.2.3.2   Musik drückt nie direkte Gefühle wie Liebesgefühle, Schamgefühle, Angstgefühle... aus, sondern mehr Gefühl-Richtungen / Stimmungen wie zum Beispiel: positiv, frei / locker, pessimistisch/negativ, aggressiv und ausgeglichen...

7.2.3.3   Die Wirkung von Musik beruht auf einer inneren Öffnung gegenüber den eigenen Gefühlen. Die Gefühlsrichtung wird jedoch von der Musik vorgegeben. Man kann als Hörer keine Gefühle erzwingen oder aufrücken lassen und sie dann für echt halten. Jedoch kann man sich musikalisch in eine Situation hineinversetzten, welche diese Gefühle auslöst.

7.2.3.4 Musik sollte weniger Emotionen erzeugen oder aufdrücken, sondern mehr einen Raum geben, der dazu anregt, sich für seine Gefühle zu öffnen, um diese freizusetzen und nach außen zu tragen. Ein Raum, in dem man sich ganz seinen Emotionen ausliefern kann, ohne dafür Konsequenzen tragen zu müssen, denn in unserer heutigen, modernen rational denkenden Welt werden offene Gefühle oftmals eher als ein Zeichen der Schwäche oder der schlechten Selbstbeherrschung gewertet.

7.2.3.5 Gefühle sollten ehrlich und authentisch von innen nach außen entwickelt und freigesetzt werden. Die Kunst ist es, Gefühle anzudeuten, ohne sie vollständig zu entfalten, sodass der Hörer Sie im Kopf bzw. in seiner inneren Vorstellung / Wahrnehmung frei entwickeln kann. Dies hat eine wesentlich stärkere Wirkung, weil man sich leichter auf die Musik einlässt und ausreichend Freiheit hat, seine eigene, innere Musik zu bilden.

7.2.3.6 Bei der Entstehung von Musik müssen Gefühle von innen entwickelt und verarbeitet werden, um sie frei und authentisch nach außen zu transportieren. Das "Gefühlspotential" wird dadurch provoziert, dass emotionale Musik mit weniger Energie spielt als man es erwartet.

7.2.3.7 Die Entwicklung von Gefühlen ist stark abhängig von den Erwartungen des Hörers an die Musik. Wenn der Rezipient die Erwartungshaltung hat, sich von einer positiven Stimmung erfrischen zu lassen, ist es einfacher, positive Gefühle wie Freude und Zufriedenheit zu erzeugen als negative Gefühle wie Angst oder Unterdrückung. Dies liegt daran, dass der Hörer ähnliche Erwartungen hat und somit sich mit den positiven Gefühlen identifizieren will. Andersherum ist es eher schwer möglich bei einer traurigen Person durch Musik Glücksgefühle hervorzurufen, wenn diese nicht die Erwartungshaltung hat diese annehmen zu wollen.

BESTANDTEIL
INNERER
MUSIK

BESTANDTEIL
INNERER
MUSIK

WAHRNEHMUNG
IST SITUATIONS-
ABHÄNGIG

7.2.1.6
7.2.1.7

7.2.3

MUSIKGEFÜHLE
HALTEN NICHT
LANGE

7.2.3.8 Gefühle in der Musik, sind situationsbedingt und nicht allein von einem Parameter/Stil-Elemente abhängig. All das was wir beim Hören von Musik fühlen, entspringt einer simulierten und eingebildeten Gefühlssituation, welche nach der Musik wieder in sich zerfällt. Daher hält ein gutes Gefühl oder eine positive Stimmung (wenn wir nicht gerade einen Ohrwurm haben) nicht länger an, als die Musik selbst. Das ist auch gut so, denn sonst könnte man nicht so schnell von einem Musikstück zum Nächsten (mit verschieden Stimmungen) wechseln, da man die frei gesetzten Gefühle nicht so schnell wechseln bzw. verarbeiten könnte.

7.2.3.9 Musik mit nur einem Grundcharakter geht selten besonders lange, da der Mensch nicht besonders lange eine Stimmung/einen Gefühlszustand halten kann. Darum geht moderne Musik ohne große Stimmungsänderungen (weitere neue Gefühle z. B. durch zusätzliche Stimmen etc.) meist nicht länger als 3-4 Minuten. Innerhalb eines Musikstücks sollten die einzelnen Elemente / Parameter (Akkorde, Melodien, Rhythmen etc.) durchgehend verändert werden (wenn auch nur minimal) damit neue Gefühlszustände entstehen und Eintönigkeit/Desinteresse vermieden wird.

7.2.4 Ursachen für Emotionen & Gefühle

„Nur solche Musik wird vollen künstlerischen Genuß bieten, welche das geistige Nachfolgen, das ganz eigentlich ein Nachdenken der Phantasie genannt werden könnte, hervorruft und lohnt. Ohne geistige Tätigkeit gibt es überhaupt keinen ästhetischen Genuss."

Eduard Hanslick

„Die Musik hat eine wunderbare Kraft, in einer unbestimmten Art und Weise die starken Gemütserregungen in uns wieder wach zu rufen, welche vor längst vergangenen Zeiten gefühlt wurden."

Charles Darwin

7.2.4.1 Die Bewertung der Musik bzw. Einordnung der Musik in Gefühlsgruppen und Stimmungen erzeugt die eigentlichen Emotionen. Die Emotionen des Hörers (die durch die Musik entstehen) müssen nicht den Gefühlen/Stimmungen der Musik entsprechen. Zum Beispiel kann fröhliche Musik in schlechter Qualität und Vortragsweise (Verzerrung, Filter, Nebengeräusche, Betonung etc.) auch Frustration und Aggressivität beim Hörer auslösen. Analog dazu werden Horrorfilme mit Kinderliedern untermalt

7.2.4.2 Musik weckt emotionale Erinnerungen, die mit ihr verknüpft werden. Durch Erinnerungen werden Emotionen frei.

7.2.4.3 Emotionen entstehen durch den Inhalt des Gesangs und was wir damit verbinden. Von der Wortwahl, den Aussagen, den Bildern/Metaphern...

7.2.4.4 Die Wirkung ist abhängig von der Artikulation und der Ausdrucksweise des Gesangs, wodurch sich die emotionale Verfassung des Künstlers auf den Hörer übertragt.

7.2.4.5 Der Rhythmus, der Beat und das Tempo versetzen uns in eine neue Stimmungslage, ein anderes Energielevel und verändern unseren Herzschlag.

7.2.4.6 Es gibt metaphorische Assoziationen, indem musikalische Elemente mit nicht musikalischen Elementen verknüpft werden, welche Emotionen wecken z.B. Paukenschläge mit Donnergrollen. Ebenso können Geräusche bestimmte Gefühle und Stimmungen wecken wie z.B. Löwenbrüllen – Macht - / Kampfgeist – Symbol, Adler – Kreischen – Freiheit/Unabhängigkeit.

SIEHE LISTE
ZUGÄNGLICHKEIT &
EINSTIEGSNIVEAU
S. 255

7.2.5 Gefühlsebenen

Die Gefühlsebene, das Energielevel und das Stimmungsniveau bezeichnen die emotionale Stufe eines Gefühls, dass wir beim Musik hören empfinden. Das Spannungsniveau, das Energielevel der Musik und die innere Gefühlsebene (emotionale Stufe eines Gefühls) beim Hörer sind nicht immer äquivalent/gleich stark. Hören Sie zum Beispiel in einer emotionalen Situation die Musik, die so gar nicht zu Ihrer Stimmung passt. Können Sie erkennen was mit dem "emotionalen Einstiegsniveau" gemeint ist?

Welches Maß an Gefühlen in der Musik ist das richtige?

Wie viel Emotionalität braucht Musik und wie viel darf sie haben?

Darf man Gefühle klassifizieren und einstufen?

7.2.5.1 Jeder hat seine eigene individuelle "emotionale Ansprechbarkeit" (Energielevel bei dem Musik Interesse weckt), die abhängig von unserer Persönlichkeit, unseren Erwartungen und unserer aktuellen Gefühlssituation ist. Sie gibt an, ab welchem Energie-/Spannungslevel wir uns von der Musik ansprechen lassen und uns für sie interessieren.

7.2.5.2 Musik hat immer eine gewisse emotionale Einstiegsebene, auf die man sich einlassen muss bzw. für die man sich öffnen muss, um durch die Musik in eine höhere Gefühlsebene versetzt zu werden. Wer sich für die emotionale Einstiegsebene des Songs nicht öffnen kann, wird die Musik nicht verstehen bzw. von ihr nicht emotional ergriffen. Zum Beispiel wird es schwer sein, mit einer entspannten, ruhigen, ausgeglichenen Emotionshaltung Hardrock-Musik zu genießen. Um möglichst jeden Hörer emotional zu ergreifen, beginnt die Musik meist bei einer relativ neutralen Emotionsstimmung (Gefühlsniveau /Energielevel) und steigert sich in ein Extrem (von verschiedenen Emotionshaltungen).

ANSPRECHBARKEITSSCHWELLE

7.2.5.3 Je nach Stimmung/Art des Gefühls in einem Musikstück ist ein gewisses Anfangsniveau (Stimmungsniveau, Energielevel, Gefühlsebene) zum Einstieg des Songs erforderlich, damit das Gefühl überhaupt zum Hörer transportiert werden kann. Ist das Anfangsniveau nicht ausreichend ansprechend, kann sich der Hörer nicht ganz für die Musik (und Ihre Stimmungsgefühle) öffnen.

ANSPRECHBARKEITSSCHWELLE

7.2.5.4 Die Kunst liegt darin, jeden einzelnen Hörer zu Beginn der Einleitung auf seinem Ansprechbarkeitsniveau abzuholen, in dem man möglichst viele Stimmungen und Anspannungen spielt, für die sich der Rezipient interessiert. Gleichzeitig sollte man darauf achten, dass die Musik ab den ersten Sekunden erlebnisreich ist und ein hohes Ansprechbarkeitslevel hat, damit die Hörer mit hohem Ansprechbarkeitslevel genauso daran bleiben und nicht die Musik abschalten/überspringen. Hierfür werden z.B. überraschende Geräusche sowie außergewöhnliche Stimmen an den Anfang gesetzt und darauf mit niedrigem Anfangsniveau gesteigert, um am Anfang ebenso die Rezipienten mit schwerer Ansprechbarkeit zu packen. Hören Sie zum Beispiel das Intro des Songs "Unforgettable" von Robin Schulz und viele weitere mehr (Siehe Gedanke mit demselben Musik–Beispiel.

INTRO

2.4.2.4
2.4.2.7
2.4.2.11

7.2.5.5 Es ist schwieriger, die Spannung bzw. das Energielevel zu senken als es zu steigern, ohne dass dabei Gefühle (Emotionslevel) verloren gehen. Der Hörer verbindet mit einer Spannungsreduktion automatisch einen emotionalen Rückgang, wenn seine "Schwelle der emotionalen Ansprechbarkeit" unterschritten wird. Dies tritt immer dann ein, wenn man sich bei einer Steigerung an den höheren Spannungszustand/Energielevel gewöhnt und ihn darauf als seinen neuen Maßstab der emotionalen Ansprechbarkeit sieht. Diese Angewöhnung findet nicht immer in vollem Maße statt, aber man kann ihre Anzeichen ohne Probleme an sich selbst beobachten, wenn man gefühlsbestimmt nach mehr in der Musik sucht, diese aber nicht mehr hergibt. Wenn Musik in ihrer Intensität, Energie und Spannung sinkt, macht dies den Eindruck, dass der Musikspieler auf eine niedrigere Gefühlsebene sinkt, worauf der Hörer mitgeht. Dies liegt daran, dass der Hörer eine Richtung braucht, der er folgen kann, um die Musik zu verstehen. Der beste Rückgang entsteht, wenn der starke Spannungszustand so lange andauert, dass sich der Rezipient nach dem Rückgang/der Auflösung sehnt (die jeweiligen inneren Erwartungen aufbaut), welche er darauf auch bekommt.

7.2.5.6 In der Musik kann der Rezipient kaum auf eine höhere Gefühlsebene kommen als auf die des Musikspielers, denn sonst könnte der Hörer der Musik nicht mehr folgen und würde seine eigene Musikentwicklung bauen. Um von einer Musik emotional ergriffen zu werden, müssen wir sie verstehen. Dies ist nur möglich, wenn eine emotionale Richtung vorgegeben wird, demnach wenn der Spieler mehr Gefühle freisetzt und vermittelt, als der Hörer empfindet. Die innere Musik wird von der tatsächlichen Musik gesteuert/in die gewünschte Richtung geleitet, sie entspricht den Musikvorstellungen des Musikspielers/Komponisten.

"Ist es einer Musik gelungen, uns in unserem ganzen We-
sen nach dem Edlen auszurichten, so hat sie das Beste
getan."

Paul Hindemith

„Pflege der Musik – das ist die Ausbildung der
inneren Harmonie."

Konfuzius

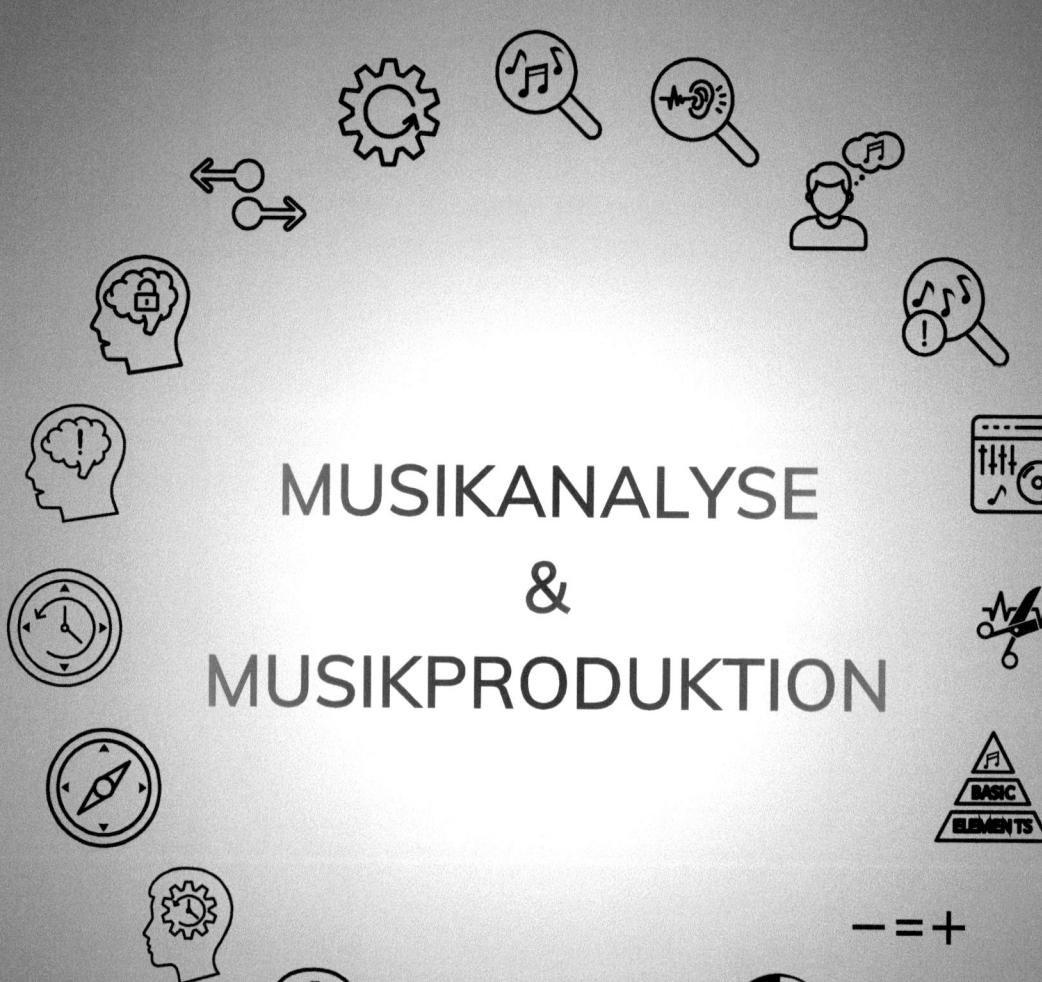

MUSIKANALYSE
&
MUSIKPRODUKTION

Teil 8

Musikanalyse & Musikproduktion

Teil 8 Musikanalyse & Musikproduktion

8.1 Die Musikanalyse

Die Musikanalyse lässt uns die Musik näher erleben und direkter verstehen. Sie ist so alt wie die Musik selbst und heute relevanter denn je. Die in diesem Buch beschriebene Musikanalyse geht nicht aus einem theoretischen Zusammenhang hervor, sondern allein aus der subjektiven Wahrnehmung. Aus der subjektiven Wahrnehmung heraus wird nach einer Ursache und Erklärung der emotionalen Wirkung eines Musik-Elementes gesucht.

8.1.1 Sinn & Zweck der Musikanalyse

Warum analysieren wir Musik?
- Damit wir uns selbst darüber klar werden, was wir hören
- Damit wir ein bewusstes Zuhören entwickeln
- Damit wir den Künstler, Komponisten... besser verstehen
- Damit wir Musik als großes Ganzes besser verstehen
- Damit wir Musik besser gestalten oder interpretieren
- Damit wir unsere Musikgedanken teilen und diskutieren können
- Damit wir unser Musikverständnis erweitern

Wir untersuchen Musik, um sie besser zu verstehen und um durch die Erkenntnisse bessere Musik machen zu können. Durch die Musikanalyse können Sie Musik besser verstehen und produzieren. Dieses Buch soll Sie motivieren und inspirieren, ihren Weg zur Musikanalyse suchen damit Sie eine tiefere Ebene des Musikverständnis finden.

„Jeder analysiert Musik, nur nicht immer so bewusst."

Wir werden ständig und fast durchgehend von Musik berieselt, doch hören wir sie auch? Wir alle analysieren Musik, nur nicht immer so bewusst. Warum verlieren wir das Bewusstsein? Wir ordnen Musik bestimmen Emotionen und Gefühlen zu, manchmal werden wir von Musik beeinflusst und merken es nicht mal. Viel zu oft lassen wir uns von Musik berieseln und achten nicht mehr darauf, was Musik mit uns macht und wie sie wirkt. Ich habe in diesem Buch, Musik ganz bewusst analysiert und meine eigenen Gedanken zu verschiedenen Elementen gefunden. Ich möchte Sie inspirieren, die Musik aus neuen Perspektiven wahrzunehmen und zu analysieren. Sie können der Musik als Ganzes näherkommen und sie auf eine intensivere Art erleben. Je bewusster Sie auf Musik achten werden, desto intensiver können Sie diese genießen, weil Sie Details erkennen, erklären und verknüpfen können, die Sie zuvor nicht einmal wahrgenommen haben.

Wir geben unseren Gefühlen selten so viel Freilauf, wie beim Hören von Musik. Genauso wie bei der bewussten Ernährung sollten wir beim bewussten Musikhören, darauf achten, was wir uns akustisch antun wollen und was nicht, damit wir, wirklich genießen und bewusst beobachten, was wir hören.

Wie oft hören Sie Musik in der Woche?
Wie oft und wie lange ist das Musikhören
Ihre (einzige) Haupttätigkeit?

Wie häufig berührt Musik Sie emotional?

Werden Sie sich Ihrer Musik bewusst. Musik sollte Ihnen keinen Gefühlsrausch geben ein Drogentrip, sondern bewusst wahrgenommen werden damit man sie in vollen Zügen genießen kann. Lassen Sie Musik nicht einfach über sich ergehen, ohne darüber nachzudenken, wenn Sie mit ihr was erleben wollen, müssen Sie sich für sie öffnen und Ihre volle Aufmerksamkeit schenken. Analysieren Sie Musik anhand Ihrer Gefühle damit Sie diese wunderschöne Welt immer besser verstehen.

WARUM
MUSIKANALYSE?

ÜBERALL MUSIK

BEWUSSTES
ZUHÖREN

APELL

8.1.2 Arten des bewussten Hörens

GESAMT-
WIRKUNG

8.1.2.1 Man kann die Gesamtmusik (und ihre Wirkung) auf sich wirken lassen, ohne sich auf sie zu konzentrieren. Sie gibt uns einen flüssigen Stimmungsrausch ohne bewusste Wahrnehmung.

STIMMEN-
WIRKUNG

8.1.2.2 Man kann sich auf jede einzelne Stimme konzentrieren und ihren einzigartigen Reiz genießen. Dies gibt einen neuen Bezug auf die Musik und Art, mit der wir sie wahrnehmen (einordnen/beurteilen). Jede Stimme soll einzeln und in Einklang/Verbindung zu anderen Stimmen analysiert werden. Was möchte der Künstler mit dem Teil/Ausschnitt/Takt emotional erzeugen? Was fehlt bzw. was stört evtl. daran, es zu erreichen (Gefühle zu vermitteln)? Was muss kann man an der Stimme ändern? Die Bereiche Agogik, Dynamik, Harmonie sowie die einzelnen Stimmen oder die Gesamtmusik sowie Stimmungszustände, Emotionen und Gefühle spielen dabei eine große Rolle.

WECHSEL-
WIRKUNG

8.1.2.3 Man kann sich auf verschiedene Elemente einzelner Stimmen fokussieren, um dabei ihr Zusammenspiel zu beobachten. So erlangt man eine neue Perspektive auf die Beziehungen zwischen den einzelnen Stimmen und Elementen untereinander, welche das Wirken auf den Hörer beeinflussen.

8.1.2.4 Entstehung von Auffälligkeiten und Stil-Elementen
- Durch spontane Einfälle und Auffälligkeiten, die an dem Beispiel, an dem man sie erkennt, analysiert und gedeutet werden.
- Durch gezielte Überlegungen zu einem Thema, ein Stichwort oder eine gezielte Analyse auf ein bestimmtes Thema der Musik (wie z.B. Agogik, Dynamik, Harmonie, Rhythmik etc.) im Song.
- Durch Beobachtung der Beziehungen zwischen einzelnen Elementen und Stimmen.

8.1.7

8.1.3 Anregungen der Musikanalyse

Machen Sie Ihre eigene Musikanalyse, Musik beobachten kann jeder. Sie müssen nur bewusst hören, sich selbst reflektieren, Musik aktiv analysieren und daraus Ihre eigenen Theorien entwickeln. Die Musikanalyse dieses Buchs bestand daraus, sich selbst zu hinterfragen, wie einzelne musikalische Elemente auf einen selbst wirken und wodurch sie diese Gefühle in uns auslösen. Im Grunde braucht man nur ein gutes Gehör, ehrliche Selbst-Wahrnehmung/Reflexion und etwas Hörerfahrung.

STARTEN
SIE IHRE
MUSIKANALYSE!

8.1.3.1   Grundbestandteile der Musikanalyse
- Eine Grundvoraussetzung für die Musikanalyse ist ein ehrliches Selbstbild und eine ehrliche Einschätzung seiner Gefühle, nur durch eine offene, ernste Selbstwahrnehmung kann man die Wirkung der Musik verstehen und emotional einordnen.
- Die Entdeckung neuer Stil-Elemente basiert hauptsächlich auf der offenen Haltung, aufmerksam zuzuhören und sich nicht auf eine Stimme oder ein Thema in der Musik (Agogik, Melodik, Rhythmik etc.) zu beschränken.
- Ein gewisses musikalisches Gehör ist natürlicherweise von Vorteil, wenn man bestimmte Stil-Elemente erkennen will. Die Musikanalyse ist trainierbar und nicht angeboren.

8.1.3.2   Entscheiden Sie sich, bewusst hinzuhören und fokussiert zu analysieren. Musik sollte Ihnen keinen kopflosen Gefühlsrausch geben (wie zum Beispiel der Trip einer Droge), sondern bewusst wahrgenommen werden damit man sie ganz genießen kann. Lassen Sie Musik nicht einfach über sich ergehen. Wenn Sie mit ihr was erleben wollen, müssen Sie sich für sie öffnen und Ihre Aufmerksamkeit und Konzentration schenken.

BEWUSSTES
HÖREN

8.1.3

8.1.3.3 Verdrängen Sie alle Nebengedanken, die Ihren Fokus ableiten und lassen Sie die Musik nicht einfach hinüberrauschen. Öffnen Sie sich bewusst und konzertieren Sie sich allein auf die neuen Auffälligkeiten. Fragen Sie, wie sich das Element emotional auf Sie auswirkt und worin die Ursache für diese Wirkung liegt. Die Ursache der Wirkung ist etwas Persönliches und Irrationales und genau das ist das Schöne und Interessante daran.

8.1.3.4 Hören Sie Musik und bewerten Sie jedes einzelne Element, nach seiner Rolle, Aufgabe und Wirkung. Finden Sie Verbesserungsvorschläge in einzelnen Elementen, Stimmen oder dem Gesamtaufbau? Was ist besonders gelungen in der Musik, was stört, behindert oder verwirrt?

8.1.3.5 Zerstückeln Sie die Musik, die Sie hören. Überlegen Sie sich für jedes einzelne Element, welchen Effekt es hat und bewerten Sie es. Suchen Sie Verbesserungsvorschläge auf allen Ebenen. Was ist besonders gelungen, was nicht?

8.1.3.6 Finden Sie für jede Stimme den Charakter und ihre Bedeutung und deren Beitrag zur Gesamtmusik.

8.1.3.7 Suchen Sie das Wiedererkennungsmerkmal in der Musik. Warum sticht diese eine Melodie... besonders heraus? Welche außergewöhnlichen Merkmale hat diese Stimme und wieso klingen diese Merkmale außergewöhnlich für uns? Was macht das Musik-Element einprägsam?

8.1.3.8 Analysieren Sie, warum Ihnen eine Musik nicht gefällt. Warum können Sie die Musik nicht verstehen bzw. nachvollziehen und weshalb ist die Musik für Sie ohne emotionale Wirkung? Was stört sie an der Musik und was könnte die Ursache dafür seien? So können Sie Ihren musikalischen Horizont erweitern und sich mit neuer Musik anfreunden. Probieren sie es gleich aus und hören Sie Musik aus Genres und Kulturen, sei es Hard-Rock, Metal, Gamelan-Musik oder asiatische traditionelle Musik.

9.2.6.2

8.1.3.9 Vergleichen Sie Ihre Wahrnehmung mit der Wahrnehmung anderer Zuhörer. Hören Sie gemeinsam mit Freunden Musik und diskutieren Sie darüber, wie Sie die einzelnen Stimmen wahrnehmen, bzw. welche Gefühle, Stimmungen und Spannungen Sie empfinden. Welche Rolle haben die einzelnen Stimmen, Melodien und anderen Elemente? Was war einzigartig, was hat die Musik ästhetisch gemacht?

8.1.3.10 Wenn sie das nächste Mal auf ein Konzert oder Ähnliches gehen, überlegen sie sich wie ihr Nebensitzer die Musik wahrnehmen könnte und warum er so reagieren könnte.

8.1.3.11 Hinterfragen Sie bei der Musikanalyse stets Ihre eigene Art, Ihren Charakter und Ihre emotionale Situation / Haltung. Wie können Ihre Persönlichkeit und Ihr Gemütszustand die Wahrnehmung beeinflussen? Reflektieren Sie Ihr Innerstes in Bezug auf die Wirkung der Musik.

WAHRNEHMUNG
IST SITUATIONS-
ABHÄNGIG
7.2.1.6
7.2.1.7

8.1.3.12 Öffnen Sie sich bewusst für Musik aber machen Sie sich auch nicht den Druck, sofort neue Wirkungs - Elemente entdecken zu müssen. Üblicherweise erkennen Sie Musik - Elemente in Situationen, in denen Sie diese am wenigsten erwartet hätten.

GESUNDE
ERWARTUNGS-
HALTUNG

8.1.3.13 Steuern Sie beim Musik hören bewusst Ihre Gefühle und Stimmung in verschiedene Richtungen. Welche Auswirkungen hat das auf Sie, wie verändert sich Ihre Wahrnehmung gegenüber der Musik?

8.1.3.14 Betrachten Sie Musik immer aus mehreren Perspektiven, um eine größere Vorstellung von ihr zu bekommen. Rütteln Sie sich frei von Ihren festen Vorstellungen und Vorurteilen gegenüber Musik. Fragen Sie sich, wie man ein bestimmtes Thema darüber hinaus betrachten oder erklären könnte.

8.1.3.15 Probieren Sie durch Musizieren, Singen, Bewegung zur Musik auf einer anderen Art und Weise bewusst wahrzunehmen. Jede Beschäftigung mit Musik trainiert die Wahrnehmung und gibt Ihnen einen neuen Zugang zur Musik.

8.1.3.16 Hören Sie Musik mehrmals unter verschiedenen Aspekten in einer Art rotierender Aufmerksamkeit. Während der Musikanalyse erscheinen die wenigsten Auffälligkeiten direkt beim ersten Hören der Musik. Die meisten Einfälle kommen erst wenn man die Musik mehrmals hintereinander hört und sich auf bestimmte Teile der Musik konzentrieren kann.

8.1.3.17 Beobachten Sie sich wie Sie am besten über Musik nachdenken können. Vielleicht ist es ein ruhiger Spaziergang in der Natur, die Autofahrt oder ein Konzert. Welche Tageszeit, Umgebung, Beschäftigung und welche Erlebnisse helfen Ihnen, sich vollständig auf Musik zu fokussieren und einzulassen? Offenes Hören bedeutet, die Musik für sich und ohne Noten, völlig vorbehaltlos als Ganzes aufzunehmen.

8.1.3.18 Schreiben Sie Ihre Gedanken und Ideen direkt, nachvollziehbar und ausführlich auf, denn sonst wissen Sie irgendwann nicht mehr, was Ihr Grundgedanke war. Schreiben Sie zusätzlich den Song, den Künstler und den Zeitpunkt auf, um sich schneller an die Musik und den dahinersteckenden Gedanken zu erinnern und um evtl. Hinweise/Erklärung aus dem Musik-Beispiel ziehen zu können.

„Musiktheorie ohne Gefühle ist wie Liebe

ohne Leidenschaft"

8.1.4 Analysekriterien

8.1.4.1 Die Melodie und ihre Bewegungsrichtung wie z.B. Auf -oder Abwärtsbewegungen, in Wellen, Kreisen, Schritten oder Sprüngen.

8.1.4.2 Die Rhythmik als Abfolge verschiedener Schläge/Betonungen wie z.B. ein punktierter Rhythmus oder ein tänzerischer Rhythmus, gleichförmig oder kontrastreich.

8.1.4.3 Die Harmonik (der Zusammenklang z.B. Dreiklänge, dissonante d.h. schräge Klänge oder konsonante d. h. wohlklingende Klänge etc.)

8.1.4.4 Eine Dynamik und deren Veränderung (Lautstärke, z.B. laut/forte, leise/piano oder dazwischen)

8.1.4.5 Die Klangfarbe oder Instrumentation (welche Instrumente spielen wie z.B. liebliche Flöte in hoher Lage oder starke Bläserstimmen spielen mit ihrem Charakter usw.)

8.1.4.6 Das Tempo (Schnell = Allegro – Presto, langsam = Adagio – Largo, getragen oder fließend)

8.1.4.7 Die Artikulation als Beschreibung der Entstehung und Verbindung mehrerer Töne (staccato = gestoßen, oder legato = gebunden)

8.1.4.8 Agogik als Veränderung des Tempos durch ein Accelerando, Ritardando, Ritenuto....

8.1.4.9 Akzentuierung bzw. Betonung z.B. fließende, hervorhebende oder verzögerte Betonung

8.1.4.10 ... und viele weitere, siehe Wirkungs–Elemente & Wirkungstools.

8.1.4

8.1.4.11 Erweiterte Analysekriterien:

- Stimmencharaktere, Rollenverteilung
- Raumakustik der Stimmen, Raumklangwechsel/-entwicklung
- Typische Aufbau-Elemente vorhanden
- Elemente der Musikbewegung (Spannungsaufbau/-abbau)
- Wechselwirkung von Stimmen und Musik-Elementen
- Innere Musik-Beziehungen der Musik vorhanden

Ich wünsche Ihnen, dass Sie nun motiviert und inspiriert sind, bewusster hinzuhören und Musik an ihrer emotionalen Wirkung zu analysieren, denn so können wir tiefer in Musik eindringen, Sie besser verstehen und emotionaler erleben.

Viel Spaß, Erkenntnisse und Inspirationen bei der Musikanalyse.

8.2 Die Musikproduktion

Wie entsteht durch die Wirkungs-Elemente
eine neue Musik?

Ein Ziel der Wirkungs-Elemente dieses Buchs ist es, ein Hilfs-
mittel zu schaffen, mit dem man Musik nicht allein nach
Bauchgefühl produzieren muss, sondern etwas zu kreieren,
das durch systematisches Zusammenbauen gezielter Stil-Elemente und Wirkungs-Elemente entsteht.

8.2.1 Nutzung der Wirkungselemente in der Musikproduktion

Viele Stil-Elemente in diesem Buch können sich je nach Musiksituation gegenseitig unterstützen oder einen starken Kontrast
erzeugen. Beispielsweise könnte man verschiedene Wirkungs-
Elemente mit dem "Frage-Antwort-Modell" zu einem Musik-
Element zusammenbauen und ineinander integrieren, sodass
diese sich gegenseitig verstärken. Man könnte die Frage-Ant-
wort-Elemente aber auch hintereinander in unterschiedlichen
Versionen zu Gegen-Elementen / Gegenstimmen zusammen-
bringen und so einen Kontrast an musikalischen Gegensätzen
schaffen. Weiter könnte man ähnliche harmonierende Elemente wie die Hauptschlag-Stilmittel gemeinsam als Gruppe
einsetzen.

KOMBINATION
DER STIL-ELE-
MENTE

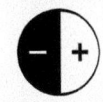

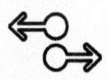

Mit den Wirkungs-Elementen ist es möglich, anhand der
Grundmittel eines Musikstücks (Hook-Melodie, Rhythmus,
Stimmenaufteilung...) die Grundstruktur der Musik ideell im
Voraus zu planen. Sie können die Musikbewegung, die Stimmungen einzelner Teile sowie die Aufgaben einzelner Stimmen
(und Vieles mehr) noch vor der eigentlichen Musikproduktion
methodisch ausarbeiten oder verändern. Darüber hinaus kann
innerhalb der Musikproduktion die Wirkung jedes Musik-Elements durch passende Wirkungs-Elemente und zusätzlichen
Details optimiert werden.

PRODUKTIONS-
MÖGLICHKEITEN

8.2.1

Mit dieser Erkenntnissammlung & Inspirationsquelle wäre man im Stande, Musik völlig abstrakt und systematisch durch die Grundlagen, die Struktur, die Stimmen, die Stil-Elemente, die Effekte und sonstigen Details zu konstruieren und zu entwickeln. Jedoch sind dafür eine große Erfahrung und ein gutes Vorstellungsvermögen in der Musik erforderlich. Dieser Art der Musikproduktion sind natürlich Grenzen gesetzt, dennoch lassen sie sich im groben Entwurf sowie im Ausbau und der Optimierung von Musik hilfreich einsetzen.

VORTEIL DER THEORETISCHEN HERANGEHENS-WEISE

Der Vorteil einer Musikproduktion aus dem theoretischen Konzept ist der, dass man das gesamte Stück thematisch, stilistisch und emotional im Voraus entwerfen kann und so schon bei Beginn der musikalischen Umsetzung alles Wichtige berücksichtigt. Wenn man dagegen ohne genaue Musikplanung anfängt zu komponieren und schon die erste Hook-Melodie gefunden hat, ist man schon musikalisch durch viele Parameter eingeschränkt. Auch die Perspektive für Inspirationen und neue Musik-Elemente begrenzt sich meist auf das, was mit der Melodie, der Harmonie und dem Rhythmus der davor festgelegten Musik-Elemente zusammenpasst/harmoniert.

ALLGEMEIN & ÜBERGREIFEND

Wer die Inhalte des Buches direkt in die Praxis umsetzen will, sollte sich bewusst sein, dass die einzelnen Gedanken beim Hören einer bestimmten Musik entstanden sind und sich somit nicht immer Eins-zu-Eins auf andere Musik übertragen lassen. Dennoch können Sie mit den Ideen des Buches spielen und so eine angepasste Form finden, die genau Ihren Anforderungen bzw. Ihrer Musik entspricht.

Die Wirkungs-Elemente gelten nicht für jede Musik, sondern in den meisten Fällen nur für eine bestimmte Art der Musik bzw. festgelegte Musiksituation. Genau hier ist Ihre Erfahrung und Vorstellungskraft gefragt, um zu erkennen, welches Wirkungs-Element in die gegebene Musiksituation passen könnte und wie man es den Rahmenbedingungen bzw. Gegebenheiten anpassen könnte. Nicht jedes Wirkungs-Element ist gleichermaßen wirksam, trotzdem lässt sich jedes Musik-Element in eine neue moderne Musik integrieren.

Egal ob Sie Musik aus einem theoretischen Konzept entwickeln oder die Wirkungs-Elemente nur als zusätzliche Inspirations-/ Optimierungsquelle sehen. Suchen Sie Ihren Weg, wie Sie von den Wirkungs-Elementen der Musik Gebrauch machen können. Wie das genau sein mag ist Ihnen überlassen. Ich hoffe, Sie konnten durch die Wirkungs-Elemente an Inspirationen und Denkanstößen gewinnen, von denen Sie beim Musizieren und Produzieren von Musik profitieren können.

„'Komposition' ist ein ganz niederträchtiges Wort, das wir den Franzosen zu verdanken haben und das wir, sobald wie möglich wieder loszuwerden suchen sollten. Wie kann man sagen, Mozart habe seinen Don Juan 'komponiert'! Komposition! Als ob es ein Stück Kuchen oder Biskuit wäre, das man aus Eiern, Mehl und Zucker zusammenrührt!"

Johann Wolfgang von Goethe

8.3 Wirkungs-Tools

Grundformen:
| 2.2.2.2 | 2.2.3.3 | 2.3.1.1 | 2.3.1.2 | 2.4.2.2 | 2.4.3.21 | 3.1.2.6 |
3.1.3.1 | 3.1.3.8 | 3.1.5.1 | 4.1.1.5 | 4.2.1.5 | 4.2.4.4 | 5.1.5.5 |

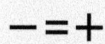

Weniger ist Mehr:
| 2.3.3.9 | 2.4.3.13 | 2.4.3.15 | 4.1.7.5 | 4.2.1.4 | 2.4.4.1 |

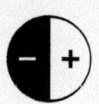

Kontrast:
| 2.1.1.3 | 2.1.1.10 | 2.1.2.5 | 2.2.2.1 | 2.3.1.9 | 2.3.3.10 | 2.4.2.4
| 2.4.2.5 | 2.4.2.7 | 2.4.2.9 | 2.4.2.11 | 2.4.3.11 | 2.4.3.12
| 2.4.3.13 | 2.4.4.3 | 3.1.1.4 | 3.1.2.6 | 3.1.3.14 | 3.1.3.20 |
3.1.3.21 | 3.1.4.4 | 3.1.7.1 | 3.1.7.3 | 3.1.7.4 | 3.1.7.7 | 3.1.7.12 |
3.2.2.1 | 3.2.2.19 | 4.1.3.5 | 4.1.4.3 | 4.1.4.7 | 4.1.6.1 | 4.1.6.2 |
4.1.7.6 | 4.1.7.7 | 4.1.9.3 | 4.2.3.4 | 5.1.5.7 | 5.1.5.9 | 5.1.5.14 |
5.1.5.19 | 6.2.5.4 | 6.2.5.5 | 9.2.6.8 |

Schlechte Musik:
| 2.3.1.11 | 2.4.2.3 | 2.4.2.8 | 2.4.3.6 | 3.1.2.3 | 3.1.3.16 | 3.1.5.9
| 3.1.7.3 | 3.1.7.5 | 3.1.7.6 | 3.2.2.1 | 3.2.3.2 | 3.2.3.3 | 3.2.3.4 |
4.1.3.5 | 4.1.4.10 | 4.1.8.11 | 4.1.8.12 | 4.2.4.5 | 5.1.5.13 |

Ankündigung:
| 2.3.1.6 | 2.4.2.4 | 2.4.3.8 | 2.4.3.9 | 2.4.3.16 | 2.4.3.20 | 2.4.3.21
| 3.1.3.20 | 3.1.4.6 | 4.1.2.5 | 4.1.3 | 4.1.5.7 | Siehe Erwartungen

Erwartungen:
| 7.1.4 | 2.1.4.4 | 2.3.1.6 | 2.3.1.12 | 2.3.2.3 | 2.4.2.9 | 2.4.3.6 |
2.4.3.8 | 2.4.3.9 | 2.4.3.16 | 2.4.4.4 | 2.4.5.2 | 2.4.5.4 | 2.4.5.5 |
3.1.2.2 | 3.1.3.20 | 3.1.4.6 | 3.1.8.1 | 3.2.3.2 | 4.1.2.5 | 4.1.5.17 |
4.1.8.7 | 5.1.5.5 | 5.1.5.10 | 5.1.6.7 | 5.1.6.20 | 7.2.3.7 | 7.2.5.5 |
Siehe Ankündigung

Zeitliche Erwartungen:
| 2.1.2.3 | 2.1.2.8 | 2.4.1.2 | 3.1.2.8 | 3.1.3.2 | 3.1.3.3 | 3.1.4.5 |
3.1.5.9 | 3.1.7.9 | 3.1.7.16 | 3.1.7.19 | 3.1.8.7 | 3.2.2.2 | 3.2.2.3 |
3.2.2.4 | 3.2.2.20 | 3.2.2.22 | 5.1.6.9 |

Orientierung & Halt:
| 2.1.1.9 | 2.3.1.3 | 2.4.3.18 | 3.1.2.1 | 3.1.2.3 | 3.1.3.8 | 3.1.5.5 |
3.1.7.11 | 4.1.1.7 | 4.1.1.8 | 4.1.1.9 | 6.1.3.4 |

Zeitliche Orientierung:
| 2.1.1.8 | 2.3.3.4 | 2.4.2.3 | 2.4.2.8 | 3.1.3.1 | 4.1.9.3 |

Aufmerksamkeit:
| 2.1.3.3 | 2.1.4.1 | 2.3.1.14 | 2.4.2.3 | 2.4.2.4 | 2.4.2.7 | 2.4.2.8 |
2.4.2.10 | 3.1.3.13 | 3.1.7.4 | 3.1.7.5 | 4.1.3.5 | 4.1.4.15 | 4.1.5.14
| 4.1.9.8 | 4.2.2.3 | 4.2.3.3 | 6.1.3.2 |

Zugänglichkeit & Einstiegsniveau:
| 2.2.3.4 | 2.4.2.6 | 2.4.2.7 | 2.4.2.10 | 2.4.3.2 | 5.1.7.4 | 7.2.2.3 |
7.2.5.2 | 7.2.5.3 | 7.2.5.4 | 7.2.5.5 |

Gegenstimme/ -element:
| 2.3.1.4 | 3.1.1.2 | 3.1.3.16 | 3.1.3.21 | 3.2.2.22 | 4.1.2.5 | 4.1.3.5
| 4.1.7.1 | 4.2.3.3 |

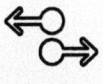

8.7.1

Wiedererkennungswert:
| 2.3.1.10 | 2.3.3.3 | 2.4.5.1 | 3.1.8.2 | 3.1.8.3 | 3.2.2.10 | 4.1.1.2
| 4.1.2.7 | 4.1.3.1 | 4.1.4.1 | 4.1.9.6 | 4.1.9.8 | 7.2.2.2 |

INSPIRATIONEN

Teil 9
Inspirationen

Teil 9 Inspirationen

9.1 Inspirations-Fragen

Die Inspirations-Fragen sind Denkanstöße, die Sie mit persönlichen Themen Ihrer Musikwelt konfrontieren. Sie werden sich mit Ihrem individuellen Musikbild, Ihrem musikalischen Charakter und Ihrer eigenen Wahrnehmung auseinandersetzen. Die Inspiration und Herausforderung werden kommen, wenn Sie sich ernsthaft auf die Fragen einlassen und ihnen mit Offenheit und Fantasie gegenüberstehen. Sie sind nun eingeladen, Ihren musikalischen Horizont durch Reflexion mithilfe der kommenden Fragen zu erweitern.

9.1.1 Grundfragen der Musik

9.1.1.1   Was ist Musik?

9.1.1.2   Was ist gute Musik?

9.1.1.3   Ab wann ist Musik–Musik?   9.1.7.2
                                                                  9.2.2.2

9.1.1.4   Warum und wodurch entstand Musik?

9.1.1.5   Wozu ist Musik gut, was soll sie bezwecken?

9.1.1.6   Von was ist Musik abhängig?

9.1.1.7   Was verleiht Musik ihre Ästhetik? Was macht
                       Musik wirksam und interessant?

9.1.1.8   Was kann Musik alles zum Ausdruck bringen?   9.2.2.4

9.1.1.9   Was kann Musik in einer Gesellschaft   9.2.11.4
                             bewirken?   9.2.11.5

9.1.1.10   Wie kann Musik positive Auswirkungen auf die
                       Zukunft der Menschheit haben?

9.1.2 Musikbild

ABSTRAKTES MUSIKBILD

9.1.2.1

Das Bild der Musik:

Sie malen ein vollkommen abstraktes Bild über Ihre Vorstellung von Musik, ohne dabei Musik zu hören oder sich auf ein spezielles Thema zu begrenzen. Wie würden Sie es malen?

Welche Maltechnik, welche Farben und welche Formen soll das Bild haben? Was sollen die einzelnen Elemente Ihres Gemäldes ausdrücken?

Welchen Eindruck soll das Bild vermitteln? Gestalten Sie Ihr Musikbild in allen Details nach Ihrer ganz persönlichen Vorstellung.

IHR MUSIKMENSCH

9.1.2.2

Stellen Sie sich vor:

Wenn Musik ein Mensch wäre, was für ein Mensch wäre das? Wie würde dieser Mensch aussehen? Wie wäre sein Charakter und was würde er tun? Diese Frage können Sie für Musik im Allgemeinen sowie für jedes einzelne Genre beantworten. Lassen Sie Ihren Gedanken freien Lauf und fantasieren Sie bis ins letzte Detail.

Indem Sie Musik auf eine fiktive Welt oder das Leben übertragen, können Sie die Musik besser veranschaulichen und sich neu inspirieren lassen.

9.1.2.3　　　　　　　　Musik der Zukunft:

Wie werden Sie in Zukunft Musik hören? Wie
stellen Sie sich Musik in 20, 50 oder 100
Jahren vor. Welche Instrumente, Rhythmen,
Harmonien usw. werden verwendet. Was
glauben Sie, wie wir in Zukunft Musik hören,
wahrnehmen und verstehen werden? Welche
Auswirkungen wird Musik in Zukunft auf
unsere Gesellschaft haben? Was denken Sie
wie sich die Rolle von Musik in unserem Leben
verändern wird? In welche Richtung werden
wir uns je nach Genre bewegen? Was wird
zeitlos und beständig sein und was wird
vergessen und verloren gehen. Wie stellen Sie
sich unsere Musikwelt, die Musikindustrie und
unseren Musikkonsum in Zukunft vor? Setzen
Sie sich gedanklich in die Zukunft und
überlegen Sie wie es in 10, 30, 50 oder 100
Jahren sein wird. Wie wollen Sie in Zukunft
Musik hören? Was wollen Sie mit ihr verbinden
und wozu soll sie Ihnen dienen?

ZUKUNFTSMUSIK

9.1.2

9.1.3 Musikleben

9.1.3.1   Warum hören Sie Musik? Was schätzen Sie an Musik am meisten?

9.1.3.2   Auf einer Skala von eins bis zehn: Wie wichtig ist Ihnen Musik im Leben? Was hat Musik Ihnen in Ihrer Vergangenheit bedeutet?

9.1.3.3   Welche Rolle spielt Musik in Ihrem Leben? Wie lange halten Sie es ohne Sie aus?

9.1.3.4   Wie würden Sie Ihr Verhältnis zu Musik beschreiben? Wie kann es noch besser werden?

9.1.3.5   Wie oft hören Sie Musik in der Woche? Wie oft und wie lange ist das Musikhören Ihre (einzige) Haupttätigkeit?

9.1.3.6   Zu welchen Tätigkeiten hören Sie Musik? Welche Musik hören Sie zu welcher Tätigkeit, beispielsweise beim Sport, Auto fahren, Kochen, Lernen...?

9.1.3.7   Wie häufig berührt Musik Sie emotional?

9.1.4 Musikgeschmack & Musikcharakter

9.1.4.1

Welche Musikrichtung hören Sie aktuell am liebsten? Was genau gefällt Ihnen an dieser Musik? Worauf achten Sie besonders?

Analysieren Sie Ihre Lieblingsmusik anhand der im Buch beschriebenen Analysemuster/ Unterthemen.

9.1.4.2

Wie würden Sie Ihren Musikgeschmack beschreiben?

Beschreiben Sie diesen, als würden Sie gerade die Musik unter Freunden hören.

9.1.4.3

Was denken andere über Ihren Musikgeschmack?

Wie wichtig ist Ihnen, was andere über Sie und Ihre Vorlieben denken?

9.1.4.4

Durch was wurde Ihr Musikgeschmack geprägt?

Wie hat sich Ihr Musikgeschmack in der Vergangenheit verändert?

Warum hat sich Ihr Musikstil in eine andere Richtung entwickelt?

9.1.4

9.1.4.5   Welche Musikrichtung passt wirklich zu Ihrem
                                    Charakter?

                    Welche Musikrichtung oder Genre mögen Sie
                        überhaupt nicht? Warum ist das so?

9.1.4.6   Was sagt Ihr Musikgeschmack über Sie als
                     Person aus? Was verrät dieser womöglich
                             über Ihren Lebensstil?

9.1.4.7   Haben Sie schlechte Erfahrungen gemacht,
                    haben Sie vielleicht sogar musikalische
                            Vorurteile entwickelt. Könnte Ihr
                 Musikgeschmack Sie zugleich einschränken?
                    Hinterfragen Sie, was Sie an Musik wirklich
                    mögen und warum Sie andere Musik nicht
                                      hören.

9.1.4.8   Wie wählen Sie Ihre Musik? Nach Genre,
                        Künstler, Stimmung, Titel oder Style?

9.1.4.9   Wie hören Sie Musik? Allein oder mit anderen
                        zusammen – was ist Ihnen lieber?

9.1.4.10

Hören Sie mehr auf die Musik oder auf die Songtexte?

Wie wichtig sind Ihnen die Songtexte? Hören Sie lieber englische, deutsche oder anderssprachige Musik?

9.1.4.11

Kleidung und Musik: Wie würden Sie Ihren Kleidungsstil beschreiben? Schuhe, Hosen Oberteil, Haarstyle...

Welche Parallelen können Sie zwischen Ihrem Aussehen und Ihrem Musikgeschmack erkennen?

9.1.4.12

Welches Musikinstrument würden Sie gerne spielen, bzw. welche Musik würden Sie spielen /singen, wenn Sie dazu in der Lage wären?

Wie würden Sie diese Musik spielen/singen?

9.1.4.13

Wie reagieren Sie auf Trends?

Erkennen Sie aktuelle musikalische Trends in einzelnen Genres?

9.1.5 Wahrnehmung

9.1.5.1

Was ist eine Wahrnehmung?

Woraus bestehet die Wahrnehmung der Musik?

Wodurch wird unsere Wahrnehmung geprägt?

9.1.5.2

Was hat die Wahrnehmung und Wirkung von Musik mit uns selbst zu tun?

Sind das Empfinden und die Wirkung von Musik eine Reflexion unseres Selbst?

9.1.5.3

Gehen Sie gedanklich in Ihre Kindheit zurück und stellen Sie sich vor, Sie wären wieder ein Kleinkind. Wie würden Sie als Kind Musik wahrnehmen und wie hat sich Ihre Wahrnehmung bis heute entwickelt?

Welchen Wert hatte Musik damals im Vergleich zu heute? Welche Musik haben Sie als Kind gehört und welche als Teenager.

Wie hat sich Ihr Musikgeschmack verändert? Was für eine Bedeutung hatte Musik in Ihrer Entwicklung?

Erinnern Sie sich zurück und lassen Sie Ihren musikalischen Lebenslauf Revue passieren.

9.1.5.4

Stellen Sie sich vor, Sie wären in einem fremden Land geboren, in einer anderen Familie aufgewachsen, hätten andere Freundschaften entwickelt oder wurden von einer exotischen Kultur geprägt. Welche Auswirkung hätte dies auf Ihr Verhältnis zur Musik?

Welchen Einfluss hat Ihr Umfeld auf Ihren Musikgeschmack und -konsum? Wie hat Sie Ihre Vergangenheit musikalisch geprägt?

PRÄGUNG DER WAHRNEHMUNG

9.1.5.5

Was würde ein Fremder über Ihre Musik sagen, wenn er diese zuvor nicht gehört hat? Wie würde er reagieren, wenn er überhaupt noch nie zuvor Musik gehört hat?

WAHRNEHMUNG IST SUBJEKTIV

9.1.5.6

Was würden Sie über ein Musikstück denken, wenn Sie nicht wüssten, wer es gemacht hat bzw. welches Image Sie mit ihm verbinden?

Wie würden Sie Musik empfinden, wenn Sie das Cover/Titelbild, den Künstler und das Genre nicht kennen würden?

Wie würden Sie Musik wahrnehmen, wenn Sie nicht wüssten, ob der Song berühmt oder unbekannt, erfolgreich oder erfolglos ist?

Welche Vorurteile haben Sie gegenüber bestimmten Musikrichtungen und deren Künstlern?

VORURTEILE DER MUSIK

**VORURTEILE
DER MUSIK**

9.1.5.7

Wie verändert sich Ihr Bild über die Musik, wenn Sie sie rein musikalisch beurteilen und bewerten müssten?

Probieren Sie es einfach aus und hören Sie fremde Musik, ohne den Künstler oder das Cover zu kennen. Beurteilen Sie allein anhand der Musik, das Alter, die Herkunft, das Aussehen und den Charakter des Künstlers und kontrollieren Sie danach Ihre Annahmen.

Sie können sich genauso andersherum zuerst über die Musik bzw. den Künstler (das Cover) ein Bild machen und anschließen seine Musik hören und diese mit der Musikvorstellung vergleichen.

Sie werden überrascht sein, mit wie vielen Vorurteilen wir Musik hören. Wie können Sie diese Vorurteile lösen?

9.1.5.8

Was sind die Ursachen dafür, dass uns Musik nicht gefällt? Nennen Sie verschiedene Gründe und Musikstücke, welche Ihnen missfallen.

9.1.5

9.1.5.9

Erkennen Sie sich in der Musik?

Ihre Selbstwahrnehmung/-reflexion kann Ihnen große Erkenntnisse über Sie selbst, Ihr Hören und Empfinden schenken. Verglichen Sie Ihre Wahrnehmung mit der Wahrnehmung anderer Zuhörer.

Hören Sie gemeinsam mit Freunden Musik und diskutieren Sie darüber, wie Sie die einzelnen Stimmen wahrnehmen, bzw. welche Gefühle, Stimmungen und Spannungen Sie empfinden.

Welche Rolle haben die einzelnen Stimmen, Melodien und anderen Elemente? Was war einzigartig, was hat die Musik ästhetisch gemacht?

SELBST-
&
FREMD-
WAHRNEHMUNG

9.1.6 Emotionen & Gefühle

9.1.6.1   Warum Empfinden wir durch Musik Emotionen und Gefühle? Was bedeutet die Empfindung von Reizen? Wie entstehen Emotionen in der Musik?

9.1.6.2   Wie spezifisch sind Ihre Emotionen der Musik? Welche Emotionen und Gefühle kann Musik nicht vermitteln?

9.1.6.3   Welches Maß an Gefühlen in der Musik ist das richtige? Wie viel Emotionalität braucht Musik und wie viel darf sie haben? Darf man Gefühle klassifizieren und einstufen?

9.1.6.4   Was soll Musik ausdrücken? Was hat Musik Ihnen zu sagen? Welchen Einfluss sollte Musik auf Sie haben?

WAHRNEHMUNG
IST
SITUATIONS-
ABHÄNGIG

9.1.6.5   Was hören Sie, wenn Sie glücklich oder traurig, entspannt oder gestresst, wütend oder verliebt sind? Welche Auswirkungen hat die Musik auf Ihre Stimmung? Nutzen Sie Musik, um Ihre Stimmung aktiv zu beeinflussen? In welchen Situationen kommt das vor?

9.1.6.6

Welchen Einfluss haben Ihr aktueller Gemütszustand und Ihre momentane Lebenssituation auf das Musikerlebnis?

In welchen Situationen erleben Sie Musik besonders intensiv?

Wie reagieren Sie auf bestimmte Musikrichtungen in starken Gemütszuständen? Ablehnend oder zugeneigt, offen oder verschlossen?

Hören Sie Musik verschiedener Stimmungen und überlegen Sie, wie weit Sie sich mit ihr identifizieren können.

9.1.6.7

Werden durch Musik Erinnerungen in Ihnen frei? Erleben Sie, dass Musik mit Ihnen kommuniziert? Wenn ja auf welche Art und Weise? Was wird kommuniziert?

9.1.6.8

Was glauben Sie, wie Musik Ihren Umgang mit den Gefühlen ändert. Beeinflusst Musik ihre emotionale Intelligenz, wenn ja in welcher Art und Weise? Wie können Sie Musik für sich und ihre Gefühle nutzen?

9.2.1.1

9.1.7 Musikphilosophie

9.1.7.1   Wie sollte Musik sein – wie sollte sie wirken
und was sollte sie widerspiegeln?

9.2.2.2

9.1.7.2   Ab wann ist Musik überhaupt Musik? Für den
einen ist es schon ein leises Vogelzwitschern,
für den anderen ist es der Sound eines
dröhnenden Motors und für den Nächsten
bedeutet Musik ein sanftes Rauschen des
Meeres. Wo beginnt Musik und wo endet sie?
Wie wird Musik als solche definiert und ab
wann kann man von Musik sprechen?

9.2.1.1
9.2.3.10

9.1.7.3   Warum ist die Musik die stärkste und
erfolgreichste aller ästhetischen Künste?
Warum ist sie es nicht?

9.1.7.4   Welche Gedanken über Musik könnten größer
sein als Ihre? Auf welche Art und Weise kann
Musik ästhetischer werden als bisher?

9.1.7.5   Wie wäre es, wenn Musik extreme Gefühle
wecken könnte ohne, dass es der Hörer
bewusst bemerkt? Wie würden Sie sich ein
solches Erlebnis vorstellen?

9.2.9.1

9.1.7.6   Was macht Musik zeitlos und woran altert sie?

Worin liegt die Zeitlosigkeit von beispielsweise klassischer Musik, welches sind die beständigen Wirkungs-Elemente?

9.1.7.7   Wie fühlen Sie sich, wenn Sie aufhören Musik zu hören?

Versetzt Sie das Hören von Musik in eine Illusion von Gefühlen ohne jeglichen Bezug zur Realität?

ILLUSION DER WAHRNEHMUNG

9.1.7.8   Was denken Sie über die Aussage? "Musik manipuliert unsere Gefühle, bringt uns in eine emotionale Grundhaltung und erzeugt eine künstliche Stimmung die nichts mit unserer tatsächlichen, gegenwärtigen Situation zu tun hat."

9.1.7.9   Was halten Sie davon, Musik zur Manipulation von Gefühlen und Verhaltensweisen zu nutzen?

9.2.9.2

9.1.7.10   Kann Musik Menschen verändern? Auf welche Art und Weise?

Machen Sie ein konkretes Beispiel!

9.2.4.3

9.2.11.2

9.1.7.11   Kann eine Gesellschaft ohne Musik leben? Wie wäre ein Leben ohne jegliche Form von Musik? Würde eine Kultur ohne Musik diese auf gleiche Art und Weise entdecken und weiterentwickeln?

9.1.7.12   Was halten Sie von: „Musik ist der Spiegel einer Gesellschaft/Personengruppe"? Wenn Musik die Themen und Geschmäcker unserer Gesellschaft (der Käufergruppe) widerspiegelt, wo stehen wir gerade? Analysieren Sie die heutigen Charts, einzelne Genres, deren Themen sowie deren Zielgruppe.

9.1.7.13   Welche Themen der Musik werden in Zukunft neu kommen oder stärker in den Fokus gelangen?

9.2 Musik - Zitate

Lesen Sie die Zitate genau durch und lassen Sie sich von Ihnen inspirieren. Was sind die Kernaussagen und was möchten die Urheber damit zum Ausdruck bringen? Nutzen Sie die Zitate als Inspirationsquelle und haben Sie den Mut zwischen den Themen bzw. Zitaten zu springen, um Vergleiche sowie Parallelen zu finden. Viel Freude an den Zitaten über Musik.

9.2.1 Musik ist...

9.2.1.1   *„Musik ist der vollkommene Typus der Kunst: sie verrät nie ihr letztes Geheimnis."*

Oscar Wilde

9.2.1.2   *„Die Musik ist unter allen Künsten die rein menschlichste, die allgemeinste."*

Jean Paul

9.2.1.3   *"Musik ist der Bereich zwischen den Noten."*

Claude Debussy

9.2.6.2

9.2.1.4   *"Musik ist die Sprache der Leidenschaft."*

Richard Wagner

9.2.6.5

9.2.1.5   *„Musik ist die gemeinsame Sprache der Menschheit."*

Henry Wadsworth Longfellow

9.2.1.6   *„ Musik ist die wahre allgemeine*
                Menschensprache. "

                Karl Julius Weber

9.2.1.7   *„ Musik allein ist die Weltsprache und*
                braucht nicht übersetzt zu werden. "

                Berthold Auerbach

9.2.1.8   *„ Musik ist die größte Malerin von*
                Seelenzuständen und die allerschlechteste
                für materielle Gegenstände. "

                August Wilhelm Ambros

9.2.1.9   *„ Musik ist das Geräusch, das denkt. "*

                Victor Hugo

9.2.1.10   *„ Die Musik ist das vom Herzen in Musik*
                gesetzte Universum. "

                Sully Prudhomme

9.2.2   Musik allgemein

9.2.2.1   *„Ich betrachte die Musik als die Wurzel aller übrigen Künste. "*

Heinrich von Kleist

9.2.2.2   *„Was ist Musik? Wie definiert man sie? Musik ist eine ruhige, mondhelle Nacht, das Rauschen von Blättern im Sommer. Musik ist das weit entfernte Glockenläuten in der Abenddämmerung! Musik kommt direkt vom Herzen: Es ist Liebe! Musik ist die Schwester der Poesie und ihre Mutter ist der Schmerz! "*

Sergei Rachmaninoff

9.2.2.3   *„Die Musik wird als Ausdrucksmittel benutzt, als Ton zur rechten Zeit. "*

Anatoli Wassiljewitsch Lunatscharski

9.2.2.4   *„Die Musik drückt das aus, was nicht gesagt werden kann und worüber zu schweigen unmöglich ist. "*

Victor Hugo

9.2.2.5   *„Musik ist die Kunst in Tönen zu denken"*

Jules Combarieu

9.2.2.6   *„Musik ist ein Teil des schwingenden Weltalls. "*

Ferruccio Busoni

9.1.1.3

9.2.2.7   *„Die schönste Musik schreibt immer noch die Natur - Meeresrauschen. "*

Daniela Zeller

9.2.2.8   *„Musik ist die Aufhebung aller Räumlicheit. "*

Georg Wilhelm Friedrich Hegel

9.2.5.11

9.2.2.9   *„Es gibt keine angenehmere Musik als die Variationen bekannter Melodien. "*

Joseph Joubert

9.2.3.8

9.2.2.10   *„Die Musik hat eine wunderbare Kraft, in einer unbestimmten Art und Weise die starken Gemütserregungen in uns wieder wach zu rufen, welche vor längst vergangenen Zeiten gefühlt wurden. "*

Charles Darwin

9.2.3 Musik wirkt

9.2.3.1 *„Musik ist die Stenographie des Gefühls.“*

Leo Nikolajewitsch Graf Tolstoi

9.2.3.2 *„Die Musik ist die Sprache des Gefühls - der Ton das laute Gefühl, das Gefühl, das sich mitteilt.“*

Ludwig Feuerbach

9.2.3.3 *„Kein Bild, kein Wort kann das Eigenste und Innerste des Herzens aussprechen wie die Musik. Ihre Innigkeit ist unvergleichlich, sie ist unersetzlich!“*

Friedrich Vischer (PP Heinrich von Kleist)

9.2.3.4 *„Die Musik hat von allen Künsten den tiefsten Einfluss auf das Gemüt. Ein Gesetzgeber sollte sie deshalb am meisten unterstützen.“*

Napoleon I. Bonaparte

9.2.3.4

9.2.3.5 *„Ich brauche sie nicht daran zu erinnern, wie wichtig die Musik ist, weil sie die höchsten Gefühle, deren der Mensch fähig ist, zu erzeugen und zu unterstützen vermag.“*

Johann Heinrich Pestalozzi

9.2.3

9.2.3.6

„Was das Herz bewegt, das strömt in Tönen aus; und was als Ton draußen erklingt, das beeinflusst wieder das Herz drinnen."

Lü Bu We

9.2.3.7

„Die Musik gewährt die höchste Lust, sowohl als reine Instrumentalmusik wie mit begleitendem Gesang."

Aristoteles

9.2.3.8

„Nichts ruft die Erinnerung an die Vergangenheit so lebhaft wach wie die Musik."

Baronin Germaine-Anne-Louise von Staël-Holstein

9.2.2.10

ILLUSION DER
WAHRNEHMUNG

9.2.3.9

„In der Musik zieht die Freude des Daseins bei einem Ohr hinein und beim andern Ohr hinaus."

Otto Stoessl

9.2.3.10

„In der Musik überläßt sich selbst der logische Mensch fanatisch den Gefühlen, weil man sich über ihr Warum keine Rechenschaft ablegen kann."

Stendhal

9.2.3.11

„Nur solche Musik wird vollen künstlerischen Genuß bieten, welche das geistige Nachfolgen, das ganz eigentlich ein Nachdenken der Phantasie genannt werden könnte, hervorruft und lohnt. Ohne geistige Tätigkeit gibt es überhaupt keinen ästhetischen Genuss."

INNERE MUSIK

Eduard Hanslick

9.2.4 Musik verändert

9.2.4.1

„Im Wesen der Musik liegt es, Freude zu bereiten."

Aristoteles

9.2.4.2

„Schon ein ganz kleines Lied kann viel Dunkel erhellen."

Franz von Assisi

9.2.4.3

„Musika ist eine halbe Disziplin und Zuchtmeisterin, so die Leute gelinder und sanftmütiger, sittsamer und vernünftiger macht."

Martin Luther

9.2.3.4

9.2.4

9.2.4.4   *„Der Mann, der nicht Musik hat in ihm*
selbst, den nicht die Eintracht süßer Töne
rührt, taugt zu Verrat, zu Räuberei und
Tücken-trau keinem solchen!"

William Shakespear

9.2.4.5   *„Pflege der Musik–das ist die Ausbildung*
der inneren Harmonie."

Konfuzius

9.2.4.6   *„Die Erziehung zur Musik ist von höchster*
Wichtigkeit, weil Rhythmus und Harmonie
machtvoll in das Innerste der Seele
dringen."

Platon

9.2.4.7   *„Erziehung beginnt mit Poesie, wird*
gefestigt durch gutes Verhalten und durch
Musik vollendet."

Konfuzius

9.2.4.8   *„Die Musik ist wie ein geistiges,*
himmlisches Bad; die kranke Seele taucht
sich selbst verlierend in den Strom der
holden Töne unter und tritt genesen und
verklärter wieder hervor."

Heinrich Daniel Zschokke

9.2.4.9   *„Die Musik ist ein moralisches Gesetz. Sie schenkt unseren Herzen eine Seele, verleiht den Gedanken Flügel, lässt die Phantasie erblühen ..."*

Platon

9.2.4.10   *„Das Leben eines gebildeten Menschen sollte mit Musik und Nicht-Musik schlechthin so abwechseln wie mit Schlaf und Wachen."*

Novalis

9.2.4.11   *„Mit Gesang kann man alle seine Krankheiten verscheuchen."*

Miguel de Cervantes Saavedra

9.2.4.12   *„Musik heilt kein Zahnweh."*

Sprichwort

9.2.4.13   *„Wer die Musik liebt, kann nie ganz unglücklich werden."*

Franz Schubert

9.2.5 Musik gestalten

9.2.5.1   *„Wer Musik nicht liebt, verdient nicht ein Mensch genannt zu werden. Wer sie liebt, ist ein halber Mensch; wer sie aber treibt, ein ganzer Mensch."*

Johann Wolfgang von Goethe

9.2.5.2   *„Dem Künstler soll die Kunst Bedürfnis, nicht Beschäftigung sein - er soll Musik erleben, nicht machen."*

Robert Franz

9.2.5.3   *„Es ist nicht schwer, zu komponieren. Aber es ist fabelhaft schwer, die überflüssigen Noten unter den Tisch fallen zu lassen."*
Johannes Brahms

9.2.5.4   *„Aus einer Menge von unordentlichen Strichen bildet man sich leicht eine Gegend, aber aus unordentlichen Tönen keine Musik."*

Georg Christoph Lichtenberg

9.2.5.5   *„Was ein richtiger Musiker sein will, der muss auch eine Speisekarte komponieren können."*

Richard Strauß

9.2.7.3

9.2.5.6   „ *Um zu komponieren braucht man sich nur*
an eine Melodie zu erinnern, die noch
niemandem eingefallen ist. "

Robert Schumann

HOOK

9.2.5.7   „ *Erfindet eine schöne Melodie, und eure*
Musik, welcher Art sie auch sei, wird schön
sein und gefallen. "

Joseph Haydn

HOOK

9.2.5.8   „ *Wir reproduzieren das ganze Jahr bald*
diese bald jene Musik, aber wo keine
Produktion ist, kann eine Kunst nicht
lebendig empfunden werden. "

Johann Wolfgang von Goethe

9.2.5.9   „ *'Komposition' ist ein ganz niederträchtiges*
Wort, das wir den Franzosen zu verdanken
haben und das wir, sobald wie möglich
wieder loszuwerden suchen sollten. Wie
kann man sagen, Mozart habe seinen Don
Juan 'komponiert'! Komposition! Als ob es
ein Stück Kuchen oder Biskuit wäre, das
man aus Eiern, Mehl und Zucker
zusammenrührt! "

Johann Wolfgang von Goethe

9.2.5

9.2.6.6

9.2.5.10

„Es ist nichts beschränkter als ein mittelmäßiger Artist, besonders ein Musikus, der nur ausführen sollte und verführt wird, selbst zu komponieren."

Johann Wolfgang von Goethe

9.2.2.9

9.2.5.11

„Die Würde des Virtuosen beruht daher lediglich auf der Würde, welche er der schaffenden Kunst zu erhalten weiß: Vermag er mit dieser zu tändeln und zu spielen, so wirft er seine eigene Ehre fort."

Richard Wagner

9.2.5.12

„Es ist gewiss, dass keine Musik komponiert, kein Gemälde gemalt und kein Gedicht gedichtet würde, wenn nicht der Trieb, auf andere zu wirken, im Menschen läge."

Carl Maria von Weber

9.2.6 Musik lernen

9.2.6.1   *„Unter allen entsetzlichen Dingen ist das entsetzlichste die Musik, wenn sie erst erlernt wird."*

Christian Friedrich Hebbel

9.2.6.2   *„Das Beste in der Musik steht nicht in den Noten."*

Gustav Mahler

9.2.1.3

9.2.6.3   *„Alle meine Noten bringen mich nicht aus den Nöten, und ich schreibe Noten überhaupt nur aus Nöten."*

Ludwig van Beethoven

9.2.6.4   *„Alles, was man tun muß, ist, die richtige Taste zum richtigen Zeitpunkt zu treffen."*

Johann Sebastian Bach

9.2.6.5   *„Eine falsche Note zu spielen ist unwichtig. Aber ohne Leidenschaft zu spielen ist unverzeihlich."*

Ludwig van Beethoven

9.2.1.4

9.2.5.10

9.2.6.6   *„Die Leidenschaften, heftig oder nicht, müssen niemals bis zum Ekel ausgedrückt sein und die Musik auch in der schaudervollsten Lage niemals das Ohr beleidigen, sondern doch dabei vergnügen, folglich allzeit Musik bleiben."*

Wolfgang Amadeus Mozart

9.2.6.7   *„Die Musik ist eine Kunst, über die man ohne einen hohen Grad von Erfahrung keine rechte Meinung haben kann."*

Sören Aabye Kierkegaard

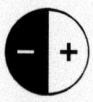

9.2.6.8   *„In der Musik gibt es ein Element des Lärms, des Kontrasts, der Schnelligkeit, das unmittelbar auf die Nerven wirkt und nicht aufs Gefühl. Je stärker dieses Element ist, umso schlechter ist die Musik."*

Graf Leo Nikolajewitsch Tolstoi

9.2.6.9   *„Die Musik, die man heutzutage macht, ist nur noch die Kunst, schwierige Tonsätze auszuführen, und was nur noch schwierig ist, kann auf Dauer nicht gefallen."*

Voltaire

9.1.1.3

9.2.6.10   *„Musik wird oft nicht schön gefunden, weil sie stets mit Geräusch verbunden."*

Wilhelm Busch

9.2.6.11   *„Musik im besten Sinne bedarf weniger der Neuheit, ja vielmehr je älter sie ist, je gewohnter man sie ist, desto mehr wirkt sie.“*

Johann Wolfgang von Goethe

9.2.7 Musik & die Sprache

9.2.7.1   *„Musik ist das Unsagbare.“*

Bedřich Smetana

9.2.7.2   *„Wo die Sprache aufhört, fängt die Musik an.“*

Ernst Theodor Wilhelm Hoffmann

9.2.7.3   *„Beschriebene Musik ist halt wie ein erzähltes Mittagessen.“*

Franz Grillparzer

9.2.5.5

9.2.7.4   *„So angenehm die Musik dem Ohre ist,*
wenn es sie hört, so unangenehm ist sie ihm
oft, wenn man ihm davon vorspricht."

Georg Christoph Lichtenberg

9.2.7.5   *„Es wird so viel über Musik gesprochen und*
so wenig gesagt. Ich glaube überhaupt, die
Worte reichen nicht hinzu, und fände ich,
dass sie hinreichten, so würde ich am Ende
keine Musik mehr machen."

Felix Mendelssohn Bartholdy

9.2.7.6   *„Die Musik ist viel mächtiger als das Wort.*
Musik und Worte sind die Vermählung eines
Prinzen mit einem Bettlermädchen."

Arthur Schopenhauer

9.2.7.7   *„O, ihr kunsthistorisches Gelichter! Nennt*
ihr den Tonsetzer "Tondichter"? Dann nennt
auch, was wir Dichter nannten, in Zukunft
Wörtermusikanten."

Franz Grillparzer

9.2.8 Musik & der Gesang

9.2.8.1

„Das älteste, echteste und schönste Organ der Musik, das Organ, dem unsere Musik allein ihr Dasein verdankt, ist die menschliche Stimme."

Richard Wagner

9.2.8.2

„Der Gesang ist die in höchster Leidenschaft erregte Rede. Die Musik ist die Sprache der Leidenschaft."

Richard Wagner

9.2.8.3

„Die Tonsprache ist Anfang und Ende der Wortsprache, wie das Gefühl Anfang und Ende des Verstandes, der Mythos Anfang und Ende der Geschichte, die Lyrik Anfang und Ende der Dichtkunst ist."

Richard Wagner

9.2.8.4

„Melodien, Gänge und Läufe ohne Worte und Sinn, scheinen mir Schmetterlingen oder schönen bunten Vögeln ähnlich zu sein, die in der Luft vor unsern Augen herumschweben, die wir allenfalls haschen und uns zueignen möchten; da sich der Gesang dagegen wie ein Genius gen Himmel hebt und das bessere Ich in uns ihn zu begleiten anreizt."

Johann Wolfgang von Goethe

9.2.8.5

*„Was kann doch auf Erden geliebet mehr
werden als süßer Gesang! Was treibet vom
Herzen behender die Schmerzen als
lieblicher Klang? Die Musik allein die
Tränen abwischet, die Herzen erfrischet,
wenn sonst nichts hilflich will sein."*

Laurentius von Schnifis

9.2.8.6

*„Alles, was zu dumm ist, ausge
sprochen zu werden – wird gesungen."*

Voltaire

9.2.9 Musik & die Illusion

9.2.9.1   *„Die unaussprechliche Tiefe der Musik, so leicht zu verstehen und doch so unerklärlich, ist dem Umstand zu verdanken, dass sie alle Gefühle unseres innersten Wesens nachbildet, jedoch vollkommen ohne Wirklichkeit und fern allen Schmerzes… Musik drückt nur die Quintessenz des Lebens und seiner Ereignisse aus, nie diese selbst."*

Arthur Schopenhauer

9.2.3.10

9.2.9.2   *„Leute kommen zur Musik, Vergessenheit zu suchen: ist die nicht auch eine Form der Täuschung?"*

Claude Debussy

9.2.9.3   *„Eben dadurch schmeichelt die Musik sich so in unser Herz, dass sie ihm stets die vollkommene Befriedigung seiner Wünsche vorspiegelt."*

Arthur Schopenhauer

9.2.9.4

„In der Tonkunst ist die Phantasie, diese kunstschaffende Kraft des menschlichen Geistes, in der Weise tätig, dass sie von den Objekten, die ihr wie jeder Kunst den Stoff liefern, nicht die Gestalt, nicht den Gegenstand selbst, sondern nur den reinen Eindruck derselben auf das Gefühl zum Ausdruck bringt.“

Friedrich Theodor Vischer

9.2.9.5

„Die Musik schließt dem Menschen ein unbekanntes Reich auf, eine Welt, die nichts gemein hat mit der äußeren Sinnenwelt, die ihn umgibt und in der er alle bestimmten Gefühle zurücklässt, um sich einer unaussprechlichen Sehnsucht hinzugeben.“

Ernst Theodor Wilhelm Hoffmann

9.2.9.6

„Musik ist keine Illusion, sie ist Offenbarung. Und darin besteht ihre sieghafte Kraft, dass sie eine Schönheit offenbart, die uns in keiner anderen Sphäre zugänglich ist und uns mit dem Leben versöhnt.“

Peter Tschaikowsky

9.2.10 Musik & das Leben

9.2.10.1

„Wem die Kunst das Leben ist, dessen Leben ist eine große Kunst.“

Johann Sebastian Bach

9.2.10.2

„Die Musik reicht aus für ein Leben – aber ein Leben reicht nicht aus für die Musik.“

Sergei Rachmaninoff

9.2.10.3

„Für mich existiert Kunst, insbesondere Musik, um uns so weit wie möglich über alltägliche leben zu erheben.“

Gabriel Fauré

9.2.10.4

„Mit dem Leben ist es wie mit der Musik: Beides muss statt nach Regeln mit Phantasie, Gefühl und Instinkt komponiert werden.“

Samuel Butler

9.2.10.5

„Jeder Mensch komponiert die Musik seines Lebens. Wenn er einen anderen verletzt, zerstört er die Harmonie und bringt einen Missklang auch in die Melodie seines eigenen Lebens.“

Hazrat Inayat Khan

9.2.10.6   *„Man muß die Musik des Lebens hören. Die meisten hören nur die Dissonanzen."*

Theodor Fontane

9.2.10.7   *„Daß wir die Melodie unseres Lebens selber spielen, das wünschen wir uns. Und daß sie uns, auch wenn es hier und dort mal einen Misston gibt, doch zu einem harmonischen Ganzen gerät, denn es kommt immer darauf an, daß, wie und wo man marschiert, man allerorts die Musik des Lebens hört."*

Theodor Fontane

9.2.10.8   *„Wer von Hoffnung lebt, der tanzt ohne Musik."*

Deutsches Sprichwort

9.2.10.9   *"Ohne Musik wäre das Leben ein Irrtum."*

Friedrich Nietzsche

9.2.11 Musik & die Gesellschaft

9.2.11.1   *„ Geh, wohin du willst: Wo du auch Menschen triffst, überall wird dir ihre Musik ihr innerstes Wesen erschließen. "*

Hermann Ritter

9.2.11.2   *„Höre fleißig auf alle Volkslieder! Sie sind eine Fundgrube der schönsten Melodien und öffnen dir den Blick in den Charakter der verschiedenen Nationen."*

Robert Schumann

9.2.11.3   *„ Wollt ihr wissen, ob ein Land wohl regiert und gut gesittet sei, so hört seine Musik. "*

Konfuzius

9.2.11.4   *„ Die Musik ist der Gesang der Jahrhunderte und die Blume der Geschichte. Sie entspringt dem Schmerz wie der Freude der Menschheit. "*

Romain Rolland

9.2.11.5   *„Das spezifisch deutsche Tempo ist das Andante. "*

Richard Wagner

9.2.11.6   *„Es gibt keine italienische Musik, auch keine deutsche, und keine türkische – aber es gibt Musik. "*

Giuseppe Fortunino Francesco Verdi

9.2.12 Musik & die Seele

9.2.12.1   *„Musik ist das Klima meiner Seele."*

Ludwig van Beethoven

9.2.12.2   *„Das ist das Wesen der Musik, dass sie die Seele zur Harmonie des Weltalls stimmt."*

Pythagoras von Samos

9.2.12.3   *„Musik und Rhythmus finden ihren Weg zu den geheimsten Plätzen der Seele."*

Platon

9.2.12.4   *„Musik wäscht die Seele vom Staub des Alltags rein."*

Berthold Auerbach

9.2.12.5   *„Die Wissenschaft ist der Verstand der Welt, die Kunst ihre Seele."*

Maksim Gorki

9.2.12.6   *„Die Berührung zwischen Gott und der Seele ist Musik."*

Bettina von Arnim

9.2.12.7   *„Seit ich Musik höre, weiß ich, dass ich unsterblich bin. Wieso? Musik ist die Sprache der Seele. Und die wird man nie müde."*

Peter Hille

9.2.12.8   *„Musik ist die versteckte arithmetische Tätigkeit der Seele, die sich nicht dessen bewusst ist, dass sie rechnet."*

Gottfried Wilhelm Leibniz

9.2.12.9   *„Nur die Töne sind imstande, die Gedankenrätsel zu lösen, die oft in unserer Seele geweckt werden."*

Hans Christian Andersen

9.2.12.10   *„Die Musik vermittelt das innerste Seelenleben von einem Gemüte zum anderen am unmittelbarsten."*

Hermann Ritter

9.2.12.11   *„Zuweilen kann eine einfache Melodie, die wir nur ein einziges Mal hören, einen so mächtigen Eindruck auf unsere Seele machen, dass wir sie mitten im Gewühle der Welt wieder zu hören glauben, ... in uns lebend braust sie durch unser Inneres."*

Hans Christian Andersen

9.2.12.12
„Ist es nicht seltsam, dass Schafdärme die Seele aus eines Menschen Leibe ziehen können?"

William Shakespeare

9.2.12.13
„Musik aber macht das Herz weich; sie ordnet seine Verworrenheit, löst seine Verkrampftheit und schafft so eine Voraussetzung für das Wirken des Geistes in der Seele, der vorher an ihren hart und verschlossenen Pforten vergeblich geklopft hat. Ja, ganz still und ohne Gewalt macht die Musik die Türen der Seele auf. Nun sind sie offen! Nun ist sie bereit, aufzunehmen. Dieses ist die letzte Wirkung, die Musik auf mich ausübt, die sie mir notwendig macht in diesem Leben. Und so wenig ich mich wasche um des Wassers willen, das ich dazu benötige, so wenig höre ich Musik um der Musik willen."

Sophie Scholl

9.2.13 Musik & die Spiritualität

9.2.13.1   *„ Musik lässt Gott und göttliche Dinge
ahnen. "*

Von den Neupythagoräern

9.2.13.2   *„ Musik ist die schönste Offenbarung
Gottes. "*

Johann Wolfgang von Goethe

9.2.13.3   *„ In der Musik hat Gott den Menschen die
Erinnerung an das verlorenen Paradies
hinterlassen. "*

Hildegard von Bingen

9.2.13.4   *„ Von der Musik wird alles erfasst, was
Leben hat, da sie die Seele des Himmels
ist. "*

Marcus Tullius Cicero

9.2.13.5   *„ Die höchste Musik passt sich an den
Ordnungen des Himmels. Sie bringt in
Harmonie alle Geschöpfe. "*

Dschuang-Dsi

9.2.13.6   *„ Die Musik ist die Sprache der Engel. "*
Thomas Carlyle

9.2.13.7   *„ Musik ist ein reines Geschenk und eine Gabe Gottes, sie vertreibt den Teufel, sie macht die Leute fröhlich und man vergisst über sie alle Laster."*

Martin Luther

9.2.13.8   *„Leben ist Musik der Seele und Gott ist der Grund und die Zuflucht unserer Menschenseele. Was wir können, ist Stückwerk. Das All löst uns das Rätsel in seiner Harmonie und Musik. Durch den Tempel der Musik gehen wir zur Gottheit ein. Hier erleben wir unser wahres Auferstehen."*

Johann Wolfgang von Goethe

9.2.13.9   *„Einer der erhabensten Zwecke der Tonkunst ist die Ausbreitung der Religion und die Beförderung und Erbauung unsterblicher Seelen."*

Carl Philipp Emanuel Bach

9.2.14 Musik & die Philosophie

9.2.14.1   *„Musik ist höhere Offenbarung als alle Weisheit und Philosophie."*

Ludwig van Beethoven

9.2.14.2   *„Die Musik ist unendlich, sie ist aber auch allmächtig - kurz, sie ist auch alles das, was und wie ein Geist ist. Solange irgendein Wesen existieren wird, solange wird auch Musik bestehen, solange wird sie auch Wunder wirken."*

Robert Musil

9.2.14.3   *„Blüte und Untergang, Würde und Unwürde, edle und gemeine Gesinnung, alles drückt sich in der Musik aus und lässt sich nicht verbergen."*

Liezi

9.2.14.4   *„Musik ist die Vermittlung des geistigen Lebens zum sinnlichen."*

Bettina von Arnim

9.2.14.5   *„Die Musik spricht nicht die Leidenschaft, die Liebe, die Sehnsucht dieses oder jenes Individuums in dieser oder jener Lage aus, sondern die Leidenschaft, die Liebe, die Sehnsucht selbst."*

Richard Wagner

9.2.14.6 *„Die Musik überhaupt ist die Melodie, zu der die Welt der Text ist."*

Arthur Schopenhauer

9.2.14.7 *„Musik ist die Beschreibung der Welt ohne Worte und Begriffe. Sie ist die Philosophie der Gefühle."*

Carl Ludwig Schleich

9.2.14.8 *„Ich denke das Musik in der Luft ist, sie ist allgegenwärtig, die Welt ist voll davon und man nimmt sich einfach soviel wie man davon braucht."*

Edward Elgar

9.2.14.9 *„Die andern Künste erlegen dem Geist bestimmt umrissene Schöpfungen auf, die Musik ist in den ihrigen unbegrenzt. Wir müssen die Gedanken des Dichters, das Gemälde des Malers, das Bildwerk des Bildhauers hinnehmen; aber jeder von uns legt die Musik je nach seinem Schmerz oder seiner Freude aus, nach seinen Hoffnungen oder seiner Hoffnungslosigkeit. Dort, wo die andern Künste unsere Gedanken einkreisen, indem sie sie auf etwas bestimmt Umrissenes festlegen, läßt die Musik sie gerade entfesselt durch die ganze Natur schweifen, die sie die Macht hat, uns auszudrücken."*

Honoré de Balzac

9.2.15 Kurze Musik–Gedichte

9.2.15.1

Wer sich die Musik erkiest,
hat ein himmlisch Werk gewonnen;
denn ihr erster Ursprung ist
von dem Himmel selbst genommen,
weil die lieben Engelein
selber Musikanten sein.

Martin Luther

9.2.15.2

Schöne Musik

Über die Saiten gleitet der Fidelbogen,
Weckt die trüben Gedanken aus gütigem
Schlummer.
Rauschende Feste sind mir vorübergezogen
Und aus rauschenden Festen wuchs mir der
Kummer.

Sing nur dein klagendes Lied, du Fidelbogen,
Sing und erzähle mir wieder die alte
Geschichte,
Brauset ihr Töne in wilden, grausigen Wogen.
—
Trunkene Falter schwärmen am sengenden
Lichte.

Joachim Ringelnatz

9.2.15.3

Ein kleines Lied Ein kleines Lied!

Wie geht's nur an,
Daß man so lieb es haben kann,
Was liegt darin? erzähle!

Es liegt darin ein wenig Klang,
Ein wenig Wohllaut und Gesang
Und eine ganze Seele.

Marie von Ebner-Eschenbach

9.2.15.4

Nun such ich immer den einen Klang
und find ihn doch nimmer mein Lebenlang.

Ich lausche, ob nicht ein Tönen erwacht,
das meine Lieder unsterblich macht–

ob heimlich nicht schon die Schwingen regt
ein Lied,
das alle Herzen bewegt,

das fromm und rein in der Seele erblüht
und dennoch Funken und Flammen sprüht–

ein Lied, das den Schmerz zur Ruhe singt
und doch wie ein Schrei der Sehnsucht
klingt!

Nun such ich und such ich mein Lebenlang
immer und ewig den einen Klang ...

Leon Vandersee

Wie könnte Ihr Musik-Zitat lauten?

OUTRO

Teil 10

Outro

Teil 10 Outro

10.1 Ende

Geschafft! Sie haben sich durch über 400 Gedanken, Inspirationen und Erkenntnisse durchgekämpft. Von den Grundlagen, über die Musikstimmen, zu den Stil-Elementen, durch die Raumakustik hin zu der abstrakten Musik, bis schlussendlich zu der Wahrnehmung und Wirkung. Sie sind durch die schwierigsten Themen, abstraktesten Vorstellungen und philosophischsten Fragen durchgedrungen. Dafür haben sie sich großes Lob und höchste Anerkennung verdient.

Buchreflexion:

- Was denken Sie über dieses Buch?
- Was haben Sie gelernt? Was ist Ihnen wichtig geworden?
- Welche Themen waren neu für Sie? Welche Kapitel waren interessant?
- Worauf möchten Sie in Zukunft achten? Was möchten Sie ändern?
- Was hat Ihnen besonders gefallen? Was war unverständlich oder falsch?
- War der Inhalt klar und überzeugend?

Ich hoffe, Sie konnten durch dieses Buch an Inspirationen und Denkanstößen gewinnen, von denen Sie beim Hören, Musizieren und Produzieren von Musik profitieren können. Wenn Sie weitere Wirkungs-Elemente in einer völlig neuen Darstellung und Interaktivität suchen, besuchen Sie die Webseite des Buches.

Webseite: (ab 2021)

Die Internetseite ist mit allen Wirkungs-Elementen wesentlich interaktiver aufgebaut und bietet immer die aktuellste Version. Darüber hinaus können Sie zu jedem Wirkungs-Element Musik-Beispiele anhören, vergleichen und Ihre Anregungen bzw. Kritik abgeben. Ich möchte Sie ermutigen, dort Ihre Gedanken der Musik mit mir zu teilen.

Ich habe großes Interesse an Ihrer Meinung über die *"Wir-kungs-Elemente der Musik"*. Es würde mich freuen, wenn Sie Ihre Anregungen, Kritik oder auch Fragen auf der Webseite mit mir teilen oder mir direkt schreiben.

KONTAKT:

MUSIK
WIRKUNGS
ELEMENTE
@GMAIL.COM

„Die Musik schließt dem Menschen ein unbekanntes Reich auf, eine Welt, die nichts gemein hat mit der äußeren Sinnenwelt, die ihn umgibt und in der er alle bestimmten Gefühle zurücklässt, um sich einer unaussprechlichen Sehnsucht hinzugeben."
Ernst Theodor Wilhelm Hoffmann

Genießen Sie Musik!

10.2 Notizen

Raum für Notizen:

Raum für Notizen:

10.3   Icon Verzeichnis

 BUCH-ENFÜHRUNG

 THEMA-EINFÜHRUNG

 TONART

 HAUPTSCHLAG DROP

 VORWORT

 EINLEITUNG

 TAKTART

 ZWISCHENTEIL

 BUCH-GESCHICHTE

 ALLGEMEINE MUSIKFRAGEN

 TAKTGEFÜHL

 SCHLUSS

 BUCH-AUFBAU

MUSIKZITATE

 TEMPO

 **STIL-ELEMENTE**

 BUCH-INHALT

INSPIRATIONS-FRAGEN

 **MELODIK**

RHYTHMIK-STILMITTEL

 WAHRHEIT & WIRKSAMKEIT

ZITATE ZUM NACHDENKEN

 **HARMONIK**

AGOGIK-STILMITEL

BUCH-MUSIKANALYSE

 TON-ELEMENTE

 RHYTHMIK

 VERZÖGERUNG

BUCH-STIL

 TONHÖHE

 AUFBAU-ELEMENTE

 HARMONIK-STILMITTEL

BUCH-UMGANG

 TONLÄNGE

 EINLEITUNG

 AGOGIK-STILMITTEL

THEMA-EINFÜHRUNG

 LAUTSÄRKE

 STROPHE

SCHWINGUNGEN

 EINLEITUNG

 KLANGFARBE

 HAUPTTEIL

 PAUSEN

WIEDERHOLUNGEN

MUSIKBEWEGUNG

SPANNUNGSAUFBAU

SPANNUNGSABBAU

STIMMEN-ELEMENTE

HAUPTSTIMME

NEBENSTIMME

VORDERGRUND-
HINTERGRUND

GESANG

AUSDRUCKSWEISE
GESANG

OBERTONSTIMMEN

BASS

SCHLAGWERK

GERÄUSCHE

STIMMEN-
WECHSELWIRKUNG

FRAGE-ANTWORT-
MODELL

ROLLENVERTEILUNG
ROLLENHIRARCHIE

RAUMAKUSTIK

UNNATÜRLICHKEIT &
FREMDARTIGKEIT

VARIATIONS
MÖGLICHKEITEN

RAUMKLANG

HALL & ECHO

KLANG-ABSTAND

KLANGRICHTUNG

AKUSTIK-WECHSEL

INNERE MUSIK

PERSÖNLICHER
MUSIKCHARAKTER

URSACHE
INNERE MUSIK

BSP. INNERE MUSIK

MUSIK-BEZIEHUNG

BEZIEHUNGS-WIRKUNG

BEZIEHUNG
ERKLÄRUNG

BEZIEHUNGS-PARTNER

VERBINDUNGS-
ELEMENT

VERÄNDERUNGS-
ELEMENT

BSP. BEZIEHUNG

BEZIEHUNGS-
BEDINGUNGEN

BEZIEHUNGS-
VERÄNDERUNG

BEZIEHUNG-
ZUSAMMENFASSUNG

MUSIK WAHRNEHMUNG

FRAGEN ZU IHRER
WAHRNEHMUNG

FRAGEN ZU IHREM
MUSIKGGECHMACK

ERWARTUNGEN
DER MUSIK

ILLUSION DER
WAHRNEHMUNG

MUSIK WIRKUNG

 WENIGER IST MEHR

 WIEDERER-KENNUNGSWERT

 KRITIK

 WIRKUNGSURSACHE

 KONTRAST

 STIMMUNGSWECHSEL

 QUELLEN & RECHTE

 GEFÜHLE & EMOTIONEN

 SCHLECHTE MUSIK

 INSPIRATIONEN

 SELBSTSTÄNDIGKEITS-ERKLÄRUNG

 GEFÜHLSEBENEN

 ANKÜNDIGUNG

 MUSIKFRAGEN

 AUTOR

 MUSIKANALYSE

 ERWARTUNGEN

 MUSIKZITATE

 DANKSAGUNG

 BEWUSSTES HÖREN

 ZEITLICHE ERWARTUNGEN

 ENDE

 JESUS

 MUSIKANALYSE ANREGUNGEN

 ORIENTIERUNG & HALT

 INTERNETSEITE

ANALYSEKRITERIEN

 ZEITLICHE ORIENTIERUNG

NOTIZEN

 MUSIKPRODUKTION

 AUFMERKSAMKEIT

 ICON-VERZEICHNS

WIRKUNGSTOOLS

 ZUGÄNGLICHKEIT EIN-STIEGSNIVEAU

 NACHWORT

GRUNDFORMEN

GEGENSTIMME GEGEN-ELEMENT

BEWERTUNG

"So lange der menschliche Geist über diesen Planeten streift
wird die Musik in irgendeiner Form den Geist begleiten,
aufrechterhalten und ihm Ausdruck verleihen."

Aaron Copland

10.4 Nachwort

Lieber Leser,
Danke, dass Sie die *Wirkungs-Elemente der Musik* gelesen haben. Ich hoffe, dass Ihnen das Buch viel Freude und Vergnügen bereitet hat und dass Sie neue Erkenntnisse und Inspirationen gewinnen konnten. Ich wünsche Ihnen, dass Sie Musik und ihre Wirkung aus neuen Sichtweisen analysieren und hoffe, dass diese Erkenntnisse eine neue Gestalt(ung) der Musik entfalten.

Mein wichtigstes Ziel bei diesem Buch war es, eine neue Perspektive der Musik zu eröffnen. Eine Perspektive die Musik allein an ihrer Wirkung erklärt. Die eine persönliche Wahrnehmung und deren emotionale Wirkung in den Fokus stellt und dabei jegliche Theorie und Systematik außer Acht lässt. Ich bin der Überzeugung, dass jede Musikwissenschaft zentral auf der Wahrnehmung und Wirkung von Musik beruhen sollte, denn das ist es, was sie ausmacht.

„Die einzige Bedeutung von Musik liegt in ihrer Wirkung"

Das Schreiben dieses Buches hat mir viel bedeutet. Denn durch das Formulieren, Erklären und Sortieren habe ich mich tiefer mit meinen Musikgedanken auseinandergesetzt und so meinen persönlichen Horizont erweitert. Die eigenen Ideen geordnet und gebunden in den Händen zu halten ist die größte Freude dieser Arbeit.

Dieses Buch ist nicht das Ende, sondern erst der Anfang einer größeren Sammlung musikalischer Wirkungs-Elemente. Ich werde weiterhin Musik hören, analysieren und reflektieren damit die Wirkungs-Elemente ausbauen und optimieren. Ich sehe dieses Buch weniger als ein vollendetes Werk, sondern mehr als einen fortlaufenden Prozess der Musikerkenntnis.

Es freut mich, wenn Sie an dem Buch Gefallen finden konnten. In diesem Fall wäre ich Ihnen dankbar, wenn Sie sich 2 Minuten Zeit nehmen würden und diesem Buch eine Rezension auf Amazon oder meiner Webseite hinterlassen könnten. Mit ihrem Feedback ist es mir möglich, meine Arbeit weiter zu optimieren, damit ich Ihnen qualitativ hochwertige Inhalte liefern kann.

Amazon: Wirkungselemente der Musik

Kontakt: musikwirkungselemente@gmail.com

Bei Fragen, Anregungen und Kritik, freue ich mich sehr über Ihr Schreiben.

In Dankbarkeit

Alles Gute und viele Grüße

10.5 Quellen & Rechte

Musikzitate:
Die in diesem Buch verwendet Zitate,
sind nach § 64 UrhG gemeinfreie Werke.
Die Schutzdauer des Urheberrechts von 70 Jahren nach dem
Tode des Urhebers ist bei allen Zitaten erloschen.

Bibelzitat (S. 329):
Mit freundlicher Genehmigung
Neues Leben. Die Bibel, © der deutschen Ausgabe 2002 und
2006 SCM R.Brockhaus in der SCM Verlagsgruppe GmbH,
Witten/Holzgerlingen (www.scm-brockhaus.de)

Selbstständigkeitserklärung:
Hiermit erkläre ich, dass die vorliegende Arbeit selbstständig
und ohne die Hilfe Dritter angefertigt worden ist. Ich versi-
chere, dass alle Zitate als solche gekennzeichnet sind und
darüber hinaus keine fremden Inhalte verwendet werden.
Das Werk ist bis auf die Zitate mein persönliches Gedankengut
und stammt allein aus meiner Musikanalyse.

Leonberg, den 17.06.2020

Samuel Schuster

10.6 Autor

Samuel Jonathan Schuster

Musik ist meine große
Leidenschaft

Die Musik-
Analyse und -Interpretation
erfüllt und bereichert mich.

Es war mir eine große Freude,
meine Wahrnehmung und Empfindungen,
sowie Ideen und Erkenntnisse
in diesem Buch zu verwirklichen.

Ich bin kein Experte der Musik

Ich bin ein Träumer der Musik.

Dieses Buch geht nicht um den Autor.

„Wirkungselemente der Musik"
soll einzig und allein die
große Kunst der Musik
näher bringen.

10.7 Danksagung

*Ich Danke meinem
Schöpfer, Versorger und Erretter.
für die Gnade, Liebe und Freude
die Er meinem Leben schenkt.*

***

*Ich danke meinen Eltern
von Herzen für die
Liebe, Investition und Unterstützung
in meinem Leben.*

Singt ihm und spielt ihm ein Lied zur Ehre.
Erzählt von allen seinen Wundern.
Freut euch über seinen heiligen Namen.
Alle, die zum Herrn beten, sollen fröhlich sein!
Die Bibel - Psalm 105 . 2 - 3